U0578827

本书系 2023 年度国家民委内蒙古师范大学铸牢中华民族共同体意识研究基地专项研究项目"伊犁河谷多民族交往交流交融研究"（编号：2023JD01）成果

兼和丛书

第二辑

乌日格木乐 著

AN ETHNOGRAPHY OF MULTI-ETHNIC INTERACTION,
COMMUNICATION, AND MUTUAL INTEGRATION
IN THE ILI RIVER VALLEY

互嵌与多元共生：伊犁河谷
多民族交往交流交融研究

社会科学文献出版社
SOCIAL SCIENCES ACADEMIC PRESS (CHINA)

兼和丛书编委会

主　编

纳日碧力戈（长江学者、内蒙古师范大学资深教授）

乌日陶克套胡（内蒙古师范大学教授、民族学人类学学院创院院长）

执行主编

武　宁（内蒙古师范大学副教授、复旦大学博士后出站人员）

云　中（内蒙古师范大学讲师、中南民族大学民族学博士）

编　　委

敖　其（内蒙古师范大学教授）

包凤兰（内蒙古师范大学教授、民族学人类学学院党委书记）

朝戈金（中国社会科学院学部委员、国家哲学社会科学一级教授）

陈岗龙（北京大学教授）

杜建录（长江学者、宁夏大学特聘教授）

方　铁（云南大学教授、教育部人文社科重点研究基地云南
　　　　大学西南边疆少数民族研究中心原主任）

齐木德道尔吉（内蒙古大学教授、原副校长）

纳日碧力戈（长江学者、内蒙古师范大学资深教授）

沈卫荣（长江学者、清华大学特聘教授）

乌日陶克套胡（内蒙古师范大学教授、民族学人类学学院创院
　　　　　　院长）

谢继胜（浙江大学教授）

谢咏梅（内蒙古师范大学教授）

邹诗鹏（长江学者、复旦大学特聘教授）

扎　布（青海师范大学教授、原副校长）

编委会秘书

朱苏道（内蒙古师范大学民族学人类学学院助理研究员）

总　序

本系列丛书冠名"兼和丛书"。"兼和"取自张岱年先生《天人五论》之《品德论》："品值之大衡曰兼，曰和，曰通，曰全。合多为一谓之兼，既多且一谓之和，以一摄多谓之通，以一备多谓之全。"冯友兰在《西南联合大学纪念碑文》中留下这样一段发自肺腑的文字："同无妨异，异不害同，五色交辉，相得益彰，八音合奏，终和且平……万物并育而不相害，道并行而不相悖，小德川流，大德敦化，此天地之所以为大。"执两用中，和合共生，以一统多，有容乃大，这是祖先留给我们的智慧，值得今人追求，也可供后人遵循。

中国古代文明是"连续性文明"，是兼和相济的文明，其势能来自古代的"地天通"精神，具体表现为：万物共属一个有机整体，它们由一股本质的生命力所贯穿，自然和人文的构成要素相互作用，相互联系，相互交融，以其平等属性，彼此对转圆融，共同构成如长江大河般连续不断的整体性宇宙结构，形成光光交彻、美美与共的生态系统关系，地天通，万物生。"通""生"成为连续性文明的代名词，在"通""生"的兼和视域中，物事互联，万象交融，兆民共情。

我国是统一的多民族国家，各族人民共同缔造了统一的多民族国家，共同开拓辽阔疆土、共同书写悠久历史、共同创造灿烂文化、共同培育伟大精神。中华民族在独立自主、强国富民、自立自信的长期斗争中，休戚与共、荣辱与共、生死与共、命运与共，形成了牢不可破的强大凝聚力。我国各族人民在新时代要紧紧围绕铸牢中华民族共同体意识这条主线，团结进步，共同繁荣发展，为实现强国建设、民族复兴伟业，齐心协力，踔厉笃行，勇往直前。

2020年12月，内蒙古师范大学被国家民委确定为中华民族共同体研究基地，实现了我校国家部委科研平台零的突破，体现了我校办学综合实力的显著提升，呈现了"世界眼光、中国立场、内蒙底蕴"的广阔视域。内蒙古师范大学中华民族共同体研究基地以铸牢中华民族共同体意识为主线，根据地区特色形构，结合北疆文化研究，聚焦构筑中华民族共有精神家园和推进各民族交往交流交融，开展重大基础理论和实践问题研究，努力推出符合时代要求、守正创新的学术成果，将基地建设成为服务决策、引领学术、培养人才的科研创新平台，为建设中华民族现代文明和实现中华民族伟大复兴提供理论推动和学术支撑。

内蒙古师范大学中华民族共同体研究基地"兼和丛书"立足于我国丰富多彩的社会文化，从纵深中挖掘底蕴，从丰富中寻找重叠，从多彩中发现共同，以中华民族是各民族共同组成之统一实体的观点，以中华文化是各民族文化之集大成的视角，以民族学人类学的学术立场，植根本土，深入田野，研究日常生活和民间智慧，研究经济社会和历史文化，研究各族人民创造、奋斗、团结、梦想的伟大精神和本土实践，努力发展六合一体、品值大衡的自主理论体系和守正创新思想。

纳日碧力戈

2024 年 10 月

序

家乡人类学者以"她者"视角重构民族志书写

那顺巴依尔

乌日格木乐博士在第一本书出版之际希望我写篇序，我比较为难，因为这本书是在当下民族学理论热点"三交"视角下进行的研究，本人还没有"来得及"做这方面的深入研究，深感忐忑不安但又"盛情难却"，只好答应写几句，作为实在不成样子的"序"。

乌日格木乐是土生土长的新疆伊犁人，在她的家乡完成了小学和中学学业。2005年开始，她相继在中山大学和内蒙古大学完成本科和研究生教育。2018～2021年又在内蒙古大学我的指导下攻读民族学博士学位，并于2020年在哈萨克斯坦阿拉木图市进行了为期一年的田野工作，对哈萨克斯坦博物馆文化做了深入的研究。当时，她的小女儿刚好两岁，她却把孩子安排在自己父母身边，之后孤身一人克服种种困难，在遥远的中亚国家度过了艰难的一年。由于新冠疫情的缘故，她中间无法回来看孩子。我记得，乌日格木乐回国之后在微信朋友圈发了回来与女儿相见的视频。她回国第一站在西安咸阳机场看到已经三岁的孩子时，孩子居然对母亲有了生疏感，远远地站在那里看着这位立志要当职业人类学者的"女士"，却不肯跑过来热情拥抱妈妈。看到这一情景，不免让人产生一种心酸的感触，也为乌日格木乐这种敬业、奉献的精神所感动。

正是这种奉献和执着，使得乌日格木乐在田野工作中不仅获得了丰富的第一手资料，而且锤炼出了观察他者的洞察能力。她在博士学位论文中，阐述了新兴的哈萨克斯坦作为民族国家，通过博物馆展示谁是哈萨克人、他们来自何处、他们将走向何方的民族身份构建过程。她的论文在2022年被评为内蒙古大学优秀博士学位论文。

　　乌日格木乐进入工作岗位后，在继续进行海外民族志研究的同时，也在做国内民族学研究。这就要求她将观察他者的视角转换到家乡人类学视角。"家乡人类学"（Anthropology at Home）作为一种兼具挑战性与创新性的研究路径，始终致力于打破"他者"与"自我"的二元对立，探寻文化认知的双向解构与重构。乌日格木乐正是以这一视角为切入点，将生于斯长于斯的伊犁河谷作为田野点，通过"本地人"与"研究者"的双重视角切换，构建起一幅多民族交往交流交融的立体图景。这部著作不仅是对特定地域民族关系的深度描述，更是对人类学方法论的本土化实践，其学术价值与现实意义在"家乡"与"远方"的交织中愈发凸显。

　　作者以自身成长经历为锚点，在"走出去"与"返回来"的生命历程中，完成了从"家乡人"到"人类学者"的身份重构。正如她自己所说，幼年随祖辈在牧区迁徙的生活体验，构成了对伊犁河谷最初的"经验性认知"——那是一个由毡房、转场、奶茶与河流声编织的世界，是"参与式观察"的天然场域。然而，当作者以人类学专业视角重返这片土地时，却发现记忆中的"家乡"已悄然蜕变：机械化转场取代了传统迁徙，定居点的砖房替代了流动的毡房，年轻牧民的生活方式与文化认同正在经历现代化的重塑。这种"熟悉又陌生"的张力，成为触发学术反思的关键切口。

　　作者巧妙地将田野调查划分为"经验田野期""对照田野期""专业田野期"三阶段，揭示了家乡人类学研究的独特路径：首先是童年至成年早期的"无意识沉浸"，通过参与游牧生活积累原始文化感知；其次是求学及定居城市后，通过跨文化比较形成对家乡文化的"陌生化"审视；最后是借助人类学理论与方法，将碎片化的经验记忆升华为系统化的学术表达。这种从"身体记忆"到"理论观照"的跃迁，既避免了"主位研究"可能陷入的情感偏见，也突破了"客位研究"容易产生的文化隔膜，形成了兼具温度与深度的研究范式。

　　另外，作者从自然地理与人文地理的双重叙事中探讨多民族多重关系，也是这本书的一个特点。伊犁河谷独特的"三山夹两谷"地形，不仅塑造了多样的生态系统，更孕育了复杂的民族分布格局。书中以"空间互嵌"为核心概念，从自然地理与人文地理两个维度展开分析，揭示了地理环境如何成为民族交往的物质基础与文化载体。

在自然地理层面，作者将伊犁河谷划分为"牧区空间""农牧结合空间""农村空间""城镇空间"四大类型，细致描摹不同区域的生产方式与民族分布特征。例如，尼勒克县的唐布拉草原作为典型的牧区空间，至今保留着四季轮牧的传统，蒙古族与哈萨克族牧民通过草场边界的"柔性约定"实现共生；而伊宁市作为城镇空间的代表，通过"汉人街""喀赞其民俗村"等场域，展现了维吾尔族、汉族、俄罗斯族等多民族在商业贸易与日常生活中的文化交融。这种基于地理单元的分类，打破了传统民族志对"民族边界"的过度强调，转而聚焦于"空间共享"如何催生文化互鉴。

人文地理层面，作者引入列斐伏尔的"空间生产"理论，分析政治权力、经济活动如何重塑地域文化景观。清代"伊犁九城"的军事屯垦、民国时期"归化军"的驻留、新中国成立后的牧民定居工程，均被视为"空间生产"的具体实践。例如，察布查尔县的锡伯族西迁屯垦事件，不仅是军事成边的政治行为，更促成了锡伯族为当地哈萨克族、蒙古族开辟了灌溉农田的新空间。

最后，或许最值得强调的是，作为女性，乌日格木乐的视角总是有一种"她者"叙事的维度。在传统民族志书写中，女性常被简化为文化符号的载体或家庭场景的背景，而本书的主要价值之一，在于其将社会性别视角深度嵌入田野叙事，揭示了性别权力结构如何在民族交往中形成文化实践，又如何在现代化进程中被重新建构。作者以细腻的女性经验为切口，展现了伊犁河谷多民族女性在家庭、生产、文化传承中的主体地位，为理解民族互嵌提供了性别维度的全新视角。书中通过蒙古族与哈萨克族女性的日常劳动场景，揭示了"男主外、女主内"的传统分工如何在实践中呈现弹性特征。例如，女性承担挤奶、制毡、照顾幼畜等核心劳动，这些被视为"内场"的工作，实则构成游牧经济的基础——挤奶工序的精细化（如女性对"则勒"绑牛犊技术的掌握）、毛毡制作中的家族协作（女性主导的打羊毛集体活动），不仅是生存技能的传承，更是女性知识体系的显性表达。作者特别指出，女性在转场过程中对迁徙路线、草场状况的隐性决策权，打破了"男性主导游牧决策"的刻板印象。这种性别分工并非静态的权力秩序，而是随社会变迁动态调整。

　　家庭空间中的性别角色亦充满张力。蒙古族女性毡房内的"左侧女性空间"（负责食物储存与加工）与定居房中的"厨房革命"（引入现代厨具与饮食结构）形成鲜明对比，这种物理空间的变迁映射出女性从"传统家务执行者"到"现代家庭决策者"的身份转型。值得关注的是，书中特别记录了俄罗斯族女性将面包制作技术与哈萨克族奶食工艺结合的案例，这种跨文化的厨房实践，既是饮食文化的创新，更是性别权力在家庭场域的重新分配。

　　在现代化冲击下，女性正以新的方式重构文化传承路径。察布查尔县锡伯族女性将传统"喜利妈妈"仪式（祈福生育的女性专属仪式）转化为文化展演项目，通过旅游场景的再造，使原本私密的性别仪式成为公共文化符号；伊宁市六星街的维吾尔族女性将传统刺绣纹样与现代时尚设计结合，推动"艾德莱斯绸"从民族服饰走向国际舞台。这些实践表明，女性不仅是文化传承的"被动载体"，更是主动的创新者与诠释者。

　　总之，乌日格木乐博士的这部著作，可以看作解读伊犁河谷多民族共生图景的珍贵民族志文本。她以细腻的田野笔触，在伊犁独特的历史地理空间中，勾勒出一幅多民族在经济生产、文化习俗、社会互动中深度互嵌的生动画卷。书中对游牧与农耕文明的互补机制、跨民族文化符号的共享实践、现代语境下的社区融合等议题的探讨，既扎根于实证研究，又蕴含着对中华民族共同体建构的深层思考。这部作品不仅为理解边疆多民族社会的互动逻辑提供了鲜活样本，更以严谨的学术态度展现了人类学研究的在地性价值。我们有理由期待，她在未来的研究中，能继续以这般兼具学术深度与人文温度的笔触，为学界带来更多关于国内多民族多重关系的高质量研究成果。

目　录

前言　关于家乡人类学与反思

　　人类学，顾名思义，是关于人类的学科。人类学最早可以追溯到古希腊哲学家亚里士多德对于人的描述。"人类学"（Anthropology）这个名称首次出现在文艺复兴时期（1501年）德国哲学家马格努斯·亨特（Magnus Hundt）研究人体解剖结构与生理的著作《人类学——关于人的优点、本质和特性，以及人的成分、部位和要素》的书名中，他将两个希腊语词汇"ánthrōpos"（人类）与"lógos"（研究）结合在一起创造了新的拉丁词汇"anthropology"。此后，人类学经过两个世纪的发展历程，从最初作为传统的人类解剖学和生理学，到19世纪中叶形成了从体质、文化、考古和语言等方面对人类进行综合研究的较为完整的学科体系。随着该学科的发展及其与不同地域学术传统的互动，人类学在经典四分支体系（体质人类学、考古人类学、语言人类学、文化人类学）基础上，还逐渐衍生出了历史人类学、政治人类学、经济人类学、医学人类学、生态人类学、教育人类学等诸多新交叉领域；同时亦出现了"家乡人类学""海外民族志"等方法论特色的研究取向。但总而言之，人类学是一门与其他学科有着密切联系，主要运用参与式观察的田野民族志研究方法，并结合历史文献研究、跨文化比较研究等方法，统合经验与理论，探索人类及人类文化的学科。

　　人类学标志性的研究方法与学科特色，就是民族志田野工作（ethnographic fieldwork），简称田野工作或田野调查。田野调查是指经过专门训练的人类学者亲身走进所研究社会的过程。这个过程包含了学习对方语言、观察、记录、直接参与、深入访谈等方式，主要目的是通过收集田野资料、描绘研究社会的各个方面，力求完整、真实、深入地再现或阐释某种文化。早期的人类学家摩尔根（1818-1881）、泰勒（1832-

1917)、博厄斯（1858-1942）、马林诺夫斯基（1884-1942）都通过"异域社会"的田野调查，完成了民族志文本的撰写，成为后来人类学学科的经典。尤其是马林诺夫斯基，他被认为是人类学田野调查方法的"发明者"。《马林诺夫斯基——一位人类学家的奥德赛，1884-1920》一书的作者迈克尔·扬在引言中写道："如果说查尔斯·达尔文是生物学的开山祖师的话，布劳尼斯劳·马林诺夫斯基就是人类学的开山祖师……这位波兰贵族发明了'田野调查'这一严格的学术'成年礼'，并且带来了英国社会人类学的突破性变革。"① 由此可见，"他者"的视角是人类学至关重要的，强调研究者客观、公正、中立的态度也是民族志方法及其反思过程中反复重谈的话题。

"家乡人类学"的概念便在这样的反思过程中诞生。家乡人类学，即在研究者的家乡或研究者长期融入的空间和文化环境中进行的人类学研究，除了家乡人类学（Anthropology at home），还有本土人类学（Native Anthropology）、土著人类学（Indigenous Anthropology）、内部人类学（Insider Anthropology）、主体人类学（Subjective Anthropology）等不同的称呼，学界也有相对应的解读和辨析。

在我国，家乡人类学诞生于20世纪初期。早在那时，我国著名人类学家费孝通的《江村经济》、林耀华的《金翼》等就属于优秀的家乡人类学作品，至今仍被我国人类学界、社会学界奉为经典之作。随着民族志写作的反思，家乡人类学逐渐受到质疑和批判。从根本而言，这些质疑和批判来自对一个问题的怀疑，即家乡人类学中拥有主客位双重身份的研究者是否能够遵循"客观中立，价值无涉"的原则，家乡人类学的研究者是否能够保证研究时的客观态度，作者的情感是否影响了作者的研究。②

相对于人类学中的"他者"，家乡人类学的视角容易被认为是"我者"，从而有失客观、公正与中立。这种"主位"与"客位"的视角，在人类学家马文·哈里斯（Marvin Harris）看来，揭示的是从"参与者"

---

① 〔英〕迈克尔·W. 扬：《马林诺夫斯基：一位人类学家的奥德赛，1884-1920》，张云江译，北京大学出版社，2013，引言第5页。

② 刘爽：《主客位方法视角下的家乡人类学》，《河西学院学报》2019年第1期。

与"观察者"出发的观点。① 也即，"主位研究是指研究者能从当地人的视角去理解文化，要像本地人那样去思考和行动，即从内部看文化；客位研究是研究者以文化外来观察者的角度来理解文化，以科学家的标准对其行为的原因和结果进行解释，即从外部看文化"。② 实际上，这并不是一组二元对立的概念。相反，人类学田野调查作为参与式观察的研究方法，参与比观察更为重要。正如人类学家王铭铭所说："在家乡做研究，与在异乡作研究，不能截然两分。这是因为，若不深入研究，那么，家乡与异乡一样，对我们而言，都是模糊的。"③ 只有将对家乡文化的参与经验，与专业知识和理论结合，才能做到完整记录与深入研究。

人类学是探索时空中人类多样性的学科。④ 不管是人类学的哪个分支，作为研究人类的学科，都需要格外关注人与文化的双重波动性。想要准确理解所研究的那群人及其文化，首先应将这二者放置在一个时间与空间交错的坐标轴并在横向与纵向不断延展开来的生命历程中去理解。而从某种程度而言，家乡人类学能够更为深刻地体验这种过去、当下与不断发展的过程，带着对家乡深厚的情感，在翔实呈现所见、所闻、所思的同时，阐释充满细碎情感的社会文化。

笔者出生在伊犁河谷喀什河畔农牧区交界的一个小村庄，自幼随着姥姥、姥爷生活在位于村东部的牧区。那时，对年幼的笔者而言，村东部的牧区空间和村西部的农区空间是两个截然相反的世界。紧邻村东的是牧民的"冬窝子"（冬季牧场），再向东连绵数百公里是牧民的夏季牧场唐布拉草原。从懵懂的孩童时期开始，笔者就跟着姥姥、姥爷随季节迁徙在冬夏牧场之间。直到 19 岁通过高考考入中山大学，笔者才第一次走出伊犁河谷。从 2005 年 9 月乘坐三天三夜的硬座火车去往广州开始，笔者逐渐远离家乡，直到最终在"他乡"安家落户，工作、生活。这个过程又是另一个 19 年。笔者在攻读民族学博士学位期间以及取得博士学

---

① 刘海涛：《论人类学田野调查中的诸对矛盾与"主客位"研究》，《贵州民族研究》2008 年第 3 期。

② 〔法〕穆尔：《人类学家的文化见解》，欧阳敏等译，商务印书馆，2009。

③ 王铭铭：《所谓"海外民族志"》，《西北民族研究》2011 年第 2 期。

④ 〔美〕康拉德·科塔克：《文化人类学：欣赏文化差异》，周云水译，中国人民大学出版社，2012，第 4 页。

位后，不断尝试带着人类学的专业知识与方法回到家乡，却发现笔者对于家乡而言，早已在不知不觉中变成了"他者"。家乡在这数十年间，也发生了翻天覆地的变化。家乡——那片碧绿的游牧世界，仿佛留在了笔者"走出"家乡前的经验里。

人的身份是根据不同场景变换的，身份认同随之而多重且相互交错。其中，祖国、家乡通常是人们身份归属中最重要的组成部分。在有关家乡这个话题的场景中，笔者具有作为"伊犁人"的身份。而作为生长于伊犁的参与观察者，笔者的视角经历了从主体性记忆到客体性研究的认识论转变。在未走出家乡场域时，笔者与伊犁河谷保持着"具身性共在"的关系状态——直至攻读民族学博士学位前，对家乡的认知仍沉浸于四季轮转的传统游牧图景之中。这些记忆既是作为文化持有者的内部经验，亦真实承载着牧民的地方性生活实践。

以下是笔者参与其中并记录下来的牧民日常生活场景。①

片段一　"在迁徙的途中"

　　每年初夏搬去夏牧场的卡车上，整齐地堆放着临近几家牧民的毡房撑杆、隔栅、围毡及被褥等生活用品。爬上高高的卡车，找到一个舒服的位置躺下去，随着汽车缓慢爬行在崎岖颠簸的山路上，天空便离得那么近。行程通宵达旦，漫天的星星，像极了漫画里的场景。年幼的笔者不懂牧人转场过程中风餐露宿的艰辛，只觉得那是一段美妙的旅途。日夜兼程，到了夏季牧场，搭建毡房也充满着乐趣，因为这是左邻右舍聚集合作的时刻，充满着欢声笑语。除此之外，牧民在夏牧场打羊毛、做毡子的"活动日"，也同样是一种挨家挨户、互帮互助的集体活动。

片段二　"牧民日常生活的一天"

　　草原的清晨很冷，天刚蒙蒙亮，草尖上缀满了晶莹的露珠。安静的牧场随着早起的妇人甩起绳索、掀开毡房天窗的声音逐渐苏醒，

---

① 以下四个片段均引自笔者以往的文字记录。

远近的毡房陆陆续续升起袅袅炊烟。房间里牛粪烧出来的火，带着温暖的气息。

青壮年男子开始赶羊群上山，而年长的额吉带领媳妇或待嫁的姑娘们迅速穿上挤奶"工作服"（颜色暗沉、质地厚实的衣服和防露珠又防牛犊踩脚的鞋子），提着小铁桶和一个带盖的大塑料桶，走向离毡房不远的则勒①（蒙古语，指绑牛犊的绳索）。挤牛奶的第一道工序是先放开牛犊，当牛犊吮吸出牛奶后，费力地将其拉回绳索系好颈扣。已经长大的牛犊为了继续吃牛乳，力气出奇的大，可能需要别人帮忙才能拉得开。绑好后，妇人开始双手快速挤牛奶，挤到牛奶剩余不多的时候，再放牛犊进行吮吸。具体要重复几遍，看牛犊胖瘦程度及牧民对牛奶的需求程度，如果牛奶挤得太干净，会影响牛犊茁壮发育。

挤完小十头到数十头奶牛，要耗费一个多小时，甚至好几个小时。待妇人们挤完牛奶，同样早起找马群、赶羊群上山的男人们也回来了，酣睡的孩子就必须要起床了——因为毡房狭小的空间里只有一个通铺，这既是睡床又是餐桌。在奶茶烧好后，就要进入早茶时间。

早茶过后，大牛都被赶到山上吃草，而孩童们负责把牛犊赶到相反方向的河边平地或林带草地里，防止它们找到母牛后偷吃牛乳，顺便嬉戏半天，待午饭时再归来。

上午11点左右，奶牛场的大卡车会缓缓开来，开始挨家挨户收牛奶，牧民需要提前把大奶桶提到就近路边放好，奶牛场的工作人员会用测量仪检测牛奶的含脂量、公斤数，进行记录后便将其倒进大大的卡车铁桶里。

交完牛奶，妇人们一天的劳作就要开始了，她们不紧不慢，但井然有序，洗好大大小小各种挤牛奶的器具，加工留下自己食用的牛奶（一部分煮开，用做奶茶和奶皮子；一部分用牛奶分离器分别

---

① 则勒通常由绳索和木头制作而成。绳索的长度根据牛犊的数量而定，绳索的两边及中间用钉进地里的木棍进行固定，并在每个牛犊的位置设置绑扣拴住牛犊项圈。大牛犊在两侧，小牛犊在中间，距离保持在1米左右，避免互相缠绕，也避免互相"打架"。

做生奶油和黄水及酸奶）。年长的老人会将毡房裙尾掀起来通风，随即便靠坐在毡房裙边，用羊毛搓毛绳或用芨芨草和毛绳编织草席。这种草席大多用来围在毡房底部的骨架外，防止蛇虫进入，也可以用作简易遮阳棚，上面晾晒奶疙瘩、风干肉。年轻的妇女们也会穿上漂亮的衣服去串门，但要在下午绑牛犊前回来，换上"工作服"，再重复一遍早晨的挤奶工作。

天色渐暗，牧民结束了一天的劳作，毡房陆续亮起一盏盏灯，向萤火虫般照亮牧场静谧的夜晚。牧人们陆陆续续回到毡房，在通铺上围着餐桌盘腿而坐，伴着毡房外牛群反刍咀嚼的声音和远处潺潺的流水声，慢慢品味晚餐。偶尔有宴席，牧人们听着悠扬的马头琴声或清脆的冬不拉声，伴着高亢的歌谣，进入梦乡。

生活就这样周而复始，直到牧人们离开夏季牧场。

片段三 "在风和日丽的某天集体劳作"

临近的几户牧民会轮番选择某个晴朗的中午（高温有助于将羊毛从毛疙瘩变成松散蓬软的羊绒），围坐在一起打羊毛、做毛毡。

打羊毛时，需要准备特制的整张干牛皮或马驹皮，以及提前清洗好的羊毛。3-5个人围坐成一圈，每个人双手各握一根去了皮光滑笔直的柳木条，左右手轮换着节奏整齐地拍打在羊毛堆上。拍打羊毛的声音非常响亮又清脆，响声震彻山谷，回声再从山林里穿梭回来，成为那个午后最美妙的音符。

羊毛打好后，年长的妇人会带领少妇们进行毛毡的制作。她们先在草席上一层一层整齐有序地铺羊毛，厚度根据毛毡的具体需求而定，随即在铺好的羊毛上均匀喷洒开水，然后趁着热度，连草席一起像卷寿司那样卷起来，用绳子捆绑结实，派身强体壮的青年男性进行牵引滚动并大力踢踏。这个环节深受孩童们喜欢，她们在草场上奔跑，嬉笑着追逐滚动的草席……一圈又一圈，待羊毛变得紧实了，将其解开，然后由妇人们用胳膊进行擀面一样的辗轧，再卷起来踢打。如此这番，毛毡才得以形成。

白毡的做法最简单，而要做带有颜色和花纹的毡子，则需要在白毡上描好花纹，顺着花纹将毡子剪下来，对应地进行不同颜色的浸染，再通过白毡的制作工序，把美丽的纹路和图案用开水粘连在黑色羊毛毡上。除了这种普遍的大黑毡，还有经过手工缝制而成的花毡西日德格或斯日玛格，这类精美的花毡需要羊毛染色、制作毛毡、手工缝制等好几道复杂的工序才能完成。一张精美的毛毡，凝聚了数家相邻牧人的智慧和劳动，是男女老幼分工协作、互帮互助最好的体现。

除了打羊毛、做毛毡，还有毡房里的手工活——缝制被褥、枕头、靠背、客垫（坐垫的一种，呈长条形，带有华丽精美的图案，围着炕桌四周铺满房间，兼具实用与装饰作用）。手巧的妇人们还会利用毡房顶的光亮，进行更为精细的刺绣。近年来，十字绣替代了传统的手工绣，占据了少妇们大量的闲暇时光。

片段四"看护牛犊的责任"

对牧民家的孩子们来说，刚到夏季牧场的那几天是一段轻松快乐的日子——不用看牛犊，因为挤牛奶的准备工作还没做好，也许牛群都还没走到夏季牧场呢。在女主人随货车抵达夏季牧场，搭建好毡房、归置完生活用品后，男主人也赶着牛群到来，男女主人在毡房附近钉好绑牛犊的则勒之后，孩童们就开启了艰巨的工作任务——看牛犊。

看牛犊不仅是一项力气活，还是一项考验孩童们智慧的技术活。与妈妈分离了一天的牛犊才刚刚吮吸出母乳时，要将其从妈妈身上分开是非常困难的事情，像拔河那样，考验的是力量和耐力。不仅如此，有时好不容易将牛犊拽到了结绳处，颈扣还没系进去却让倔强的牛犊一不小心挣脱开来，有时也会在拉扯过程中，被牛犊踩上一脚，钻心的疼痛感和不忍服输的对决，这都是孩童与牛犊之间的较量。牧民家的孩童通常就在这样的较量中逐渐变得强壮。

这些还不算难，至少，在较量失败时，会有挤牛奶的成年人上前帮忙，而真正令孩童提心吊胆的是整个白天"看牛犊"的过程。早茶过后，他们一定要把牛犊与牛群分开往两个方向赶，赶得越远越好，还要在午后四五点就开始找回牛犊，保证在牛群回来之前绑好牛犊。否则，牛犊一旦与妈妈碰面，"偷吃"了母乳，那么一天的工夫就白费了，负有看牛犊责任的小家伙们将会受到严厉地教训。

带着这样的记忆，当笔者时隔十余年再次回到家乡，将"我"的身份转换成作为观察者的"他者"时，似乎一切都变了。

风餐露宿的牧民迁徙场景消失了，如今牛羊都被送上了卡车，无论主人还是畜群都能在数小时内从冬窝子"瞬移"到夏牧场；看牛犊的孩童们都去了幼儿园，也没有了与牛犊较量的技术；收奶车消失了；牧民日常生活的一天中也没有了挤牛奶、打羊毛和做毛毡的内容；牧区通电之后，电视和手机占据了牧民的生活空间。而这种瞬息万变的过程本身，也是牧民当前真实的生活。

只是，伴随着这些变化的，是伊犁河谷不那么容易改变的物理空间与伊犁河谷民众的山水观、价值观等精神空间。甚至数千年来，伊犁河谷高耸的山脉，川流不息的伊犁河支流，河谷连绵成片的草原与农田，还有沿河而居的各民族守望互助和睦共生的关系都未曾改变。关于这些"变"与"不变"的内在逻辑，便是笔者关于家乡人类学的反思——所谓主客位的视角，并非二元对立，而是能够相互转换并相互结合的。"社会是立体性的，有纵的一面，也有横的一面。纵的是历史，横的是现实。

于是，笔者带着对家乡人类学研究中主客位视角结合问题的思考，通过整合数十年的具身经验与 2018 年以来收集的田野调查资料，从三个维度展开系统性分析：地理空间与历史时间的双重脉络（第二章）、物质基础与文化接触的互动关系（第三章）以及精神内核的深层探析（第三章）。研究发现，伊犁河谷多元一体的文化格局中，民族交往交流交融现象构成了贯穿始终的核心线索。为建构理论分析框架，本研究首先对国家政策与相关理论进行了系统梳理（第一章）。本书就是将我国当前民族理论政策和人类学民族志方法相结合的一种尝试：在人类学研究"向前行进"的过程中，结合历史追溯的方式"向后参照"，并通过横向时间的比较与纵向空间的深描，透过不断延展伸开来的生命历程，呈现家乡人类学的完整图景。

最后，从有幸敲开学术这座迷人的殿堂之门，到本书有了面世的机会，笔者想要对两位优秀的民族学人类学导师致以崇高的谢意。

第一位是笔者的博士生导师——那顺巴依尔教授。2018 年，笔者在并无民族学人类学专业基础的情况下，报考了内蒙古大学民族学与社会学学院民族学专业博士研究生，不出所料，专业科目笔试成绩并不如意。幸运的是，那顺巴依尔教授是一位具有国际视野的博士生导师，更加看重外语条件、田野调查经验与实际的研究能力。在 2018–2021 年攻读博士学位期间，正是那顺巴依尔教授高屋建瓴的指导，笔者才能克服种种困难完成在哈萨克斯坦为期十个月的田野调查，基于较为扎实的理论基础和田野调查资料，最终完成博士学位论文的写作，并以 2022 年度内蒙古大学优秀博士毕业论文的优异成绩获得了民族学博士学位。那顺巴依尔教授幽默、睿智，常常以最轻松的方式提出最严厉的要求，在笔者刚刚踏入学术之路时，给予了灯塔般的引导。

第二位是笔者的工作导师纳日碧力戈教授。纳日碧力戈教授是我国人类学/民族学著名学者、内蒙古自治区一级教授。2021 年 11 月 30 日，纳日碧力戈教授担任笔者博士学位论文的答辩委员会主席，经过缜密的答辩程序，纳日碧力戈教授对笔者的论文给予肯定与积极鼓励。博士毕业后，经历了长达半年的新冠疫情管控，在笔者茫然无措地求职之际，纳日碧力戈教授以"让我们一起推动家乡人类学"的话语，鼓舞笔者加入了教授所在的团队——内蒙古师范大学民族学人类学学院。入职后，笔者兼任了纳日碧力戈教授的科研助理，承蒙纳日碧力戈教授与内蒙古师范大学民族学人类学学院前院长乌日陶克套胡教授、现任党委书记包凤兰教授、副院长满达教授的支持与关心，以及所有学院同事、学界同仁的鼓励，笔者在教学与科研的道路上得以快速成长，稳步前进。

本书的撰写与出版就是在这样漫长曲折的成长与难能可贵的机遇之下实现的。笔者常怀感恩之心，但愿本书不会辜负期待。

由于时间紧迫，笔者水平有限，书中仍有错漏之处，期待在今后的家乡人类学研究道路上，不断学习，持续成长。

乌日格木乐

于伊犁河谷喀什河畔

2023 年 7 月 30 日

第一章　理论与民族志的结合

　　党的十八大以来，习近平总书记在多个场合反复强调铸牢中华民族共同体意识。2021 年 8 月召开的中央民族工作会议上，习近平总书记用"四个必然要求"深刻阐述了铸牢中华民族共同体意识的重大意义，并将其确定为"新时代党的民族工作的主线"，掀开了党的民族工作高质量发展的新篇章。2022 年 6 月，习近平总书记在内蒙古考察期间，首次提出"铸牢中华民族共同体意识是新时代党的民族工作的主线，也是民族地区各项工作的主线"。① 随后，在同年 10 月召开的中央政治局第九次集体学习时，习近平总书记再次强调并清晰标定铸牢中华民族共同体意识不仅是党的民族工作和民族地区工作的主线，也是全党全国各族人民的共同任务。② 因此，在铸牢中华民族共同体意识的主线背景下对民族地区的交往交流交融进行研究具有重要意义。

　　新疆是我国面积最大的少数民族自治区，作为古代欧亚大陆的交通要道与新中国向西开放的桥头堡，新疆维吾尔自治区具有重要的战略地位。习近平总书记在 2023 年 8 月 26 日听取新疆维吾尔自治区党委和政府、新疆生产建设兵团工作汇报时强调，"新疆工作在党和国家工作全局中具有特殊重要的地位，事关强国建设、民族复兴大局"。③ 新疆有着荒

---

① 孙绍骋：《全面深入具体地把铸牢中华民族共同体意识主线贯彻到各项工作中》，《内蒙古日报》，2024 年 2 月 1 日。

② 《习近平在中共中央政治局第九次集体学习时强调 铸牢中华民族共同体意识 推进新时代党的民族工作高质量发展》，中国共产党新闻网，http://cpc.people.com.cn/n1/2023/1029/c64094-40105509.html。

③ 《习近平在听取新疆维吾尔自治区党委和政府 新疆生产建设兵团工作汇报时强调 牢牢把握新疆在国家全局中的战略定位 在中国式现代化进程中更好建设美丽新疆》，中央政府网，https://www.gov.cn/yaowen/liebiao/202308/content_6900328.htm。

漠、绿洲、雪山、湖泊等多样化的地理环境，自古以来就是多民族繁衍生息的家园，是东西方不同宗教和文化的荟萃之地，是中原农耕族群与北方游牧族群聚集的区域。长久以来，新疆各民族互嵌共居，密切交往，形成了"你中有我，我中有你"的关系。

本章作为导论，主要对我国铸牢中华民族共同体意识、民族交往交流交融、"三个离不开"等理论政策与政治思想进行梳理，并简要介绍本书将新疆伊犁河谷作为田野点的研究背景、研究过程中主要采用的人类学田野调查方法、具体田野调查线路等内容。

第一节　理论视角：铸牢中华民族共同体意识与 "三交" 理论及 "三个离不开" 思想

铸牢中华民族共同体意识，是以习近平同志为核心的党中央着眼实现中华民族伟大复兴提出的长远之策、固本之举。铸牢中华民族共同体意识在新时代中国民族理论体系中居于核心地位，也是我国多民族国家建设的现实需要，契合了中华民族多元一体格局发展的基本需求。① 铸牢中华民族共同体意识，是推进新时代党的民族工作高质量发展的重要抓手，在中国式现代化建设中，对走好中国特色解决民族问题的正确道路具有特殊重大意义。

2022 年 7 月 12 日至 15 日，习近平总书记前往新疆考察期间发表重要讲话，强调"促进各民族交往交流交融是新时代铸牢中华民族共同体意识、建设中华民族共同体的重要路径"。② 在参观新疆大学铸牢中华民族共同体意识研究基地时，习近平总书记指出，我国是统一的多民族国家，中华民族多元一体是我国的一个显著特征，要坚持走中国特色解决民族问题的正确道路，不断丰富和发展新时代党的民族理论，推进中华民族共同体基础

---

① 郝亚明：《中华民族共同体意识视角下的民族交往交流交融研究》，《西南民族大学学报》（人文社科版）2019 年第 3 期。

② 《习近平在新疆考察时强调完整准确贯彻新时代党的治疆方略 建设团结和谐繁荣富裕文明进步安居乐业生态良好的美好新疆》，《人民日报》，2022 年 7 月 16 日。

性问题研究。① 可见，各民族交往交流交融不仅符合我国多元一体的多民族国家历史事实，也符合各民族群众守望互助和谐共生的根本利益，更是铸牢中华民族共同体意识、实现中华民族伟大复兴的关键之路。

如果将民族交往交流交融视作一种政策导向的话，民族团结就是这种政策导向的直接目标，而铸牢中华民族共同体意识则是这种政策导向的根本目标。民族交往交流交融是中华民族多元一体格局形成发展的核心推动力量，有助于构建平等、团结、互助、和谐的社会主义民族关系，有助于建设各民族共有的精神家园，有助于建立各民族相互嵌入式的社会结构，从而达成铸牢中华民族共同体意识的根本目标。因此，在中华民族共同体视角下，研究我国各民族之间的交往交流交融具有很重要的现实意义和理论意义。

一　民族交往交流交融理论的提出

我国民族交往交流交融理论（下称"三交"理论）始终遵循马克思主义民族理论的基本原则，是对马克思主义"民族团结"理论的继承与发展。② 民族团结是马克思主义处理民族问题的基本观点，也是我国处理民族问题的根本原则。③ 马克思主义理论中的民族团结是指"不同民族为了共同的利益和目标在自愿和平等的基础上的联合"④，这种利益需求的实现蕴含在主客体相互影响、相互作用的民族交往过程中。正是因为各民族之间广泛的交往，才促使各民族之间的政治、经济、文化等交往变成可能，并促使彼此成为相互联系的统一整体，在漫长的历史发展中形成了中华民族多元一体格局，在中国特色社会主义现代化建设过程中，各民族之间也形成了"三个离不开"的相互依存关系。

从我们党的民族团结工作来看，我们党一直高度重视各民族之间的交往交流交融工作。2010 年 1 月，胡锦涛总书记在中央第五次西藏工作

---

① 《习近平在新疆考察时强调完整准确贯彻新时代党的治疆方略 建设团结和谐繁荣富裕文明进步安居乐业生态良好的美好新疆》，《人民日报》，2022 年 7 月 16 日。
② 林苗、黄逸超：《"民族交往交流交融"对马克思主义"民族团结"理论的继承与发展》，《理论导刊》2023 年第 1 期。
③ 严庆：《中国民族团结的意涵演化及特色》，《民族研究》2013 年第 1 期。
④ 金炳镐：《民族理论通论》，中央民族大学出版社，2007，第 464 页。

座谈会上首次提出"民族交往交流交融",将其作为衡量民族工作成效的重要标准之一①,并在同年5月召开的中央新疆工作座谈会上再次予以强调。自此,民族交往交流交融上升至党和国家民族工作的理论和政策层面。

2014年5月,习近平总书记在第二次中央新疆工作座谈会上提出:"各民族要相互了解、相互尊重、相互包容、相互欣赏、相互学习、相互帮助,像石榴籽那样紧紧抱在一起。要加强民族交往交流交融……推动建立各民族相互嵌入式的社会结构和社区环境……促进各族群众在共同生产生活和工作学习中加深了解、增进感情。"② 同年9月召开的中央民族工作会议上,习近平总书记将"加强各民族交往交流交融"作为中国特色解决民族问题的正确道路的重要内容,强调"要尊重差异、包容多样,通过扩大交往交流交融,创造各族群众共居、共学、共事、共乐的社会条件,让各民族在中华民族大家庭中手足相亲、守望相助",③ 为"三交"理论赋予了全局性和战略性的高度。

2017年10月18日,在党的十九大报告中,习近平总书记以铸牢"中华民族共同体意识"为切入点,强调各民族交往交流交融的重要性,指出:"全面贯彻党的民族政策,深化民族团结进步教育,铸牢中华民族共同体意识,加强各民族交往交流交融,促进各民族像石榴籽一样紧紧抱在一起,共同团结奋斗、共同繁荣发展。"④ 党的十九大重要讲话精神使得"三交"理论思想成为我国新时代重要的民族关系理论与实践的智慧结晶。

在2019年召开的全国民族团结进步表彰大会上,习近平总书记强调:"坚持促进各民族交往交流交融,不断铸牢中华民族共同体意识。"⑤ 2020年8月29日,在中央第七次西藏工作座谈会上,习近平总书记指出,

---

① 《中共中央国务院召开第五次西藏工作座谈会》,《人民日报》,2010年1月23日。
② 《习近平强调:团结各族人民建设社会主义新疆》,中央政府网,https://www.gov.cn/xinwen/2014-05/29/content_2690269.htm。
③ 《中央民族工作会议暨国务院第六次全国民族团结进步表彰大会在北京举行》,中国共产党新闻网,http://cpc.people.com.cn/n/2014/0930/c64094-25763749.html。
④ 习近平:《决胜全面建成小康社会夺取新时代中国特色社会主义伟大胜利——在中国共产党第十九次全国代表大会上的报告》,人民出版社,2017,第40页。
⑤ 习近平:《在全国民族团结进步表彰大会上的讲话》,新华网,http://www.xinhuanet.com/politics/leaders/2019-09/27/c_1125049000.htm。

"必须促进各民族交往交流交融"。① 2020 年 9 月 25 日，习近平总书记在第三次中央新疆工作座谈会上再次明确指出，要"教育引导各族干部群众树立正确的国家观、历史观、民族观、文化观、宗教观，让中华民族共同体意识根植心灵深处。要促进各民族广泛交往、全面交流、深度交融"。② 2021 年，习近平总书记在中央民族工作会议上再次强调"必须促进各民族广泛交往交流交融，促进各民族在理想、信念、情感、文化上的团结统一，守望相助、手足情深"。③ 这些重要论述是党在加强和改进民族工作方面的指导思想，使各民族交往交流交融的内涵更为深刻，促进各民族交往交流交融是新时代铸牢中华民族共同体意识、建设中华民族共同体的重要路径。

民族交往交流交融的提出与反复强调，不仅说明其遵循马克思主义民族理论的基本原则，也证明其符合中国特色社会主义解决民族问题的正确道路方向，更是铸牢中华民族共同体意识、实现中华民族伟大复兴的关键之路。

二 "三交"理论的学术研究

"民族交往交流交融"自 2010 年被首次提出以来，不仅在党和国家的民族理论与政策中体现为"提出—加强—必须促进"的发展过程④，也在学术界逐渐掀起了民族交往交流交融研究的热潮。学者们围绕民族交往交流交融理论内涵、历史发展、实践经验进行了广泛探讨，研究成果数量逐年上升。以知网为例，截止到 2024 年 4 月，共有 587 篇以"民族交往交流交融"为主题和关键词的文章，其中学术期刊论文 479 篇。根据上述学术论文的研究视角与内容，笔者将按照以下四类进行综述。

第一类，关于民族交往交流交融与马克思主义理论、中国共产党的

---

① 《习近平在中央第七次西藏工作座谈会上强调：全面贯彻新时代党的治藏方略 建设团结富裕文明和谐美丽的社会主义现代化新西藏》，中国政府网，https：//www.gov.cn/xinwen/2020-08/29/content_5538394.htm。

② 《习近平在第三次中央新疆工作座谈会上发表重要讲话》，中央政府网，https：//www.gov.cn/xinwen/2020-09/26/content_5547383.htm? ivk_sa＝1024320u。

③ 《习近平谈治国理政》第 4 卷，外文出版社，2022，第 244 页。

④ 谭林：《系统论视域下民族交往交流交融的深刻内涵、结构样态与理论特质》，《广西民族研究》2022 年第 5 期。

民族理论、我国民族工作与政策，尤其是与中华民族共同体理论的内在逻辑研究。如：《马克思主义民族融合理论在新中国的发展及"民族交往交流交融"提出的思想轨迹》①，《马克思主义交往理论视域下的民族交往交流交融：概念内涵与逻辑依循》②，《"民族交往交流交融"对马克思主义"民族团结"理论的继承与发展》③；《第二代民族政策：促进民族交融一体和繁荣一体》④，《中国共产党的民族交往交流交融思想研究》⑤；《民族互嵌与民族交往交流交融的内在逻辑》⑥；《论民族交往交流交融与铸牢中华民族共同体意识的思想基础》⑦，《中华民族共同体意识视角下的民族交往交流交融研究》⑧ 等。

第二类，民族交往交流交融的内涵研究，关注民族交往、民族交流、民族交融三要素之间递进与互动的关系逻辑。如：在《论民族交流交往交融》⑨ 一文中，金炳镐等学者从本体论视角认为"民族交往是民族关系的具体形式、民族交流是民族关系的具体内容、民族交融是社会主义初级阶段民族交往交流交融的本质要求"；李静等学者从心理学视角考察，认为交往交流交融是不同民族在文化接触、文化碰撞、文化选择、文化心理相融等心理过程中产生的同化、顺应和吸收等信息加工过程，并在这一过程中形成的多重回路

① 杨须爱：《马克思主义民族融合理论在新中国的发展及"民族交往交流交融"提出的思想轨迹》，《民族研究》2016 年 01 期。
② 高永久、杨龙文：《马克思主义交往理论视域下的民族交往交流交融：概念内涵与逻辑依循》，《广西民族大学学报》（哲学社会科学版）2022 年第 4 期。
③ 林苗、黄逸超：《"民族交往交流交融"对马克思主义"民族团结"理论的继承与发展》，《理论导刊》2023 年第 1 期。
④ 胡鞍钢、胡联合：《第二代民族政策：促进民族交融一体和繁荣一体》，《新疆师范大学学报》（哲学社会科学版）2011 年第 5 期。
⑤ 代文乐：《中国共产党的民族交往交流交融思想研究》，硕士学位论文，西藏大学，2017。
⑥ 郝亚明《民族互嵌与民族交往交流交融的内在逻辑》，《中南民族大学学报》（人文社会科学版）2019 年 03 期。
⑦ 高永久、赵志远：《论民族交往交流交融与铸牢中华民族共同体意识的思想基础》，《思想战线》2021 年第 1 期。
⑧ 郝亚明：《中华民族共同体意识视角下的民族交往交流交融研究》，《西南民族大学学报》（人文社会科学版），2019 年 03 期。
⑨ 金炳镐、肖锐、毕跃光：《论民族交流交往交融》，《新疆师范大学学报》（哲学社会科学版）2011 年第 1 期。

且循环往复运行的民族交往交流交融的心理机制①；郝亚明②、杜娟③、马瑞雪等④学者分别从不同视角出发，认为民族交往交流交融之间是层层递进的关系；王延中等学者指出三者之间是存在一定时空逻辑和动力机制的关系结构⑤；谭林从民族交往交融的内涵、结构样态与理论特质三方面深入分析，指出民族交往交流交融三者之间严密地关联逻辑。⑥

　　第三类，铸牢中华民族共同体意识下我国各地区各民族交往交流交融的实践经验研究，包括历史经验与现实经验。有的着眼于历史文献，如：《康熙〈河州志〉所见民族交往交流交融研究》⑦、《满学研究视角下北京各民族交往交流交融研史》⑧；有的从考古学、文学、艺术学等不同学科视角进行了研究，如：《宋辽夏金时期的文物与各民族交往交流交融》⑨、《贵州民族文学对各民族交往交流交融的多维透视》⑩、《从甘青宁地区多民族共有文化符号看中华民族交往交流交融——以"花儿"民歌为个案》⑪等；而更多的学者从地方实践经验入手，结合我国各地区、各民族之间民族交往交流交融的现实个案进行分析研究，如：《"月也"作媒：三江侗族自治县晒江村民族交往交流交融研究——民族交往交流交

① 李静、于晋海：《民族交往交流交融及其心理机制研究》，《西北师大学报》（社会科学版）2019 年第 3 期。
② 郝亚明：《西方群际接触理论研究及启示》，《民族研究》2015 年第 3 期。
③ 杜娟：《从文化涵化视角看我国各民族交往交流交融》，《中南民族大学学报》（人文社会科学版）2017 年第 6 期。
④ 马瑞雪、李建军、周普元、李蕾：《论民族交往交流交融》，《新疆师范大学学报》（哲学社会科学版）2019 年第 2 期。
⑤ 王延中、章昌平：《新时代民族工作与民族交往交流交融》，《中央民族大学学报》（哲学社会科学版）2019 年第 5 期。
⑥ 谭林：《系统论视域下民族交往交流交融的深刻内涵、结构样态与理论特质》，《广西民族研究》2022 年第 5 期。
⑦ 樊莹、乔壮：《康熙〈河州志〉所见民族交往交流交融研究》，《青海民族大学学报》（社会科学版），2024 年第 1 期。
⑧ 常越男：《满学研究视角下北京各民族交往交流交融史》，《北京社会科学》2024 年第 1 期。
⑨ 史金波：《宋辽夏金时期的文物与各民族交往交流交融》，《历史教学》（下半月刊）2024 年第 1 期。
⑩ 谢美、汪介之：《贵州民族文学对各民族交往交流交融的多维透视》，《贵州民族研究》2024 年第 1 期。
⑪ 杨文笔：《从甘青宁地区多民族共有文化符号看中华民族交往交流交融——以"花儿"民歌为个案》，《广西民族研究》2023 年第 4 期。

融的实践研究系列之一》①、《民族交往交流交融赋能彝绣市场的内在机理
与对策研究》② 等。

　　第四类，对民族交往交融议题的研究现状、演进和发展脉络进行梳
理。如：《民族交往交流交融研究综述与展望》③，《十年来各民族交往交
流交融研究综述》④，《民族交往交流交融研究现状与未来展望》⑤，《各民
族交往交流交融的研究脉络与前沿演进——基于 CNKI 论文（2011~
2020）的知识图谱分析》⑥ 等。其中，在最后一篇论文中，作者提出我国
民族交往交流交融相关研究的三个阶段：2011~2013 年是"各民族交往
交流交融的理论探索研究阶段"；2014~2016 年是"各民族交往交流交融
的实践探索研究阶段"；2017 年以后是"各民族交往交流交融理论研究和
实践研究的深化阶段"。

　　总的来看，尤其在 2017 年党的十九大召开以后，我国民族交往交融
研究进入快速增长期，研究内容、研究范围、研究视角进一步拓展。截
至目前，民族交往交流交融研究已成为涵盖概念内涵、要素构成、实践
进路以及发掘和阐述各民族交往交流交融与铸牢中华民族共同体意识、
构建中华民族共有精神家园的热点主题。

　　民族交往交流交融是一个有机的整体——民族交往是伴随民族历史
性存在而产生的不同民族之间的互动行为；民族交往的过程自然会产生
民族之间在政治、经济、文化、社会等方面的交流；民族交融是民族在
相互交往和交流中所产生的彼此接近、相互融合的过程。⑦

---

①　罗彩娟、关琦宇：《"月也"作媒：三江侗族自治县晒江村民族交往交流交融研究——
民族交往交流交融的实践研究系列之一》，《青海民族大学学报》（社会科学版）2024
年第 1 期。

②　张姣玉：《民族交往交流交融赋能彝绣市场的内在机理与对策研究》，《中国物价》2024
年第 2 期。

③　邱加贺：《民族交往交流交融研究综述与展望》，《百色学院学报》2022 年第 5 期。

④　张萍、齐传洁：《十年来各民族交往交流交融研究综述》，《贵州民族研究》2020 年
第 5 期。

⑤　阿鑫、冯雪红：《民族交往交流交融研究现状与未来展望》，《南宁师范大学学报》（哲
学社会科学版）2022 年第 2 期。

⑥　徐姗姗、王军杰：《各民族交往交流交融的研究脉络与前沿演进——基于 CNKI 论文
（2011~2020）的知识图谱分析》，《广西民族研究》2021 年第 4 期。

⑦　曹爱军：《中华民族共同体视野中的"各民族交往交流交融"研究》，《广西民族研究》
2019 年第 3 期。

如果从逻辑上将各民族的交往交流交融分为民族交往、民族交流、民族交融的三个阶段，这三个阶段在铸牢中华民族共同体意识中的功能发挥是一个循序渐进的过程。

首先，民族交往的本质是社会交往，有了各民族的社会交往才会是良好的民族交往的开始，因此交往是中华民族共同体意识形成的基础和依托。其次，民族交流的本质是文化交流，是中华民族共同体意识形成的纽带。这里的文化是广义的，其内涵涵盖了生产生活方式、风俗习惯、生活习性、宗教信仰、社会心理等广泛内容。各民族只有在经济、政治、文化、社会等领域开展长期的交流，才可能形成"信息的相互传递、观点的相互借鉴、观念的相互影响以及情感的相互表达"[1]，才可能形成民族交融。因此，交往、交流是交融的基础，而交融是理想结果。最后，民族交融的本质是结构交融，是中华民族共同体意识形成的结构支撑。它强调的是不同民族的个体、群体在社会结构上的相互渗入和彼此关联。

可见，作为我国民族工作的重要思想和基本方针，"民族交往交流交融"需要结合民族交往互动的具体状态加以界定，同样，在探讨铸牢中华民族共同体意识的研究过程中，可以从个体角度对族际个体间的接触、互动进行研究。因此可以说，本书就是这样一种尝试，即对作为中华民族共同体的个体成员的汉族、维吾尔族、哈萨克族、蒙古族之间交往交流交融的互动实践进行研究，以考察"三交"理论对铸牢中华民族共同体意识的促进和典范作用。

在以往关于"民族交往交流交融"的地方实践研究成果中，新疆作为具有典型性的边疆多民族地区，相关研究成果较为丰富：2020年之前的成果多以较为宏观的理论视角出发进行较为笼统的分析，如《促进新疆各民族交往交流交融的对策建议》[2]、《新疆各民族交往交流交融探析》[3]、《新疆各民族交往交流交融70年回顾》[4]；2020年之后的成果聚焦于微观视角的社区实践，如《各民族交往交流交融发展的嵌入机制研

---

[1] 吴孝刚：《"各民族交往交流交融"之我见》，《中国民族报》，2017年5月5日。
[2] 杨生明：《促进新疆各民族交往交流交融的对策建议》，《理论观察》2017年第8期。
[3] 张云、张付新：《新疆各民族交往交流交融探析》，《青海师范大学学报》（哲学社会科学版）2018年第3期。
[4] 李晓霞：《新疆各民族交往交流交融70年回顾》，《新疆社会科学》2019年第4期。

究——基于新疆北部三个社区的考察》①、《各民族共享的文化空间与交往交流交融——以维吾尔族巴扎为例》② 等。相对而言，伊犁河谷民族交往交融研究，尤其在铸牢中华民族共同体意识主线下聚焦各民族互动关系的研究较少，笔者经过主题词搜索，发现仅有《新时代新疆巩留县各民族交往交流交融实践研究》③ 一篇，该论文以宏观视角对民族交往交融理论的内涵、巩留县创建民族团结示范县的实践路径及成果进行了讨论，缺乏对多民族间交往交流交融的全面、生动地分析。

鉴于此，本书采用人类学田野调查与民族志书写方法，以伊犁河及其三条支流流域作为田野点，对伊犁河谷地区的多民族文化景观进行了长时段地深入研究，旨在展示伊犁河谷多民族"广泛交往、全面交流、深度交融"④ 的历史与现状，为铸牢中华民族共同体意识提供现实案例。

三　从"两个离不开"到"三个离不开"

"铸牢中华民族共同体意识，加强各民族交往交流交融，促进共同团结奋斗、共同繁荣发展"是我国民族团结进步的重要方向，而"三个离不开""四个与共""五个认同""六个相互"是民族团结进步的重要内容。实际上，各民族交往交流交融与"三个离不开"是相辅相成的关系。上文中对民族交往交流交融作为我国民族理论政策的提出及其学术研究进行了梳理，下面对我国"三个离不开"思想的提出、发展及内涵进行分析。

总的来说，"三个离不开"思想是我国民族关系发展历史的科学总结，也是对马克思主义民族平等、团结理论的继承和发展，是进一步解决当代中国民族问题的重要指针，是维护祖国统一，巩固国家边防的保障。

---

① 罗意、古力扎提：《各民族交往交流交融发展的嵌入机制研究——基于新疆北部三个社区的考察》，《民族研究》2023 年第 2 期。
② 苏比努儿·努尔买买提：《各民族共享的文化空间与交往交流交融——以维吾尔族巴扎为例》，《国际公关》2023 年第 10 期。
③ 叶尔扎提·吐尔逊、王毅：《新时代新疆巩留县各民族交往交流交融实践研究》，《秦智》2024 年第 1 期。
④ 该提法引自《习近平出席第三次中央新疆工作座谈会并发表重要讲话》，《人民日报》，2020 年 9 月 26 日。

（一）"两个离不开"思想的提出

民族平等和民族团结是马克思主义处理民族问题的总原则和总政策①，也是我国民族政策的基石。在我国，各民族无论人口多少，居住地域大小，经济发展程度如何，语言文字和宗教信仰、风俗习惯是否相同，社会地位一律平等，享受相同的权利，承担相同的义务；汉族和少数民族一律平等，各少数民族之间也一律平等；任何民族都没有特权，任何民族的权利都没有被限制。

一百多年来，中国共产党始终坚持从我国统一多民族国家的基本国情出发，坚持民族平等和民族团结，并以此作为解决民族问题的基本方针。

1922 年中共二大关于民族问题的纲领中，提出了尊重各族人民的自主权利的主张。1928 年中共六大做出关于民族问题决议案，认为民族问题"对于革命有重大的意义"。② 1935 年 8 月，党和红军在长征途中提出"苗族、瑶族、彝族等少数民族与汉族平等"的基础上，进而提出并实行"中国境内各民族一律平等"的政策。③ 1945 年中共七大专门强调"少数民族问题"④，在接下来的解放战争时期，中国共产党创造性地将马克思主义民族理论同中国民族问题具体实际相结合，确立了民族区域自治为我国解决民族问题的一项基本政策，并将其同民族平等、民族团结、各民族共同繁荣等一并写入《中国人民政治协商会议共同纲领》。⑤

新中国成立后，我们党带领各族人民共同走上社会主义道路，党中央更加重视民族平等和民族团结。1953 年，毛泽东在接见西藏国庆观礼团时说："我们要和各民族讲团结，不论大的民族小的民族都要团结。例如鄂伦春族还不到两千人，我们也要和他们团结。"⑥ 1957 年，毛泽东在

① 艾克拜尔·吾斯曼：《坚持"三个离不开"思想 巩固和发展社会主义民族关系》，《中央社会主义学院学报》2011 年第 2 期。
② 贾鹏：《从百年党史中汲取推进党的民族工作的智慧和力量》，人民网，http：//dangshi. people. com. cn/n1/2021/1019/c436975-32258079. html? utm_source＝UfqiNews。
③ 陈明富、陈娜：《党的民族政策在红军长征中的成功实践及重大意义》，《中共四川省委党校学报》2016 年第 3 期。
④ 转引自《党领导开展民族工作的历史经验与启示》，中国民族宗教网，http：//www. mzb. com. cn/html/report/210832179-1. htm。
⑤ 贾鹏：《从百年党史中汲取推进党的民族工作的智慧和力量》，人民网，http：//dangshi. people. com. cn/n1/2021/1019/c436975-32258079. html? utm_source＝UfqiNews。
⑥ 《毛泽东文集》第六卷，人民出版社，1999，第 311 页。

《关于正确处理人民内部矛盾的问题》中强调："国家的统一，人民的团结，国内各民族的团结，这是我们的事业必定要胜利的基本保证。"[1] 同年，周恩来在全国人民代表大会民族委员会召开的民族工作座谈会上的重要讲话中，强调加强民族间的团结，并且认为"各民族要建设社会主义的现代化国家……就是我们各族人民团结的共同基础"。[2]

党的十一届三中全会后，我国进入了改革开放和社会主义现代化建设新时期，"党中央和国务院多次讨论民族工作，在总结历史经验，分析新的情况的基础上，又明确提出了'少数民族离不开汉族，汉族离不开少数民族'等重要思想"。[3]

1981 年 6 月 27 日中国共产党第十一届中央委员会第六次全体会议一致通过的《关于建国以来党的若干历史问题的决议》中指出："改善和发展社会主义民族关系，加强民族团结，这对于我们这个多民族的国家具有重大意义。"[4] 邓小平同志从我国多民族的特殊国情出发，指出必须不断加强各民族的大团结，并提出了"汉族离不开少数民族，少数民族离不开汉族"的重要思想。1981 年 7 月 6 日，中央书记处在讨论新疆工作的会议纪要中根据邓小平的批示，提出："新疆的汉族干部要确立这样一个正确的观点，即离开了少数民族干部，新疆的各项工作搞不好；新疆的少数民族干部也要确立这样一个正确观点，即离开了汉族干部，新疆各项工作也搞不好。如果汉族干部认为离开了少数民族干部也可以，少数民族干部认为离开了汉族干部也可以，都是错误的，危险的"，并在 7 月 16 日中共中央关于转发《中央书记处讨论新疆工作问题的纪要》的通知中，第一次提出了"两个离不开"的政治观点。[5] 同年 10 月，胡耀邦在接见全国少数民族参观团负责人时进一步概括说明：汉族和少数民族的关系是，汉族离开少数民族不行，少数民族离开汉族也不行。这个关

① 《毛泽东文集》第七卷，人民出版社，1999，第 204 页。
② 周恩来：《关于我国民族政策的几个问题》，《周恩来统一战线文选》，人民出版社，1984，第 363 页。
③ 《十四大以来重要文献选编》上，人民出版社，1996，第 297—298 页。
④ 《关于建国以来党的若干历史问题的决议》，中央政府网，https：//www.gov.cn/test/2008-06/23/content_1024934_6.htm。
⑤ 姜勇：《"两个离不开"思想再认识》，《新疆大学学报》（哲学社会科学版）1990 年第 4 期。

系是相互依存、相互帮助的关系，谁也离不开谁。① 他强调邓小平同志对此给予的高度评价。这些是党中央"两个离不开"思想较早的完整表述。由此，"两个离不开"思想因其符合新时期我国民族关系的实际，很快为全国各族干部群众所接受和拥护。

党的十三届四中全会以后，以江泽民同志为核心的党的第三代中央领导集体坚持和发展了"两个离不开"的民族团结思想。1990 年江泽民在内蒙古视察时强调，"民族团结是维护国家统一，实现社会安定，经济发展，民族振兴的基本保证"。② 1992 年李鹏在《做好民族工作，为实现各民族的共同繁荣而努力奋斗》的讲话中强调，"坚持各民族的大团结，维护祖国统一，是我国民族工作的一项根本任务"。③ 李瑞环也指出，"任何一个人，如果他自以为是中华民族的一员，是爱国主义者，那么他就必须像爱护自己的眼睛一样爱护各民族的团结"。④

总而言之，"两个离不开"思想从毛泽东同志最初在《论十大关系》一文中提出，到邓小平同志明确强调并正式出现在党中央的文件中，说明该思想符合我国当时所面临的亟须修复民族关系、各族干部群众同心协力进行社会主义经济建设的历史处境与我国新时期民族关系的实际，为后来"三个离不开"思想的发展与完善奠定了基础，具有重要的现实意义。

（二）从"两个离不开"到"三个离不开"思想的完善

党的十三届四中全会以来，以江泽民同志为核心的党的第三代中央领导集体高度重视和关心新疆的发展与稳定，始终认为在新疆搞好民族团结尤为重要，民族团结是新疆社会稳定、经济发展、边防巩固的重要基础和保证。

1990 年，江泽民在新疆视察时指出："我们伟大的中华民族，是由56 个民族构成的，在我们祖国的大家庭里，各民族之间的关系是社会主义的新型关系，汉族离不开少数民族，少数民族离不开汉族，各少数民

---

① 董立仁：《牢固树立"三个离不开"思想 夯实民族团结国家统一基石》，《唯实》2014
年第 9 期。

② 《江泽民总书记在我区视察》，《内蒙古日报》，1990 年 10 月 1 日。

③ 国家民族事务委员会、中共中央文献研究室：《新时期民族工作文献汇编》，中央文献
出版社，1990。

④ 中共中央文献研究室综合研究组等编《新时期宗教工作文献汇编》，宗教文化出版社，
1995。

族之间也互相离不开。"这不仅充分肯定了"两个离不开"的思想，而且还将其进一步发展为"三个离不开"思想。① 1998 年 7 月，江泽民同志第二次到新疆考察时，再次指出，"我们要坚持按照马克思主义民族观来观察和处理民族问题，继续全面正确地贯彻执行党的民族政策。一定要在各族干部群众的头脑中牢固树立这样一个概念，就是我国 56 个民族都是中华民族大家庭中平等的一员，汉族离不开少数民族，少数民族也离不开汉族，各少数民族之间也相互离不开。各民族人民要始终心连心、同呼吸、共命运，共同为建设有中国特色社会主义事业而奋斗"。② 1999年 9 月 29 日，在中央民族工作会议暨国务院第三次全国民族团结进步表彰大会上，他进一步强调，"各族人民要牢固树立一个观念：汉族离不开少数民族，少数民族离不开汉族，各少数民族之间也相互离不开"。③ 从此"三个离不开"思想成为新时期我国处理民族关系的重要指导思想。

　　"三个离不开"不仅强调汉族与少数民族之间的团结，又专门指出了各少数民族之间团结的重要性，是以江泽民同志为核心的党的第三代中央领导集体对我国社会主义民族关系的高度概括，成为此后我们党和国家正确处理民族关系、促进各民族共同团结奋斗与共同繁荣进步的重要指导思想。

　　党的十四大召开以来，党中央分别于 1992 年、1999 年、2005 年召开中央民族工作会议，适时对民族工作做出一系列重大决策部署。在 2005年中央民族工作会议的讲话中，胡锦涛同志指出，"坚持巩固和发展平等、团结、互助、和谐的社会主义民族关系，大力弘扬爱国主义精神，牢固树立汉族离不开少数民族、少数民族离不开汉族、各少数民族之间也相互离不开的思想观念，促进各民族互相尊重、互相学习、互相合作、互相帮助，始终同呼吸、共命运、心连心，不断巩固和发展全国各族人民的大团结，构建社会主义和谐社会。"④

---

① 《如何理解"汉族离不开少数民族，少数民族离不开汉族，各少数民族之间也相互离不开"》，《人民日报》2009 年 9 月 13 日。
② 董立仁：《牢固树立"三个离不开"思想 夯实民族团结国家统一基石》，《唯实》2014年第 9 期。
③ 买托合提·居来提、张媛：《三个离不开重要思想研究中的几个认识问题》，《和田师范专科学校学报》2012 年第 6 期。
④ 艾克拜尔·吾斯曼：《坚持"三个离不开"思想 巩固和发展社会主义民族关系》，《中央社会主义学院学报》2011 年第 2 期。

总而言之，从"两个离不开"思想的提出到"三个离不开"思想的完善，是中国共产党民族团结思想方面的新发展，也是我们党将马克思主义民族理论的基本原理同我国具体民族状况相结合的体现，更是我们党一贯重视民族问题，重视民族的平等、团结和各民族共同繁荣的体现。

（三）习近平总书记关于民族团结重要论述中的"三个离不开"思想

党的十八大以来，以习近平同志为核心的党中央就民族工作做出一系列重大决策部署，推动我国民族团结进步事业取得了新的历史性成就。

2013 年 3 月 17 日，习近平总书记在第十二届全国人民代表大会第一次会议上指出，"实现中国梦必须凝聚中国力量。这就是中国各族人民大团结的力量"①。2014 年 3 月 4 日，习近平总书记在参加全国政协十二届二次会议少数民族界委员联组会时强调，"国家的统一，人民的团结，国内各民族的团结，这是我们的事业必定要胜利的基本保证。正确认识和处理民族关系，最根本的是要坚持民族平等，加强民族团结，推动民族互助，促进民族和谐。我们要坚持各民族共同团结奋斗、共同繁荣发展的主题，深入开展民族团结宣传教育，牢固树立汉族离不开少数民族、少数民族离不开汉族、各少数民族之间也相互离不开的思想观念，打牢民族团结的思想基础"。② 次月底，习近平总书记到新疆考察，对做好新疆维护社会稳定、推进跨越式发展、保障和改善民生、促进民族团结、加强党的建设等工作进行调研指导。在强调促进民族团结时，习近平总书记反复强调："民族团结是发展进步的基石""新疆的问题，最难最长远的还是民族团结问题……我们要牢固树立'汉族离不开少数民族，少数民族离不开汉族，少数民族之间也相互离不开'重要思想"。③

2014 年 9 月 28 日，习近平总书记在党中央召开的中央民族工作会议上指出，"多民族是我国的一大特色，也是我国发展的一大有利因素。各民族共同开发了祖国的锦绣河山、广袤疆域，共同创造了悠久的中国历

---

① 《习近平在第十二届全国人民代表大会第一次会议上的讲话》，《人民日报》，2013 年 3 月 18 日，第 1 版。
② 《习近平在看望出席全国政协十二届二次会议的少数民族界委员时强调 坚持中国特色社会主义道路 促进各民族共同团结奋斗共同繁荣发展》，《人民日报》，2014 年 3 月 5 日，第 1 版。
③ 《习近平新疆考察纪实：民族团结是发展进步的基石》，人民网，http://politics.people.com.cn/n/2014/0503/c1024-24968455.html。

史、灿烂的中华文化。我国历史演进的这个特点，造就了我国各民族在分布上的交错杂居、文化上的兼收并蓄、经济上的相互依存、情感上的相互亲近，形成了你中有我、我中有你，谁也离不开谁的多元一体格局"。总书记强调，"我们讲中华民族多元一体格局，一体包含多元，多元组成一体，一体离不开多元，多元也离不开一体，一体是主线和方向，多元是要素和动力，两者辩证统一"。①

2017 年 10 月 18 日，习近平总书记在党的十九大报告中首次提出"铸牢中华民族共同体意识"，并写入党章，指出要"全面贯彻党的民族政策，深化民族团结进步教育，铸牢中华民族共同体意识，加强各民族交往交流交融，促进各民族像石榴籽一样紧紧抱在一起，共同团结奋斗、共同繁荣发展"。② 自此，铸牢中华民族共同体意识成为全党和全国各族人民实现中国式现代化的共同意志和根本遵循。

2019 年 9 月 27 日，习近平总书记在全国民族团结进步表彰大会上发表重要讲话，提出"四个共同"——"辽阔的疆域是各民族共同开拓的、悠久的历史是各民族共同书写的、灿烂的文化是各民族共同创造的、伟大的精神是各民族共同培育的"，并指出各民族之所以团结融合，源自各民族文化上的兼收并蓄、经济上的相互依存、情感上的相互亲近，源自中华民族追求团结统一的内生动力。③

2021 年 3 月两会期间，习近平总书记在与内蒙古代表交流时，深情嘱托，"要牢记汉族离不开少数民族、少数民族离不开汉族、各少数民族之间也相互离不开"④。在同年 8 月举行的中央民族工作会议上，习近平总书记强调，"做好新时代党的民族工作，要把铸牢中华民族共同体意识作为党的民族工作的主线。同时铸牢中华民族共同体意识是新时代党的民族工作的'纲'"。⑤

---

① 《中央民族工作会议暨国务院第六次全国民族团结进步表彰大会在北京举行》，人民网，http：//cpc. people. com. cn/n/2014/0930/c64094-25763749. htm。
② 《深化民族团结进步教育 铸牢中华民族共同体意识》，中国共产党新闻网，http：//cpc. people. com. cn/n1/2017/1127/c415067-29670504. html。
③ 习近平：《在全国民族团结进步表彰大会上的讲话》，新华网，http：//www. xinhuanet. com/politics/leaders/2019-09/27/c_1125049000. htm。
④ 《习近平在参加内蒙古代表团审议时强调 完整准确全面贯彻新发展理念 铸牢中华民族共同体意识》，《人民日报》，2021 年 3 月 6 日，第 1 版。
⑤ 《习近平在中央民族工作会议上强调 以铸牢中华民族共同体意识为主线 推动新时代党的民族工作高质量发展》，《人民日报》，2021 年 8 月 29 日，第 1 版。

总而言之，习近平总书记将"三个离不开"作为打牢民族团结的思想基础，基于民族平等和民族团结的前提，做了一系列重要论述，对于做好新形势下的民族工作，加快民族地区发展、促进各族群众共同富裕，构筑各民族共有精神家园、铸牢中华民族共同体意识，凝聚起共同团结奋斗、共同繁荣发展的磅礴力量，具有十分重要的指导意义。

四　小结

从"两个离不开"到"三个离不开"，从民族交往交流交融理论的提出，到全面铸牢中华民族共同体意识，是我们党和国家领导人坚持民族平等、民族团结，坚持各民族共同团结奋斗、共同繁荣发展的中国特色民族关系的体现。

2022 年全国两会期间，习近平总书记在参加内蒙古代表团审议时强调，铸牢中华民族共同体意识，推进中华民族共有精神家园建设，促进各民族交往交流交融，各项工作都要往实里抓、往细里做，要"有形、有感、有效"①。这一重要论述为新时代民族工作指明了实践方向，也为学术研究提供了理论指引。基于此，本文以伊犁河谷各民族交往交流交融为研究对象，通过人类学的民族志研究方法，旨在为"三个离不开"思想、特别是各少数民族之间相互离不开的民族关系提供实证案例，从而深化对民族交往交流交融在铸牢中华民族共同体意识过程中所起促进作用的理解，展现其示范价值。

第二节　现实视角：多民族聚居的新疆
——"三个离不开"的有力例证

新疆维吾尔自治区地处我国西部边疆，陆地面积约占我国陆地总面积的六分之一，陆地边境线长达 5600 多公里，占我国陆地边境线总长度的四分之一，与俄罗斯、哈萨克斯坦、吉尔吉斯斯坦、塔吉克斯坦、巴基斯坦、蒙古、印度、阿富汗 8 个国家接壤，是我国面积最大、陆地边

---

① 《习近平在参加内蒙古代表团审议时强调 不断巩固中华民族共同体思想基础 共同建设伟大祖国 共同创造美好生活》，《人民日报》，2022 年 3 月 6 日，第 1 版。

境线最长、毗邻国家最多的省区。

新疆古称西域，自古以来就是多民族聚居地区，目前生活着我国 56 个民族。[①] 其中，维吾尔族、汉族、哈萨克族、回族、柯尔克孜族、蒙古族、塔吉克族、锡伯族、满族、乌孜别克族、俄罗斯族、达斡尔族、塔塔尔族这 13 个民族被认为是新疆世居民族，[②] 这些世居民族中有 6 个民族的 90% 以上人口分布在新疆。[③] 根据 2020 年第七次全国人口普查数据，新疆总人口为 2585.2 万人，少数民族人口占人口总数的 57.76%，同 2010 年第六次全国人口普查相比，少数民族人口增长 14.27%，增长率比全国少数民族人口增长率 10.26% 高 4.01 个百分点。[④] 正因为新疆特殊的战略地位、丰富的自然资源与多民族聚居的特征，其成为我国西部大开发、"一带一路" 与民族团结建设中关注的重点。

一 作为战略屏障的重要地位

党的十八大以来，以习近平同志为核心的党中央高度重视国家安全工作，成立中央国家安全委员会，提出总体国家安全观，明确国家安全战略方针和总体部署。在党的二十大开幕会报告中，17 次提到 "国家安全"，强调坚定不移贯彻总体国家安全观，把维护国家安全贯穿到党和国家工作各方面全过程。其中，政治安全作为国家安全的根本，包括对国家政权、政治制度和意识形态的坚决维护。

新疆作为我国国家安全与战略发展中的战略屏障，是我国重要的资源战略储备区，是我国向西开放的桥头堡。新疆工作在我国国家安全建设工作以及党和国家工作全局中具有特殊重要的战略地位。[⑤] 新中国成立以来，历任党中央领导高度重视新疆工作，尤其自 2010 年以来前后召开了三次中央新疆工作座谈会，针对反恐、民族团结、宗教工作、改善民

① 《人口构成》，新疆维吾尔自治区人民政府官网，https：//www. xinjiang. gov. cn/xinjiang/ dmxj/dmxj. shtml。
② 新疆维吾尔自治区农业厅编《十三个新疆世居民族风俗习惯汇编》，2016，第 1 页。
③ 分别为维吾尔族、哈萨克族、柯尔克孜族、塔吉克族、乌孜别克族和塔塔尔族。
④ 《新疆维吾尔自治区第七次全国人口普查主要数据》，新疆维吾尔自治区统计局官网，http：//tjj. xinjiang. gov. cn/tjj/tjgn/202106/4311411b68d343bbaa694e923c2c6be0. shtml。
⑤ 《在乌鲁木齐专门听取汇报，习近平对新疆工作作出这些重要部署》，中国政府法制信息网，https：//www. moj. gov. cn/pub/sfbgwapp/jryw/202308/t20230827_485125. html。

生、对口援疆等方面提出具体要求。

2010 年 5 月，胡锦涛总书记在中央新疆工作会议上发表讲话①，强调做好新形势下新疆工作，是提高新疆各族群众生活水平、实现全面建设小康社会目标的必然要求，是深入实施西部大开发战略、培育新的经济增长点、拓展我经济发展空间的战略选择，是我国实施互利共赢开放战略、发展全方位对外开放格局的重要部署，是加强民族团结、维护祖国统一、确保边疆长治久安的迫切要求。要求全党全国必须充分认识做好新疆工作对党和国家工作全局的重大意义，深刻理解邓小平同志"两个大局"战略思想和中央西部大开发战略决策的重大意义，切实做好新形势下新疆工作，把新疆经济社会发展搞上去，把新疆长治久安工作搞扎实，推进新疆跨越式发展和长治久安，不断开创新疆工作新局面。

党的十八大以来，以习近平同志为核心的党中央高度重视新疆工作，多次召开中央政治局常委会会议、中央政治局会议研究新疆工作。习近平总书记多次亲临新疆考察，主持召开第二次、第三次中央新疆工作座谈会，参加十二届全国人大五次会议新疆代表团审议时，确定了社会稳定和长治久安的总目标，丰富和发展了新时代党的治疆方略，为进一步做好新疆工作指明了前进方向、提供了根本遵循。

2012 年 3 月，在第十届全国人大第五次会议上，习近平总书记指出，新疆工作在党和国家工作全局中具有特殊重要的战略地位。2014 年 5 月底，第二次中央新疆工作座谈会确定了"维护新疆社会稳定和实现长治久安"的总目标，提出"坚持依法治疆、团结稳疆、长期建疆，努力建设团结和谐、繁荣富裕、文明进步、安居乐业的社会主义新疆"。② 2020 年 9 月，第三次中央新疆工作座谈会在北京召开，习近平总书记做出重要讲话，系统阐释了新时代党的治疆方略，提出了 8 个"坚持"：坚持从战略上审视和谋划新疆工作；坚持把社会稳定和长治久安作为新疆工作总目标；坚持以凝聚人心为根本；坚持铸牢中华民族共同体意识；坚持我国宗教中国化方向；坚持弘扬和培育社会主义核心价值观；坚持紧贴

---

① 《中共中央、国务院召开的新疆工作座谈会在京举行》，中国人大网，http：//www.npc.gov.cn/zgrdw/npc/xinwen/2010-05/21/content_1574286.htm。

② 《习近平强调：团结各族人民建设社会主义新疆》，中央政府网，https：//www.gov.cn/xinwen/2014-05/29/content_2690269.htm。

民生推动高质量发展；坚持加强党对新疆工作的领导。对于接下来的新疆工作目标，习近平提出：依法治疆、团结稳疆、文化润疆、富民兴疆、长期建疆。①　其中，与第二次中央新疆工作座谈会比照，新增了"文化润疆"和"富民兴疆"两个概念。"文化润疆"关心新疆各族民众的思想和民心，主线是铸牢中华民族共同体意识；"富民兴疆"关乎新疆的民生改善和经济发展，是新疆长治久安的重要基础。

2022 年 7 月，习近平在新疆考察时强调，要完整准确贯彻新时代党的治疆方略，建设团结和谐、繁荣富裕、文明进步、安居乐业、生态良好的美好新疆。时隔一年多，2023 年 8 月 26 日，习近平总书记再次莅临新疆，发表重要讲话，进一步强调，要牢牢把握新疆在国家全局中的战略定位，在中国式现代化进程中更好建设美丽新疆。同时还指出，铸牢中华民族共同体意识是新时代党的民族工作的主线，也是民族地区各项工作的主线，新疆各项工作中要把铸牢中华民族共同体意识工作抓实，要把是否有利于强化中华民族的共同性、增强中华民族共同体意识作为首要考虑。

可见，新疆工作在党和国家全局工作中占据着重要地位，在铸牢中华民族共同体意识视域下，从各学科不同的视角对新疆开展深入研究意义重大。

二　独具特色的地域性特点

新疆地域辽阔，地形地貌独特，山脉与盆地相间排列，盆地被高山环抱。北面是阿尔泰山、南面是昆仑山、中部是天山，中间是准噶尔盆地与塔里木盆地，俗称"三山夹两盆"，形象地组成"疆"字。新疆的海拔差异极大，从最高点的乔戈里峰（8611 米）到最低点的艾丁湖（－154.31 米），落差巨大，因此形成了非常多样的地理特征，包括雪山、盆地、草原和沙漠等。

天山横亘在新疆中部，将新疆分为南北两部分，俗称天山以南为南疆、天山以北为北疆。北疆位于阿尔泰山与天山之间，地貌主要以准噶尔盆地为主，有中国四大草原之一的伊犁草原以及赛里木湖、喀纳斯湖、

---

① 《完整准确贯彻新时代党的治疆方略——论学习贯彻习近平总书记在第三次中央新疆工作座谈会上重要讲话》，中央政府网，https://www.gov.cn/xinwen/2020-09/27/content_5547727.htm。

乌伦古湖等湖泊，是集草原、湖泊、雪山、冰川、戈壁等景观元素于一体的区域。南疆位于天山与昆仑山之间，地貌主要以塔里木盆地、帕米尔高原为主，有中国最大沙漠塔克拉玛干沙漠、世界十大高原之一的帕米尔高原。相较而言，北疆的山地草原、森林植被更为丰富，视觉上的色彩层次感更为鲜明。而作为古代丝绸之路的必经之地与西域古国的政治经济中心，南疆遍布着古城遗址，喀什、库车、鄯善等地充满着异域人文风情。因此常有"北疆看风景、南疆看风情"的说法。

因地形地貌的巨大差异，新疆各地在气候、海拔、自然资源等方面呈现出地域性差异与特点。

（一）多样的气候

新疆因远离海洋，高山阻隔，形成明显的温带大陆性气候，但新疆各地气候差异大，温带、中温带、暖温带、寒温带、热带沙漠等多种气候并存，且大部分地区早晚温差、年温差大，有"早穿皮袄午穿纱，围着火炉吃西瓜"之说。

北疆多属温带大陆性干旱半干旱气候，年均气温-4~9℃，全年降水量150~200毫米以上，全年无霜期140~185天，并呈北凉南热。其中，伊犁河谷地区跨温带大陆性气候和高山气候类型，山地多雨湿润，年平均气温为10.5℃，年日照2748.1小时，无霜期149天；塔城地区属中温带干旱和半干旱气候区，年均气温9℃，年日照2870.4小时，无霜期158天；阿勒泰地区属典型的北温带大陆性寒冷气候，年均气温6.3℃，年日照3037.9小时，无霜期139天。

南疆属暖温带大陆性干旱气候，年均气温7~14℃，局部热带沙漠气候区年平均气温在15℃以上，最高气温可达50℃，全年降水量25~100毫米，全年无霜期180~220天。总的来说，干旱是南疆自然环境的主要特征，其中，位于新疆东南部的吐鲁番盆地年降水量仅5.9毫米，是全国降水最少的地方。

（二）高差的海拔

新疆平均海拔为1200米，但因高山、丘陵和盆地等复杂地形，地区之间的海拔高度差异非常大，最大差异可达7000多米。其中，低于500米的地区占总面积的1.9%，500~1000米的地区占总面积的16.8%，1000~2000米的地区占总面积的42.2%，2000~3000米的地区占总面积的 27.9%，3000~4000 米的地区占总面积的 8.4%，4000 米以上的地区占总面积的 2.8%。首先，新疆的高山地区中，最高海拔位于乔戈里峰，海拔达到 8611 米；帕米尔高原平均海拔 4500 米以上，主要山峰均在 6000 米以上；天山山脉东西长约 2500 公里，平均海拔高度为 4000 米左右，博格达峰是天山山脉最高峰，海拔高度达到 5445 米。其次，新疆的丘陵和低山地区分布广泛，这些地区的海拔高度一般在 1000 米左右。再次，新疆的盆地地区有塔里木盆地、吐鲁番盆地、准噶尔盆地，其中塔里木盆地海拔高度 500 米左右，在维吾尔语中意为"低地"的吐鲁番盆地是全国地势最低和夏季气温最高的地方，大部分地面在海拔 500 米以下，有些地方比海平面还低，最低处在吐鲁番市艾丁湖东部，低于海平面 153 米。

三　异彩纷呈的文化多样性

文化是民族的血脉，是人民的精神家园。文化自信是更基本、更深层、更持久的力量。作为古代丝绸之路上东西方文化交流的重要枢纽，新疆自古以来不仅是多民族聚居之地，也是不同文明、多元文化、多种宗教的荟萃之地。1981 年 2 月，我国著名东方学大师、语言学家季羡林先生在《敦煌和吐鲁番学在中国文化史上的地位和作用》一书中指出，"世界上历史悠久，地域广阔，自成体系，影响悠远的文化体系只有四个：中国，印度，伊斯兰，欧美，再没有第五个，而这四个体系汇流的地方只有一个，那就是中国的新疆，再没有第二个了"。[①]

（一）农耕文明与游牧文明的交流融合

中原农耕民族与漠北游牧民族之间的兴衰与互动，是影响西域民族格局演变的主要外部因素，并最终改变了当地的民族与文化面貌。

2016 年，全国第三次考古普查时，考古人员在新疆博尔塔拉蒙古自治州温泉县东北约 40 公里的阿拉套山南侧发现了呼斯塔遗址，发掘出距今 3900 年至 3600 年的 2 具完整的马头骨及青铜器等遗物，这对研究东西文化交流、农耕文明与游牧文明交融有着重要意义。从地理位置来看，呼斯塔遗址所处的博尔塔拉河流域是体现古代东西方文化交流的关键地区，与西天山及中亚地区青铜时代考古学文化之间存在诸多的相似或相

---

① 《丝绸之路与文明互鉴》，《光明日报》，2021 年 1 月 22 日。

近的文化传统，反映了古代天山以及周边地区文化之间的互动与交流。这种文化交流与融合，为后来形成"丝绸之路"奠定了史前基础。从遗址发现的住房、使用工具等遗物上，能够得知当时这里以农业为主且农业生产水平较高，但从挖掘出土的牲畜骨骼来看，又表明当时这里的生产中加入了大量的畜牧业生产。说明早在那时，这里便是农耕文明与游牧文明的交汇交融之地。

根据史料记载，代表农耕文化的中原与代表游牧文明的西域，早在西汉时期便有了派遣大使、公主和亲、双向迁徙等交往活动，并在此过程中相互学习交流，加快了民族融合的进程。具体而言，首先，西汉为了促进与西域诸国的交流，尤其在汉武帝时期，招募了大量使者出使西域，《史记·大宛列传》中将此情景描述为"使者相望于道，诸使外国一辈大者数百人，少者百余人"。[1] 因距离遥远，交通受限，自然环境恶劣，且常年发生征战，有大量的汉使及其随从与大量投降、被俘及逃亡的汉人士卒留居于西域。其次，细君公主、解忧公主远嫁西域，这些和亲公主从中原带来了大量随从，且大部分都留在了西域，对当地的政治制度、经济发展和习俗文化都产生了较大的影响。最后，西汉时期，大量中原民族被派遣至眩雷、轮台、渠犁、伊循、车师、乌孙赤谷城、焉耆、姑墨等地屯田，在《汉书·西域传》中有对屯田地人数的记录，如"吉乃与校尉尽将渠犁田士千五百人往田"，"郑吉使吏卒三百人别田车师"[2]，"汉遣司马一人，吏士四十人，田伊循城以镇抚之"[3]。

除了西汉时期以来的大使、历任西域都护府官兵，9世纪回鹘西迁，清朝时期锡伯族西迁等大规模迁徙历史之外，从内地迁至西域充军屯戍、逃荒的汉族兵士和移民大多由当朝政府安置在东疆和北疆屯田。从清朝末期开始，在战乱频繁的年代，再度掀起内地汉人移居新疆的高潮。据估算，在民国时期，新疆的净迁入汉族人口约30万人。[4] 在1949年新中国成立后，中国人民解放军进驻新疆，组建新疆军区生产建设兵团，数百万的复员军人、干部、工人和支边随迁人员迁入新疆。其中，据统计，

---

[1]　（汉）司马迁：《史记》（卷一百二十三·大宛列传），中华书局，1959。
[2]　（汉）班固：《汉书》（卷九十六下·西域传），中华书局，1962。
[3]　（汉）班固：《汉书》（卷九十六上·西域传），中华书局，1962。
[4]　葛剑雄：《中国人口史·民国卷》，复旦大学出版社，2001，第487页。

1952~1965 年接收的转业军人为 20 余万人①，苏、皖、鄂三省迁入新疆人数达 80 多万人。② 20 世纪 80 年代后，国家施行改革开放和西部大开发，通过政策支持与经济发展战略，鼓励各地人才开发新疆，这些人才不仅带来了先进的农业生产技术，也带动了更多内地人口自愿来到新疆，促进了近代新疆在农业与畜牧业、汉族文化与少数民族文化等方面的交往交流交融，新疆各民族群众在经济上相互依存，情感上相互亲近，文化上兼收并蓄，共同谱写了开发、建设新疆的恢宏史诗。

（二）多元融合的语言文字

新疆地区在历史上使用过的语言有 30 多种，包括匈奴语、犍陀罗语、于阗塞语、汉语、吐火罗语、突厥语、粟特语、回鹘语、中古波斯语、吐蕃语、蒙古语、满语等，分属于汉藏语系、阿尔泰语系、印欧语系、闪含语系的不同语族。流行过的文字有 28 种，包括汉文、佉卢文、吐火罗文、于阗文、突厥文、粟特文、叙利亚文、回鹘文、吐蕃文、西夏文、摩尼文、波斯文、哈卡尼来文、察合台文、契丹文、回鹘蒙古文、托忒文、八思巴文、满文等。

这些多元丰富的语言文字体现在新疆当前多语种地名上。如，目前已失传的语言中，有古塞语地名"莎车"、"于阗"，古粟特语地名"疏勒"，吐火罗语地名"龟兹"，梵语地名"焉耆"等。在我国当前各民族语言中，有突厥语地名"阿克苏"（白色的水）、"拜城"（富裕的）、"阿瓦提"（繁荣的）、"英吉沙"（新城）、"阿合奇"（白色的草）、"塔什库尔干"（石头堡）等；蒙古语地名"博尔塔拉"（灰色的草原）、"巴音郭楞"（富饶的河）、"那拉提"（有太阳的地方）等；藏语地名有和田地区的"固玛"、"藏桂"、"桑株"等。此外，新疆有大量少数民族语言地名，如伊犁与"固勒扎"、乌苏与"哈日勿素"、若羌与"恰克勒克"、塔城与"塔尔巴哈台"等。据统计，仅博乐市地名中，蒙古语地名就有 611 个，占 84%；哈萨克语地名 55 个，占 7.6%；汉语地名 47 个，占 6.5%；维吾尔语地名 9 个，占 1.2%；混合语地名 5 个，占 0.7%。③ 这些地名反映出新疆多

---

① 《新疆通志：民政志》，新疆人民出版社，2005，第 178 页。
② 《新疆生产建设兵团史料选辑》（第 4 卷），兵团出版社，1995。
③ 博乐市人民政府：《新疆维吾尔自治区博乐市地名图志》（内刊），1987，第 45 页。

民族迁徙、互嵌共居的历史与现状，也展示了新疆多民族的文化特征。

此外，新疆文化的多元融合性还体现在地域性与差异性方面。以维吾尔族为例，南疆、东疆、北疆的维吾尔族在语言、文化等方面各有特点。从语言上来说，维吾尔语属于阿尔泰语系突厥语族，但在固有的突厥语词汇之外，还吸收了波斯语、阿拉伯语、俄语、蒙古语、英语、汉语等多民族语言。就文字而言，维吾尔族先后使用过婆罗米文、粟特文、摩尼文、梵文、突厥文、回鹘文、察合台维吾尔文、阿拉伯文、拉丁文等。在新疆维吾尔族内部，天山南北也有些许方言的差异，但更值得关注的是不同地区维吾尔文化在历史长河中出现的地域差异性。喀什、库车、阿克苏等地的维吾尔文化在历史上较大地受到了阿拉伯文化与波斯文化的交融影响；和田维吾尔文化更多地包含着于阗、印度、汉、吐蕃等古和田文化与伊斯兰文化的积淀；东疆吐鲁番、哈密、都善等地的维吾尔文化则反映出回纥与汉文化的融合；北疆主要是突厥、蒙古等多重游牧文化的聚合；尤其伊犁地区的维吾尔文化近代以来受到了俄罗斯文化影响，其生活方式、语言表述等方面与南疆维吾尔族具有较大差别。

（三）多种宗教和谐共生

新疆宗教文化的多元融合性是新疆地域文化的重要特点。10世纪伊斯兰教传入前，新疆曾流行过世界上多数的主要宗教或民间信仰，包括袄教、拜火教、萨满教、佛教（汉传佛教和藏传佛教）、摩尼教、景教、道教。至今，这些宗教或民间信仰都在新疆留下了考古遗迹，也在各民族文化中有所遗存。在今天的阿勒泰青河县、布尔津县境内和伊犁昭苏县草原等地，都发现大量与古代草原游牧民族自然崇拜与萨满教信仰有关的岩画、草原石人、鹿石。此外，目前在新疆哈萨克族、柯尔克孜族、蒙古族生活中，仍有"拜火"仪式（与袄教拜火习俗相关）、请"萨满"驱治疑难杂症的习俗，在喀什、和田等地的维吾尔族民间有在麻扎（墓地）上插一些挂有羊头和布条的木棍，并跳萨满舞的习俗。

伊斯兰教的传入，对新疆各民族发展产生了重大影响，目前新疆的维吾尔族、哈萨克族、回族、塔吉克族、柯尔克孜族、乌孜别克族、塔塔尔族等多数世居民族都是信仰伊斯兰教的民族，每年最为隆重、热闹的节日是肉孜节、古尔邦节等伊斯兰教节日。新疆其他非伊斯兰教民众的生活也受其影响，如：见面的问候语为伊斯兰教中的"赛俩目"，为尊重穆斯林民众忌吃猪肉的习俗，改称猪肉为"大肉"等。即使伊斯兰教成为新疆多数少数民族主要信仰的宗教，但在多元宗教文化发展历史中呈现出了极强的包容性。如哈萨克族、柯尔克孜族等民族的拜火婚俗虽与伊斯兰教多神崇拜相冲突，但并不影响新疆各民族对历史上的多种宗教文化与民间信仰的传承。

近代以来，新疆各族人民在生活中相互包容相互影响，形成了区域性为主而非宗教性的多元文化。下面以饮食文化为例进行分析。

首先，新疆不同地区的饮食文化呈现出区域性的特点。如，新疆的汉族长期与少数民族生活在一起，在饮食上受到少数民族饮食禁忌的长期影响，以牛羊肉、面食为主，甚至久居少数民族聚居区的汉族已习惯不吃猪肉；即使近代西迁伊犁的锡伯族，虽习惯吃猪肉，但受到新疆少数民族影响，逐渐转变为以牛羊肉为主的饮食喜好；南疆维吾尔族喜爱喝花茶，吃鹰嘴豆、恰玛古；北疆哈萨克族受俄罗斯文化影响，喜爱喝黑茶、吃手工冰激凌或酸奶冰激凌；乌鲁木齐、昌吉、石河子等地受陕甘宁地区回族饮食文化的影响，喜爱喝红枣冰糖绿茶，喜欢吃西北回族、东乡族特色的"甜麦子"或浆水面等。

其次，新疆不同地区同一民族的饮食文化也有差异。如，伊犁地区的汉族、维吾尔族、回族、蒙古族等各民族受哈萨克族饮食习惯的影响，喜吃马肉、熏马肠，但其他地区的穆斯林民众倾向于将马肉与骡肉、驴肉并列为不符合清真食品的定义，内蒙古地区的蒙古族也有忌吃马肉的习俗；另如，虾蟹等海生物通常被伊斯兰教定义为不洁之物，鲜被农村地区的维吾尔族民众食用，但居住在城镇的维吾尔族青年群体，因受其他民族群众的影响，以及海生物的营养性，越来越多地被作为佳肴食用。

可见，新疆的饮食文化在呈现区域性、宗教性特点的同时也在双向互动融合。

四　小结

新疆作为我国向西的桥头堡，具有战略屏障的重要地位，也因其独具特色的地域性特点，呈现出异彩纷呈的文化多样性。在漫长的历史长河中，新疆各民族互嵌共居，相互包容、相互影响，基于这一深厚的历史与现实背景，本书立足人类学田野调查的个案研究方法，聚焦新疆多民族聚居区的民族团结实践。通过对伊犁河谷民族交往交流交融的实证研究，为理解"三个离不开"思想提供有力的学理支撑，同时为铸牢中华民族共同体意识提供鲜活的地方经验与典型案例。

第三节　民族志视角：作为田野点
与研究对象的伊犁河谷

一　研究方法——人类学田野民族志方法

（一）田野调查的概念

民族志（ethnography）由"ethno"（人群/种族/民族）和"graphy"描述（书写/描写）组成，是"按其诸习惯、风俗和差异点去描绘各族人民"①。民族志既是人类学最重要的研究方法，也是一种展示文化与意义的文体写作过程。作为一种文本，民族志又包括写作文本和物象文本。最早的民族文本志可追溯到 18 世纪一些传教士、商人和探险家对异域风俗习惯的记录和民族志文物的收集。而作为一种专业的研究方法，民族志田野调查法的先驱人物被认为是英国著名人类学家马林诺夫斯基（Bronislaw Malinowski），他在 20 世纪初远赴巴布亚新几内亚群岛，对当地土著居民的生活进行参与观察，写成了全面记录、呈现当地土著人群的社会生活、经济制度的《西太平洋的航海者》，该书也成为当前人类学最经典的民族志著作之一。

在我国，民族志田野调查在 20 世纪 20-30 年代就受到了第一代人类学家的重视。经过一个世纪的发展，人类学与民族学已成为我国重要的学科之一，民族志田野调查也成为该学科建立与发展的重要标志。一些国内学者建议将"ethnography"译为"田野民族志"或"田野"，并认为这种民族志方法和相应的民族志文本是我国人类学学术认同中十分重要的象征物。②

田野调查作为人类学、民族学学科的核心研究方法，不仅是该学科

---

① 〔英〕斯图尔德·霍尔：《表征——文化表征与意指实践》，陆兴华译，商务印书馆，2013，第 23 页。
② 王建民：《民族志方法与中国人类学的发展》，《思想战线》2005 年第 5 期。

研究者不可或缺的"成人礼",也是其他学科常常借鉴的重要范式。本书作为一部基于传统民族志框架的实证研究,以田野调查为主要研究方法论,在参与式观察的同时,结合了结构式深度访谈、非结构式自由访谈、民间口述史采集、问卷调查等多种方法。

(二) 本文田野调查的几个阶段

有学者将家乡人类学的田野调查阶段分为经验田野期、对照田野期和专业田野期:第一阶段是生活于家乡的 20 年左右的时间,是他们认识自己家乡以及对家乡文化的"参与观察""深刻体验"与"深度访谈"时间。这个阶段积累的文化材料,均以"经验"的方式储存于他们的记忆之中;第二阶段是从家乡文化的"我者"主位到家乡文化的"他者"客位的转变过程,也就是跨文化的比较过程。在跨文化比较过程中,家乡人类学者除了出于生存需要被动接受异域文化并开始新的文化"濡化"外,还不得不重新检视家乡文化的价值,这是外力作用下的被动检视,家乡文化价值就被自然而然地发现了;第三阶段是经过人类学的学科训练与具有专业学科知识背景之下的家乡人类学,从自己原本的文化即家乡文化中"走出来",使自己成为所研究文化即目标文化也就是家乡文化的"他者",利用非家乡文化的"我"所具备的客位文化来比较、鉴别家乡文化,从而利用所学知识与理论正确描述、解释家乡文化的真实。①

笔者对家乡文化的参与观察及重新检视,也不谋而合地经历了上述几个阶段。其中,与本书具体内容相关的真正意义上的田野调查阶段始于 2018 年,截至目前共跨越了 5 个年头,累计时长 12 个月以上,具体可分为以下几个阶段。

1. 伊犁河谷局部牧区的田野调查阶段 (2018~2022 年)

2018 年春天,在参加民族学博士研究生入学考试时,笔者提交的研究设计聚焦新疆地区的民族关系问题。这是基于前文中分析的"参与式经验"和笔者在五年基层工作中积累的一些政府档案资料。博士面试时,笔者在与导师的讨论中,初步将研究议题缩小到新疆哈萨克

---

① 剡自勉:《家乡田野特征与家乡文化发现途径略论——以巴战龙裕固族教育研究为例》,《重庆科技学院学报》(社会科学版) 2020 年第 1 期。

族与蒙古族之间的文化认同、文化边界等问题。在开始攻读民族学博士学位，接受严格意义上的学术规范训练，广泛接触国内外相关理论的同时，笔者利用寒暑假时间继续围绕上述问题，对尼勒克县哈萨克族牧民与蒙古族牧民的四季牧场、新源县哈萨克族牧民四季牧场、特克斯县琼库什台村哈萨克族牧民生活生产方式进行了田野调查。其间，笔者于 2019 年 10 月至 2021 年赴哈萨克斯坦进行博士学位论文田野调查，因受到全球蔓延的新冠疫情阻滞，至 2021 年 6 月才再次回到伊犁河谷，继续第一阶段的田野调查（见图 1-1）。

图 1-1　伊犁河谷尼勒克县蒙古族牧民家中的手工制品（1979 年的陪嫁品）

注：左上为糖果干果收纳袋，右上为茶叶袋，左下为盐袋，右下为筷子收纳袋。

图片来源：作者提供。

2. 伊犁河谷整体摸排与深入田野阶段（2022 年 6～7 月）

2022 年暑假，在已取得博士学位等待入职的间隙，笔者利用两个月的时间，对伊犁哈萨克自治州八县一市进行了持续地整体摸排与深入地田野调查。具体调查路线如图 1-2 所示，按照 "伊宁市-伊宁县-尼勒克县-新源县-巩留县-特克斯县-昭苏县-察布查尔县-霍城县-伊宁市" 的顺序，笔者首先对各县市的博物馆、历史遗迹、农业或牧业示范基地、旅游特色产业进行观摩，而后重点对其中具有代表性的地区采用参与观察、深入访谈等方式，进行了调查。

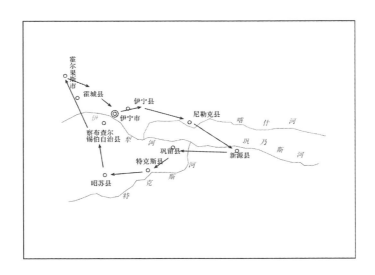

图 1-2　笔者田野调查路线示意（2022 年 6～7 月）

图片来源：作者自制。

3. 补充田野阶段（2023 年 6～7 月）

在本书撰写过程中，按照共居环境互嵌、生产方式互嵌、语言文化互嵌等章节内容的安排，笔者于 2023 年暑假（6～7 月）再次对新源县、尼勒克县、伊宁市、伊宁县进行补充田野调查（图 1-3）。此外，在实地田野调查的同时，笔者充分调动田野联络人关系网络，通过查阅本土文献、间接访谈等方式，补充一手田野资料。

总而言之，无论是笔者在前 18 年的 "经验式参与"，或是 19 岁之后从家乡文化的 "我者" 主位到 "他者" 客位的转变过程，还是自 2018 年以来在人类学学科规范的训练下，持续开展的局部与整体的民族志田野调查，都为本书的撰写提供了较为扎实的资料基础与理论思考。

图 1-3　俯瞰田野点之一新源县吐尔根乡（2023 年 6 月）

图片来源：作者提供。

二　研究对象——伊犁河谷及其多民族文化

本书是以伊犁河谷为田野点的民族志研究，聚焦该地区多民族交往交流交融的社会实践与文化表征。研究对象涵盖河谷地域空间内的各民族群体及其互动关系。笔者在上述几个不同的田野阶段，参与观察伊犁河谷各民族牧民、农民、城市居民的生产生活，同时结合深入访谈、查阅地方志、文献研究等方法，访谈县政府、乡政府、村政府与畜牧局、统计局等部门的管理人员和工作人员，向民间非物质文化遗产传承人和当地历史、地名、口述史等研究学者搜集资料，对伊犁河谷多民族及其文化进行研究。

在此，首先对本书田野点，包括伊犁哈萨克自治州概况、关于"伊犁"的名称释义、伊犁河谷的构成区域及其多民族文化进行简要的梳理和交代。

（一）伊犁哈萨克自治州概况

伊犁哈萨克自治州位于我国新疆维吾尔自治区西北部，不仅在历史上是古丝绸之路北道要冲，今天更是我国向西开放的桥头堡。伊犁哈萨克自治州与哈萨克斯坦接壤，国界线长 475 公里，拥有国家在新疆设立的两个"特区"之一霍尔果斯经济开发区、全国首个跨国经济合作区中哈霍尔果斯国际边境合作中心，以及霍尔果斯、都拉塔 2 个国家一类口岸，是我国连接中亚、西亚和欧洲最便捷的通道。①

伊犁得名于跨境河流伊犁河，最早见《汉书》，史称伊列、伊丽等，清朝乾隆年间定名伊犁。伊犁河流域在新石器时代就有了早期居民，通常被认为在先秦时期是塞种人的游牧地，汉朝为乌孙地，受辖于西域都护府，元朝时期为察合台汗封地，也曾是匈奴、柔然、突厥、回鹘、契丹、准噶尔等游牧部落的重要栖息地，其兴盛与衰亡，深刻影响着我国、中亚乃至世界历史的进程。根据 2021 年第七次全国人口普查数据，生活在伊犁哈萨克自治州的民族共有 47 个，其中 13 个为新疆世居民族。伊犁哈萨克自治州少数民族人口占比为 64.8%，人口较多的有哈萨克族（25.5%）、维吾尔族（15.9%）、回族（8.3%）、蒙古族（1.69%）、锡伯族（0.83%）。② 伊犁哈萨克自治州多民族通过长期的文化交融，形成了一体多元、融合开放、独具特色的多彩民族文化。

伊犁哈萨克自治州成立于 1954 年 11 月，辖塔城、阿勒泰两个地区和 11 个直属县市，首府设在伊宁市，是全国唯一既辖地区、又辖县市的自治州。通常所讲的"伊犁"，是指伊犁州直区域（不含塔城、阿勒泰地区），面积 5.65 万平方公里。伊犁哈萨克自治州地域辽阔，土地肥沃，气候湿润，雨量充沛，水土光热资源得天独厚，素有"塞外江南"的美誉。伊犁河流域地表水年径流量 171 亿立方米，有天然草场 4725.57 万亩、林地 966.37 万亩、耕地 917.98 万亩，是新疆重要的粮食、油料、蔬菜、林果、畜产品生产基地和伊犁马、新疆褐牛培育基地，是全国薰衣草种植面积最大和新疆优质马、黑蜂种群规模最集中的地区。③ 伊犁河谷生态环境优越，有 3 个国家级自然保护区和 2 个自治区级自然保护区，作为世界自然遗产天山的组成部分，喀拉峻-库尔德宁草原是世界上少有的生物多样性天然基因库，不仅是全疆最大的绿洲，也是祖国西北重要的

---

① 《伊犁州概况》，伊犁哈萨克自治州政府官网，https：//xjyl. gov. cn/xjylz/c112407/202308/1e5928604d584822a09deca56dd265dd. shtml。

② 《新疆伊犁哈萨克自治州》，上海市虹口区人民政府官网，https：//www. shhk. gov. cn/zjhk/001006/001006001/20091015/61c8f4eb-a014-4ac3-8722-6da4e9dba05e. html。

③ 《伊犁州概况》，伊犁哈萨克自治州政府官网，https：//xjyl. gov. cn/xjylz/c112407/202308/1e5928604d584822a09deca56dd265dd. shtml。

生态屏障。此外，伊犁河谷著名的那拉提草原、唐布拉草原等天山草原与霍尔果斯薰衣草基地等都是本书重要的田野点。

（二）关于"伊犁"的几个名称释义

"伊犁"作为地名和文化符号，其内涵可从词义、历史、行政区划及多民族文化语境等多个维度进行解析。

1. 名称溯源

根据考古资料，塞人通常被认为是该地区最早出现的先民。西汉初年，匈奴崛起，迫使大月氏西迁伊犁河谷，塞人南迁。公元前160年前后，乌孙西迁至伊犁河谷，建立乌孙国。公元前138年，汉武帝派遣张骞出使西域，建立了汉朝与乌孙的联系，并先后将细君公主、解忧公主出嫁乌孙，加强了西域与中原文化的交流。公元前60年，汉朝在新疆设立西域都护府，标志着伊犁流域正式被纳入中国版图。之后，伊犁河流域先后由柔然汗国、西突厥汗国、察合台汗国、准噶尔汗国统治，直到1758年清朝统一准噶尔后于1762年设立"伊犁将军"，"伊犁"这个名称沿用至今。

关于"伊犁"名称的溯源，据文献记载，最早见于《汉书》，即西汉时的称谓"伊列"。之后的记载如唐朝时的"伊丽"、西辽时的"益离"、元朝时的"亦剌八里"、明朝时的"亦力把里"，[①] 都是对"伊犁"这个发音的不同译写形式，本质并无显著差异。《突厥语大词典》对于"伊犁"的解释如下："ila，伊丽水，一条河的名称。"[②]《钦定西域同文志》对"伊犁"的解释是："伊犁，准语。伊犁，即伊勒，光明显达之谓也。"[③] 这与现代蒙古语中的释义相同。也有一些学者对"伊犁"的汉语释义进行解读，认为有"犁庭扫闾"之意，"寓意平定准噶尔功盖千秋，西陲从此永保安宁"。[④] 不过，这种解释因"伊犁"之名在历史文献中出现的时间远早于清朝平定准噶尔事件发生之时，而被广泛质疑。

除了对"伊犁"之称的溯源研究之外，对其民族语言称谓"固勒扎"

---

① 陈剑平：《再论"伊犁"地名的含义》，《中国地名》2011年第4期。
② （喀喇汗王朝）麻赫穆德·喀什噶里：《突厥语大词典》第1卷，民族出版社，2002，第9页。
③ （清）傅恒等撰《钦定西域同文志》第1卷，世界书局，1985，第28页。
④ 王克之：《伊犁地名史话》，新疆美术摄影出版社，2002，第15页。

也有多种说法。"固勒扎"不仅是新疆少数民族民众对伊犁的称呼，邻近的中亚国家民众在口语中亦如此称呼该地区。

首先，最为普遍的观点是"固勒扎"命名于准噶尔时期，来源于当时修建的一座规模宏伟被称为"固尔扎都纲"的喇嘛庙。因其寺顶镀金甚至三层当中最上一层尖顶是纯金制作，故而在更多的文献中被称为"金顶寺"。在蒙古语中，"固勒扎"有公盘羊之意（ugulz），"都纲"为寺庙。值得一提的是，在现代卫拉特蒙古语中"ugulz"发音为"gulz"，有"花纹"之意，通常指一种呈盘羊角形状的花纹，多用在毡制、刺绣等图案中。至于为什么与盘羊有关亦有如下两种说法：一是"噶尔丹汗请西藏格隆喇嘛巴勒丹噶布梵选址建庙，巴勒丹噶布梵选了一处'恰似犏牛犄角'之地建'犏牛—海努克庙'……再选'恰似公盘羊的头'之地建'盘羊—固勒扎庙'"①；二是"在寺庙顶端塑了一只金色盘羊，当时被称为固勒扎金顶盘羊庙"。②

根据文献，17世纪藏传佛教传入准噶尔汗国后，18世纪初在伊犁河北岸（大致位于今天伊宁市东北郊4~5公里的地方）修建了固勒扎庙。据乾隆朝纂修的《钦定皇舆西域图志》记载，"厄鲁特俗尚黄教……后噶尔丹策零，建佛寺于伊犁河滨。在河北者曰固尔扎庙。在河南者曰海努克庙。高刹摩霄，金幡耀日，栋甍宏敞，象设庄严。聚集喇嘛，居此二寺。暮鼓朝螺，梵呗清越。令五鄂拓克轮值供养。喇嘛中之坐床者名西勒图，即掌教都纲也"。③这个庙在当时曾辉煌一时，成为额鲁特蒙古部落政治、宗教、文化的中心。但在建成不久（有学者根据史料推算为仅存世24年），④这个寺庙便遭遇战乱而被损毁，如今只剩下了一块方形土台。据记载，在清政府平定新疆之后，乾隆皇帝曾令伊犁将军明瑞修复固尔扎庙和海努克庙，明瑞为此向乾隆皇帝条陈了不能修复的原因："固尔扎、海努克二寺，前遇厄鲁特游牧变乱毁坏，已是残破不堪，维修颇费工

---

① 丁巴图：《金顶寺被毁原因之我见》，载《伊犁文史资料》（第13辑），伊犁日报社，1997，第156页。

② 杨凌：《新疆伊犁地区地名中多民族杂居的语言积淀》，《语言与翻译》2006年第4期。

③ （清）傅恒等纂修《钦定皇舆西域图志》（卷三十九·风俗一，准噶尔部，事佛），乾隆四十七年（1782）武英殿刻本。

④ 姜付炬：《固尔扎与海努克——伊犁史地论札之五》，《伊犁师范学院学报》（社会科学版）2010年第1期。

夫。而今其周皆有回子居住，厄鲁特与回子风俗各异，若使喇嘛居住于彼，则彼此不得相安"。[①] 寺庙虽未能修复，"固勒扎"这个名字却沿用至今。

除了上述说法，也有学者对伊宁市的"固勒扎"之名来源于准噶尔时期建造的盘羊金顶寺庙提出质疑，认为先有"固尔扎"之地名才有以此命名的"固勒扎寺庙"，并推测了来自粟特人的"金香药"（kurozar，该学者认为词根 zar 汉译为"金"，与"金顶寺"不谋而合）以及波斯语"花园"（gulza）的可能性。

可见，无论"伊犁"还是"固勒扎"之称，都能够显示出今天的伊犁河流域历史悠久，自古以来就是多民族聚居的地方。

2. "伊犁河谷"与"伊犁"之辨析

正是伊犁河汇合了特克斯河、巩乃斯河、尼勒克喀什河等众多河流，并穿越了不同的国家，对"伊犁河谷"的理解亦有不同层面的含义：一是从广义地理概念上来说可以指代整个伊犁河流域地区，即巴尔喀什湖以东以南、天山北脉以南、天山南脉以北的地区；二是主要指代我国境内包含特克斯河、巩乃斯河、喀什河等支流流域的伊犁河流域地区；三是仅仅指代现实中被称为伊犁河的那一段河流流经的区域。同样，"伊犁"作为地名，也有几种不同的含义。

首先，从广义的行政区域上来说，"伊犁"即伊犁哈萨克自治州，包含州直区域和下辖的塔城地区与阿勒泰地区。

其次，通常所说的"伊犁"是指位于伊犁河谷内的州直行政区，本书研究对象即"狭义"的伊犁河谷地区。伊犁河谷北、东、南三面环山，从北向东再至南依次由科古琴山—婆罗科努山—依连哈比尔尕山—那拉提—哈克塔乌山形成一个"V 形"的谷地，东部顶点为特克斯河与巩乃斯河交汇处，西部朝向中哈边界，东高西低，地势由东向西倾斜，东西长 170 公里。另外在伊犁州中部还有乌孙山、阿吾拉勒山等，构成"三山夹两谷"的地貌轮廓。因此，伊犁河三面有高山，呈三角地貌，属典型的中温带大陆性气候，每年冰雪融化之时，天山的冰川融化汇入伊犁河，造就了伊犁河一带气候温和湿润，水源充沛，土壤优沃。伊犁河谷

---

① 《伊犁将军明瑞等奏请祭祀山川并增加伊犁等地喇嘛折》，载于《清代新疆满文档案汇编第 61 册》，广西大学出版社，2012，第 41 页。

丰富的自然资源，有永久性冰川和积雪融水的天山，有俊美的森林与河谷草原，也有广阔的冲积平原可以种植农作物。总体而言，伊犁州东南部的尼勒克县、新源县、巩留县、特克斯县、昭苏县以草原牧区为主，而西部的伊宁县、霍城县、察布查尔县及伊宁市、霍尔果斯市下辖地区以农地、城镇用地为主。

第三，对伊犁河上游地区，即尼勒克县、新源县、特克斯县、昭苏县等地的居民而言，"伊犁"或"固勒扎"通常指代的是伊犁哈萨克自治州州府所在地——伊宁市。例如，上述县城居民去伊宁市就会说"去伊犁"，在伊宁市工作或购房，会说"在伊犁上班"或"在伊犁买了房"，即使其所在县城理论上包含在地域概念的"伊犁"之中。笔者认为这是由于相对于伊犁河上游的喀什河、特克斯河、巩乃斯河等支流流域而言，位于下游的伊犁河流域（详见图1-4），才算是"名副其实"的伊犁河。这是因为在伊犁河谷历史上，下游的伊犁河流域是整个伊犁地区的政治、经济、文化中心，县区、乡镇的居民都会去伊犁河流域进行生产生活用品的交易，因此"去伊犁"便有了一定的象征意义。随着后来行政区划的扩展，人们才用"伊犁"统称了整个伊犁河上下游流域地区，甚至包括今天的塔城和阿勒泰地区在内的整个伊犁哈萨克自治州。

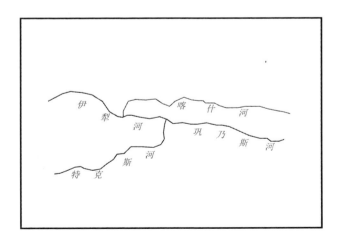

图1-4 伊犁河在我国境内的分支流域示意

图片来源：作者自制。

（三）"伊犁河谷"构成区域概况

伊犁河是跨境河流，发源于天山汗腾格里峰北侧，向东流经昭苏县和特克斯县（此段称为特克斯河），再向北在巩留县阿尕尔森镇塔依吐罕村东北处与巩乃斯河汇合，此处是巩留县与新源县交界处，特克斯河东岸是新源县那拉提镇种羊场草改队。特克斯河与巩乃斯河汇合后，向西流淌，在伊宁县与巩留县、尼勒克县交界处著名的雅玛图桥与喀什河交汇后，继续向西流经伊宁市，此段方才称为伊犁河。伊犁河西流 150 公里汇入霍尔果斯河，后流向哈萨克斯坦境内，最终注入巴尔喀什湖。伊犁河全长 1236 公里，其中我国境内河长 442 公里，流域面积约 5.6 万平方公里，与伊犁州直区域面积 5.65 万平方公里不谋而合，这也是笔者将伊犁哈萨克自治州的州直地区等同于本书中"伊犁河谷"的原因之一。

特克斯河、巩乃斯河、喀什河这三条主要支流将广义概念的伊犁河谷分为特克斯河谷、巩乃斯河谷、喀什河谷与狭义的伊犁河谷，并分别因各自独特的地形特征形成了不同的自然风光与生计模式。总体而言，相较于伊犁河下游较为开阔的河谷平原的农田地带，位于伊犁河上游的特克斯河谷、巩乃斯河谷、喀什河谷都属于山谷草原地带，低山带为优质春秋草场，中山带为茂密云杉林，高山带为优质夏季草场，低山缓坡还能种植旱地农业。昭苏县的夏塔草原、特克斯县的喀拉峻草原与阿克塔斯（蒙古语名称为查干哈德）草原、巩留县的库尔德宁草原与恰西草原、尼勒克县的唐布拉草原、新源县的那拉提空中草原，都属于山地草原的类型，能看到雪山、松林、山川、河流，是国内著名的旅游景点。在巩留县、新源县以及果子沟附近的霍城县山区等地，还保存大片野果林，如巩留县核桃林、新源县土尔根杏花沟。这些地区与元朝时期在今天的霍城县以北所建的阿力麻里（意为苹果城）、今天的霍尔果斯果子沟达坂，却因漫山的野果林而闻名于世。

1. 特克斯河谷

特克斯河是伊犁河在我国境内的源头，也是伊犁河最大的支流，年径流量 86 亿立方米，占伊犁河流量的 55% 以上。特克斯河流经昭苏盆地、特克斯谷地后流入巩留县，总流域面积为 2.77 万平方公里。特克斯河流域内有大小数十条支流河流注入，较大的支流有昭苏县境内的苏木拜河（蒙古语意为庙所在地）、夏塔河（蒙古语意为阶梯）、木札特河

（哈萨克语意为冰川）、阿合牙孜河（特克斯河最大的支流），特克斯县境内的库克苏（哈萨克语意为绿色的水）、库尔奇利克和乌利洪奇利克河，以及巩留县境内的大小吉尔格朗河。在此，主要介绍特克斯河谷的昭苏与特克斯两个县城。

（1）昭苏县与圣佑庙

昭苏县，蒙古语名称为"蒙古库热"，"库热"意为喇嘛庙、喇嘛昭，源于昭苏地区历史上的厄鲁特蒙古部落兴建的众多藏传佛教寺庙，历史上又叫"六苏木"（厄鲁特营左翼上三旗六苏木）、"喇嘛昭"，汉语地名昭苏有"苏醒恢复生机"之意。

昭苏县位于伊犁河谷最西南部，南与阿克苏地区拜城县、温宿县隔夏塔"天梯"相望，西与哈萨克斯坦交界，西南邻近吉尔吉斯斯坦，东与特克斯县接壤，平均海拔 2018 米，属于群山环抱的高位山间盆地，是一个以牧为主、农牧结合的少数民族边境县。历史上昭苏县行政区域面积 1.12 万平方公里，特克斯河横贯全境，共有支流河流 24 条。昭苏县下辖 4 个镇、6 个乡（其中 3 个民族乡为夏特柯尔克孜族乡、察汗乌苏蒙古族乡、胡松图喀尔逊蒙古族乡），居住着汉族、哈萨克族、维吾尔族、蒙古族等 27 个民族，17.3 万人口（含兵团）。昭苏县年均气温 4.0℃，最高气温 34.3℃，冬常无夏，独特的气候与自然资源，使其成为中国伊犁马和新疆褐牛、细毛羊发祥地，被称为"中国天马之乡"、"中国褐牛之乡"。尤其是，昭苏县作为汉朝乌孙古国的所在地，自古就以盛产天马著称，马文化历史悠久。从地形与地理位置上来看，位于昭苏县南部天山主脉的夏塔古道素有"天梯"之称，是连接天山南北的咽喉要道，唐代高僧玄奘途经的夏塔古道全长 120 公里。此外，昭苏县远近闻名的草原石人、夏塔古城、格登碑、圣佑庙等国家级文保单位，汇集着深厚的文化积淀。

圣佑庙藏语称"吉金铃"，蒙古语称"博格达夏格松"，位于昭苏县城西北 2 公里处，是目前新疆保存最完整的喇嘛教四大庙宇之一。据文献记载，在昭苏历史上，由我国西蒙古之厄鲁特部落修建的寺庙有 13 个或 14 个，它们在历史战乱与动荡中被损毁、再重建，从阿尔班河流域到哈桑河流域再到今天的圣佑庙，历尽数世纪的沧桑。巴·巴音克希克先生在《新疆昭苏县"佛爷庙"历史概况》中记载了胡木别勒寺等 14 座寺庙，这些寺庙在地理分布上涵盖了厄鲁特营左、右翼全境。历史记载中，较为清晰的是关于苏木拜河流域的阿尔班庙与今天的圣佑庙。

　　阿力奔是蒙古语中的"十"，指的是昭苏县格登山以北，阿尔班水流域，这也是厄鲁特上三旗最初的游牧区域中心。阿尔班水即今天中哈边境的苏木拜河，在苏木拜河流域建有喇嘛庙。嘉庆二十四年（1819年），被贬伊犁的湖南学政徐松在边疆实地考察的基础上完成的地理学名著《西域水道记》中记载："特克斯河又东流，格登水自北来入之。格登水二源，西源发达布逊淖尔南岸山，曰阿尔班水，南流数十里，经上三旗厄鲁特之喇嘛寺西。……其喇嘛寺在格登山北麓，阿尔班水经寺西。"①有学者推测，阿尔班庙建于嘉庆十三年（1808）前后，位于格登山以北，苏木拜河流域，当时那里是厄鲁特营上三旗的活动中心。②

　　19世纪中叶，随着沙俄在中亚的政治扩张，尤其是1864年签订的《中俄勘分西北界约记》，"特穆尔图诺尔及该湖以东的察林河、格根河、特克斯河水系上游的全部地区，上三旗的大部分牧地被俄国占领"③。沙俄将惠远城八旗各营总寺——普化寺以及苏木拜河畔的喇嘛庙洗劫一空。祸不单行，接下来同治年间的动乱，使厄鲁特民众损失惨重、流离失所，厄鲁特上三旗驻牧中心内移。光绪七年（1881年）清政府收回伊犁，到清末时期，随着厄鲁特民众生活稳定，人口增多，开始再次兴建寺院。1907年，路经此地的马达汉曾在日记中写道："我们所走的路很不错。这条路自西南向东北走（约10—12俄里），可能把卡尔梅克人的古喇嘛寺素摩与库热连接起来。库热喇嘛寺是十年前卡尔梅克人集资建造的。听住持说，原有的古寺叫素摩寺，三十年前被俄国科尔帕科夫斯基将军烧毁了。"④可见，被俄国人烧毁的寺庙位于特克斯河注入口，而现在的圣佑庙位于河口以北、昭苏县城西北。正如《昭苏县志》记载："清光绪十九年（1893年）五月，厄鲁特营六苏木蒙古族民众，由于地处松拜河（苏木拜河）西岸的阿力奔喇嘛庙被俄国割占，失去了宗教活动场所。因

---

① 朱玉麒：《西域水道记（外二种）》，中华书局，2005，第229~230页。
② 吴轶群：《伊犁河流域历史地理研究》，新疆人民出版社，2007年，第152页。
③ 娜拉：《清代新疆厄鲁特营研究》，民族出版社，2013，第112~115页。
④ 马达汉：《马达汉西域考察日记（1906-1908）》，王家骥译，中国民族摄影艺术出版社，2004。

此，在玉克尔代组织领导下，集资修建圣祐庙。"①

综上所述，今天的圣佑庙建成于清光绪二十四年（1898 年），至今已有125 年的光景。圣佑庙见证了昭苏县的历史沿革，经受了风霜雨雪，今天仍屹立在海拔 2000 米之上的大洪纳河畔，为当地民众静守着一方精神家园。

（2）"八卦城"——特克斯县

特克斯县因特克斯河得名。"特克斯"在蒙古语中发音为"帖克斯"，意为"平原旷野"或"野山羊出没之地"。特克斯县位于天山西部、南天山北麓的特克斯-昭苏盆地东段，四面环山，是一个以牧为主、农牧结合的山区县。全县总面积 8066 平方公里，有耕地 46 万亩，天然草场 687 万亩，林地 153 万亩，丘陵和山地占 93%。特克斯县域内水系发达、河流纵横，全县 45 条大小河流年径流量近 60 亿立方米，占伊犁河总流量的 1/3。特克斯县下辖特克斯镇、科克苏乡、齐勒乌泽克乡、乔拉克铁热克乡、喀拉达拉乡、喀拉托海乡和呼吉尔特蒙古民族乡、科克铁热克柯尔克孜民族乡。共有人口14.89 万人，有哈萨克族、汉族、维吾尔族、回族、柯尔克孜族、蒙古族、乌孜别克族、锡伯族等民族，少数民族人口占比为 83.69%。

特克斯是乌孙文化的兴盛地。据《史记》、《汉书》、《唐书》、《魏书》等历史文献记载，公元前 2 世纪前期，乌孙人由甘肃西迁至新疆伊犁，占据了特克斯河流域的广袤草原，生息繁衍长达 500 余年，建立了当时西域第一大国——乌孙国。特克斯是中国古代有记载最多远嫁公主到达的地方，汉朝的解忧公主、细君公主均嫁入乌孙国，也是中国古代最大的赛马场——"汗草原"所在地，以及中国古代游牧民族建立"牙帐"最多的地方。据史学家考证，公元前 104 年，乌孙王向西汉王朝求婚，呈送汉武帝的千匹良马，就是从当时特克斯赛马会中挑选出来的乌孙马。截至目前，特克斯境内已探明乌孙古墓两万多座，这是中国保存完整、数量最大的乌孙古墓群。

特克斯县城是当今世界唯一建造正规、保存完整的八卦城（图 1-5），2001 年荣膺世界吉尼斯之最，2007 年获批国家历史文化名城。1936 年，当时的伊犁屯垦使兼警备司令邱宗浚到特克斯视察时，特克斯设治局长何耶尔·柏林（锡伯族，曾留学俄国，精通锡伯语、汉语、

---

① 昭苏县地方志编纂委员会：《昭苏县志》，新疆人民出版社，2005。

满语、维吾尔语、哈萨克语、俄语等多种语言）提出迁城建议，并参与选址与建设工作。随后，邱宗浚设计了八卦城图，取《易经》中"天地交而万物通，上下交而其志同"之意，以城中花园为中心，有 8 条街道向外辐射，与 4 条环路相交。8 条主街分别为"乾""兑""离""震""巽""坎""艮""坤"，每条主街长 1200 米，每隔 360 米设一条联结 8 条主街的环路，由中心向外依次是：一环八条街，二环十六条街，三环三十二条街，四环六十四条街，共形成了六十四卦，充分体现了 64 卦 384 爻的易经数理。特克斯县是国内唯一没有红绿灯的城市，县城方位"坎"北，"离"南，"震"东、"兑"西，神奇的《易经》方位学说以有形方式规模宏大的再现于此，登上城中心 30 米高"观景塔"可饱览八卦城全貌。

图 1-5 俯瞰特克斯八卦城，城北即为特克斯河
图片来源：作者提供。

特克斯八卦城选址与布局体现了中国古代以《易经》为代表的古典哲学思想和堪舆理论，也是中华"营城"理念的延续和变通，是中国传统文化的思想智慧在边疆地区的结晶，是多民族文化同源一脉的具体表现。

除了乌孙文化与易经文化之外，特克斯县作为厄鲁特右翼下五旗所在地，在准噶尔汗国时曾是名僧咱雅班第达属众"沙毕纳尔"所在地。沙毕在蒙古语中意为"弟子、徒弟"，纳尔同汉语的"们"，意即门徒、庙丁。沙毕纳尔是清代蒙古社会阶层的重要组成部分，清代史料中称为"庙丁"，是寺院和呼图克图的属民。今位于特克斯县西北5公里处乌兰库热村的红庙，即历史上咱雅班第达沙毕纳尔的广祐寺，又叫作"呼图克图庙"，因寺的外墙用红土粉刷，人们通常称其为"乌兰库热"（蒙古语意为红色的寺庙）。可以说乌兰库热的历史，就是一部特克斯蒙古民族的历史。咱雅班第达1639年自西藏回到卫拉特地区后，卫拉特和喀尔喀蒙古各部的世俗封建主为表明虔诚皈依藏传佛教之心，向咱雅班第达一世奉献大量布施，布施中包括大量属民，即"咱雅班第达一世沙毕纳尔"，特克斯蒙古族民众就称自己为"咱雅班第达沙毕纳尔"。有学者提出乌兰库热的前身是卫拉特库伦，由咱雅班第达一世于1640年创建。1648年，咱雅班第达创制了托忒蒙古文，极大地推进了卫拉特的文化、教育发展，现在的特克斯蒙古族群众中保存了大量有价值的托忒蒙古文古籍、文献和历史文物，为传统文化的保护和传承以及不同文化间的传播与交流提供了重要的历史物证。

今天的乌兰库热门口的碑文也写道，"1676年，沙毕纳尔因战争远走伏尔加河流域，1771年，随土尔扈特部东归时，沙毕纳尔被分成四个苏木安置在特克斯。库伦一直游牧迁徙，直到1865年，在此处建立呼图克图库伦"。可见，该寺庙见证了沙毕纳尔曲折悠久的历史，即使在"文革"时期遭到摧毁，但在原址上重新修缮的乌兰库热，至今仍然是特克斯蒙古族民众的精神家园。

2. 巩乃斯河谷

巩乃斯河是伊犁河东源南支，发源于新源县与巴州和静县交界处阿布热勒山、那拉提山和依连哈比尔尕山交接处的安迪尔冰川区，是伊犁河三大支流中最小的1条。巩乃斯河全长304公里，年径流量20亿立方米，平均宽度35米，流域面积7707平方公里，总流量占伊犁河的13.5%。巩乃斯河是伊犁河三大支流中唯一与伊犁河流向一致的河流，从新源县东北部的艾肯大版，向西穿过新源县，至巩留县托铁达坂与喀拉布拉之间汇合特克斯河。巩乃斯河流经新源县全境，养育着新源县30万各族民众，滋润着 1800 平方公里的那拉提草原，被当地的哈萨克牧民亲切地称为"阿纳苏"（意为母亲河）。

（1）"巩乃斯城"——新源县

新源县，亦称巩乃斯（为少数民族民众称呼，被认为是瓦剌蒙古语"绿色的谷地"），是伊犁河支流流域中人口最多（30.65 万人）的县城，仅次于毗邻伊宁市的伊宁县与霍城县。从地理位置上来看，新源县东接巴音郭楞蒙古自治州和静县艾肯达坂，西止特克斯河与巩留县隔河相望，南屏那拉提山，北界阿布热勒山、安迪尔山与尼勒克县相邻。新源县全县总面积 7581 平方公里，拥有耕地 117 万亩（不含兵团），草场和林地 906 万亩，是伊犁河谷重要的农牧业生产基地。

新源县自古以来就是塞人、乌孙人、卫拉特蒙古人的游牧之地，光绪八年（1882 年），哈萨克人经清政府准允，进入巩乃斯牧居，翌年设千户长制度。光绪十四年（1888 年）设宁远县时，为宁远一部。1950 年 5 月，新源县人民政府成立，设 3 个区 22 个乡。1958 年公社化时期，撤销区、乡建制，成立人民公社、大队，同时在公社化前后创建了一批地方国营（公私合营）农牧场。1980 年全部转为国有农牧场时，辖 8 个公社 6 个农牧场。1984 年体制改革，撤销人民公社、大队建制，全县共设八乡二镇 6 个农牧场。2000 年后，国有农牧场体制改革，撤场并入乡镇，2012 年国有农牧场单独设立党委、管理委员会自主管理。截至目前，新源县下辖 9 个镇 2 个乡，少数民族人口占比为 69.69%，其中哈萨克族人口 15 万之多，主要集中在那拉提山区，以牧业为主要生产方式。

新源县三面环山（东北的安迪尔山，南边的那拉提山，北面的阿布热勒山），东高西低、两边高中间低，最高点那拉提山主峰海拔 4621 米，最低点为特克斯河东岸沼泽地，海拔高度 792 米。包含 3 种地形：山地，东部地区海拔 1400 米以上，西部地区海拔 1000 米以上，占总面积的 73.19%；丘陵，从低山的下限至河谷平原的上限，平均海拔 1150 米，占全县总面积的 5.7%；河谷平原，平均海拔高度 836 米，占总面积的 21.11%。

新源县水系发达，主要是南、北山沟融雪水系，共有 17 条。主要河流除了巩乃斯河（约占新源县总水量的 63.3%）之外，还有恰甫河、大小吉尔格朗河、吐尔根河、坎苏河和过境的特克斯河等。恰甫河发源于那拉提山冰川区，流经新源县东中部 9 个乡镇场后汇入巩乃斯河，全长

123 千米，年平均流量约为巩乃斯河的 1/3，占全县总水量的 21.35%。吉尔格朗河发源于那拉提山北麓，属特克斯河支流，由 30 多条大小泉水沟组成。

正是雪山圣洁、河流纯净、气候湿润、水草丰茂的巩乃斯河谷，造就了珍藏老一辈伊犁人情怀的"巩乃斯酒厂"与"肖尔布拉克酒厂"。

巩乃斯酒厂历史悠久，最早可追溯到 1935 年，汉族商民迟运武在巩乃斯河畔阿热勒托别开设烧坊酿酒，以当地塔尔米为曲，以大麦为主要原料，以传统工艺"五甑法"酿制白酒，日产 60 公斤左右，不勾兑，不窖存，用以自饮和待客。到了 20 世纪 40 年代，所烧白酒自足有余时，开始卖给他人。1956 年，新源县食品公司食品加工厂设立酿酒作坊，聘请迟运武为酿酒师傅，开始每天生产一桶散白酒拿到集市上卖，因此，这一年通常被记录为巩乃斯酒厂的创建时间。到了 1975 年，酿酒坊职工发展到 12 人，年生产白酒 30 多吨。1979 年，巩乃斯酒厂独立，将酒名确定为巩乃斯大曲，并设计酒品商标图案。2002 年，巩乃斯酒厂与 1988 年成立的肖尔布拉克三分厂共同组建为肖尔布拉克酒业（集团）。

肖尔布拉克，蒙古语意为"圣泉"，哈萨克族称之为"碱泉"，位于南北两侧被天山支脉相挟的巩乃斯河谷内，原为国有牧场，2001 年设立肖尔布拉克镇。关于肖尔布拉克酒，当地流传着成吉思汗率蒙古大军西征，沿天山道进入肖尔布拉克时的传说。当时，长途跋涉、连续征战的将士们劳顿不堪，为鼓舞士气，全军将士以酒壮志，痛快畅饮。次日继续出征时，将士们将剩余的酒装坛埋在肖尔布拉克附近的地下。数年后，西征大军凯旋，路经此地，将埋在地下的酒坛挖出，浓浓酒香诱人，将士们品尝着野味菜肴，畅饮陈年美酒，谈笑间洗去了征途的劳顿，沉醉在香甜的美梦中。这也是伊犁河流域粮食酿酒流传至今的源头。

肖尔布拉克酒厂是 1988 年由新源县人民政府出资、由伊犁大曲酒厂（今伊力特实业股份有限公司）出技术，在巩乃斯河南岸的肖尔布拉克镇联合成立的。酒厂于 1990 年建成，命名为伊犁大曲酒厂第三分厂，年设计生产能力 500 吨。1992 年投资 600 万元扩建成年生产能力 1500 吨的酒厂后更名为新源县肖尔布拉克三酒厂。到 2021 年，公司重组为大型国企——伊犁酒业有限责任公司（图 1-6）。经过几代人的努力，肖尔布拉克酒厂已经成长为承载新疆白酒中坚力量的旗舰企业。此外，肖尔布拉克酒厂于 2005 年筹建了一座西域酒文化博物馆，是新疆唯一一座综合反映西域酒文化的博物馆，也是新疆最大规模的产业文化博物馆。博物馆分为室内展厅和室外展区两大部分：室内展厅共三层，面积 1500 平方米，展览分为"穆王西巡闻酒香"、"西域自古出美酒"、"西域雄鹰醉酒霄"、"瀚海遗珍话酒具"、"酒令酒诗亦酒海"、"塞外江南溢酒韵"六大部分，展品中的文物年代最久远的距今已有 2000 多年；室外展区占地 39000 平方米，摆放着近 2000 个盛满原酒的陶制大酒坛，每个酒坛的容量达 1000 公斤，这片储酒基地除了展览功能外，还能够集阳光雨露，冷热交替有利于原酒的老熟及芳香物质的衍生，被审定为"室外艺术陶坛储酒量最多的吉尼斯（中国之最）"。

图 1-6   巩乃斯河畔的肖尔布拉克酒厂

图片来源：作者提供。

实际上，发源于巩乃斯河畔肖尔布拉克小镇的酒厂，还有闻名中外的新疆名酒——伊力特酒业，它是 1950 年代初驻疆屯垦的战士组建的新疆生产建设兵团四师七十二团培育出的上市公司。肖尔布拉克镇更因 1980 年代初期一部讲述兵团故事的电影《肖尔布拉克》声名远播。今天的肖尔布拉克镇，有着深厚的红色文化底蕴，空气中弥漫着浓醇的酒香，演绎着军民情谊，书写着来自内地的汉族酿酒师傅与本地骑马驰骋的少数民族之间交往交流交融的历史。

（2）"天然氧吧"——巩留县

巩留县也有因巩乃斯河而得名之说，其少数民族名称为"托古斯塔拉"，一说为蒙古语，一说为突厥语，意为"九条支流"，寓意众多河系支流。从地图上看，巩留县辖域形似蝴蝶的一对翅膀，特克斯河在县辖域中部从南向北横穿而过，巩乃斯河则从东向西在县城东北部与特克斯河交汇后，沿着"蝴蝶"的左半只翅膀边缘流向伊犁河。笔者在巩留县城西北处看到当地政府修建的"蝴蝶湖"公园（图1-7），就好似看到一只在巩乃斯河与特克斯河畔翩翩起舞的美丽蝴蝶。

图1-7 俯瞰巩留县蝴蝶湖公园

图片来源：作者提供。

2022年，经过三年复查，巩留县继续与中国其他57个地区被授予"中国天然氧吧"称号，新疆只有两个地区被授予该称号。之所以能够获得"中国天然氧吧"、国家重点生态功能区、国家生态文明建设示范县等殊荣，是因为巩留县地处伊犁河谷中部，天山支脉那拉提山北麓森林密布、河流纵横、草场丰美。巩留县辖6镇2乡，总面积4115.63平方公里（617.34万亩），其中，森林面积147.45万亩，草原面积314.5万亩，约占总面积的75%。巩留县不仅位于世界自然遗产"新疆天山"的喀拉峻-库尔德宁片区，拥有被誉为"最美天山绿谷"的库尔德宁景区，有在历史上曾长期作为伊犁王公贵族避暑胜地的恰西草原，还有堪称"世界罕见、亚洲唯一"的数万亩面积的野核桃沟，以及吉尔格郎河谷的塔里木草原。其中，库尔德宁有世界上最大面积的雪岭云杉，有 1000 余种高等植物、196 种昆虫和 146 种陆栖脊椎动物，堪称欧亚大陆腹地野生生物物种的"天然基因库"。

3. 喀什河谷——"百里画廊"与"甜蜜尼勒克"

喀什河为伊犁河东源北支，源于天山北支南坡依连哈比尔尕山的古尔本别尔克冰达坂，自东向西全长 304 公里，贯流尼勒克县全境，千百年来哺育着逐水而居的代代牧民，被喻为尼勒克母亲河。喀什河年径流量 39 亿立方米，是伊犁河的第二大支流，较大支流有寨口河、阿拉斯坦河等。喀什河在与伊宁县交界处转向南流，后汇入伊犁河。喀什河汇入伊犁河的渡口叫雅玛，也叫野马渡，据说这里曾经是伊犁野马群迁徙的重要渡口，故而得名。此处有一座历史久远的雅玛图大桥，这座桥的交通位置十分重要，不仅连接了尼勒克县与伊宁县，也是伊宁市连接巩留、特克斯、昭苏三县的省道 315 线的最近桥梁。

"尼勒克"系蒙古语，一说意为"融汇""交汇"，缘起于尼勒克县正处在乌赞河与喀什河交汇处的冲积平原之上；另一说意为"婴儿"或"希望"，此说对喀什河谷的地理位置提供了印证——四面环山，恰似一个婴儿被怀抱其中，享受大山的护佑。此外，关于"婴儿"的蒙古语名称，传说尼勒克厄鲁特蒙古人的一名先祖被称为姚布根梅日根（意为健步如飞的英雄），身强体壮，一步能跨越一座山到另一座山。有一天，他来到喀什河谷，发现这里布满树木荆棘，人烟稀少，却隐约听到似婴儿或小动物的嗷嗷啼哭声，他认为这里孕育着幼小生灵，因此命名该地为"尼勒克"，象征着新希望的存在。

尼勒克县下辖 1 镇（尼勒克镇）、2 场（马场、种蜂场）、11 个乡（喀拉苏乡、苏布台乡、加哈乌拉斯台乡、乌赞乡、尼勒克镇、克令乡、科克浩特浩尔蒙古族乡、喀拉拖别乡、胡吉尔台乡、乌拉斯台乡、木斯乡）。全县草场面积 1016.4 万亩，可用耕地面积 56.1 万亩，是伊犁河谷山区拥有草场面积最大的牧业大县。

尼勒克县四面环山，分别是西北边缘的科古尔琴山，北部的博罗科努山，东北部的伊连哈比尔尕山，南部的阿布热勒山。从地形上看，尼勒克县全境沿喀什河畔绵延，东西长 243 公里、南北宽 70 公里（南北两侧高山、丘陵连绵），呈现"两山夹一河"的柳叶状。如果说喀什河是这片叶子的主脉，尼勒克县还有其他大大小小 100 多条河流，就像整片叶子的脉络。其中，巩乃斯河从县境南部流过，流域全长 42 公里；阿恰勒河从县境西北部流向精河县，在县境内长 60 公里；其他河流水系多为泉水和山溪水。尼勒克共有山泉 2873 眼，其中有不少温泉，如著名的喀什河源温泉群、巴尔盖提温泉、布隆温泉等，这些温泉水温高、水质好、含多种微量元素，可治疗和预防多种疾病。温泉在卫拉特蒙古语中称为"阿尔先"，尼勒克县辖区内几个著名的温泉都是蒙古语名称，如从东向西依次有宝日霍热阿尔先（今零公里处的喀什河河源温泉）、布如勒阿尔先（今布隆温泉）、孟克特阿尔先、图日根查干阿尔先（今狗熊沟）、巴尔盖提温泉等。尼勒克蒙古族民众早在交通不发达的时期就会骑着马、坐着马车，风餐露宿数日去山里泡温泉，认为坚持泡 21 天，甚至 49 天，就会改善体质，治疗各种疑难杂症。笔者母亲自幼体弱多病，姥爷曾数次带着母亲寻温泉疗法，就到过上述的阿尔先。在母亲的描述中，温泉是神圣的，就像朝圣者对朝拜地的向往一样，生病的人或是年长者，能够去到这些神圣的地方，并且按照 7 天、21 天的时间完成泡温泉，就会非常圆满。他们在泡温泉时也有很多讲究，如不能有洗手、吐痰等弄脏水源的行为，也不能说"太烫了"之类的语言，要静心、虔诚地祈求山神、水神治愈疾病。笔者在泉眼所在的山上能看到由民众搭建的敖包或悬挂的哈达与白色布条（图 1-8），以示祭拜。

尼勒克县东高西低，从胡吉尔台乡往东的区域开始，有着数百公里连绵的山区草原，尤其从距离县城 110 公里的唐布拉风景旅游区到独库公路乔尔玛的区域，一步一景，如诗如画，因此被称为"百里画廊"。唐布拉草原以雪峰、云杉、草原、温泉、河流为主要特色。在如画的草原上，蒙古族、哈萨克族世代游牧，白色毡房成为"百里画廊"最美的点缀。

百花齐放的草原也造就了"甜蜜尼勒克"。2023 年 7 月 23 日，尼勒克举行了第十一届"甜蜜尼勒克"蜜蜂文化旅游节，旨在促进康养旅游产业和蜜蜂文化产业的融合发展，打造"甜蜜尼勒克·宜居康养城"的旅游新形象。"甜蜜尼勒克"来源于尼勒克得天独厚的草原鲜花资源，可作为主要蜜源植物的有 270 多种野生植物，素有"天然山花蜜库"之称。

图 1-8　温泉山上悬挂的白色哈达

图片来源：作者提供。

尼勒克县是全国著名的黑蜂蜂蜜主产区，也是国家黑蜂种源保护基地和新疆黑蜂标准化养殖示范基地，天汇蜂业、天山黑蜂是疆内仅有的两家成功上市的蜂业公司。此外，在尼勒克县种蜂场，有国内首家以蜜蜂为主题的天山黑蜂文化庄园，以及新疆黑蜂科技文化馆，助力提升尼勒克县蜂蜜产业的宣传力度与品牌影响力。

4. 伊犁河谷

按照前文中对伊犁河各支流流域的阐释，狭义的伊犁河谷指的是喀什河在雅玛图汇入伊犁河口处的伊宁县、伊犁河北岸的伊宁市、伊犁河南岸的察布查尔锡伯自治县及伊犁河在流出国境之前的霍尔果斯河段西岸的霍城县、可克达拉市（县级市，属新疆生产建设兵团管）等区域。在该区域内的伊犁河流域还有 39 条小支流，其中，北岸支流 21 条，南岸支流 18 条。[①] 这些河流都汇入伊犁河，随后流向了中哈边境。

---

① 察布查尔锡伯自治县地方编纂委员会：《察布查尔锡伯自治县水利志》，新疆人民出版社，2019，第 47 页。

（1）"杏乡"——伊宁县

伊宁县位于伊犁河谷中部，东邻尼勒克县，西与伊宁市和霍城县接壤，南邻伊犁河与察布查尔、巩留两县隔河相望，北越科古尔琴山。伊宁县原名"宁远县"，始建于清光绪十四年（1888年），因县治"宁远"而得名。1914年更用现名。伊宁县总面积6152.55平方千米，山区占总面积的64.15%，丘陵占总面积的11.9%，平原占总面积的23.95%，拥有天然草场2963平方千米，是伊犁哈萨克自治州设治最久、人口最多的农牧业大县。因伊宁县自然条件优越，农业资源丰富，尤以肉质丰厚、入口甜爽的大白杏闻名遐迩，享有"杏乡"之美誉。

河流境内水资源丰富，流经县内的河流有喀什河、伊犁河。喀什河过境长度47千米，是伊宁县农业灌溉的主要水源。伊犁河过境长度74千米，由于地势较低，水资源极少得到开发利用，是全县的排水通道。县境北部科古尔琴山南麓高程3000米以下中山地带自东向西依次排列为博尔博松河、布力开沟、库鲁斯台河、曲鲁海沟、克孜勒布拉克沟、喀赞其沟、吉尔格朗河、皮里其河、诺改土沟9条河流，北山水系有皮里其等9条河流。

伊宁县相较于伊犁河谷东部的几个县城，主要以维吾尔族、汉族、回族为主要居住人口，以农业、商业贸易为主要特征。尤其以墩麻扎镇为例，该镇是伊犁河谷有名的商贸流通集散地，其重要的地理位置，以及每周日千人规模的"巴扎"（集市），曾为南来北往的各族民众提供了"驿站"式的商贸、休闲场地。墩麻扎位于伊宁县东南部，是218国道、315省道、220省道交汇处，东接新源县，南通巩留县、特克斯县、昭苏县，背靠尼勒克县，因此成为伊犁州最重要的交通枢纽之一。"墩麻扎"，维吾尔语意为"高坡墓地"，因村北坡有麻扎（坟墓）故而得名。从规模来看，墩麻扎平时只有几家主要的商铺，为218国道等来往的司机提供快餐、日杂百货服务。但一到周日"巴扎日"，墩麻扎便热闹非凡，方圆百里的各族民众纷纷前来赶巴扎，不仅买回生活所需物品，也能够把自家生产的少量瓜果、蛋禽、牛羊、手工制品拿到巴扎上售卖。不过，近年来随着各县城修建了直达伊宁市的高速公路，走国道并驻足墩麻扎的民众也越来越少了。

（2）伊犁河谷中心——伊宁市

伊宁市是伊犁哈萨克自治州的首府，也是伊犁河谷十分重要的历史古城。伊宁市地处伊犁河谷盆地中央，东连伊宁县，西邻霍城县，南濒伊犁河与察布查尔锡伯自治县隔河相望，北依科古尔琴山。

如前所述，因准噶尔汗国时期策妄阿拉布坦在伊犁河北岸所建的固勒扎都纲（金顶寺），伊宁市被称为"固勒扎"，并在 18 世纪初成为天山南北政治经济中心、"西陲大都会"。清政府统一新疆后，因伊犁是新疆通往中亚的重要通道，乾隆为了加强在伊犁地区的治理，设伊犁将军，建惠远城（今霍城县惠远古城），并陆续在其周围建起八座卫星城（惠宁城—今伊宁市巴彦岱、绥定城—今霍城县水定镇、广仁城—今霍城县芦草沟镇、宁远城—今伊宁市、瞻德城—今霍城县清水河镇、拱宸城—今霍城县、熙春城—今伊宁市西北、塔勒奇城—今霍城县水定镇），统称为"伊犁九城"。1871 年宁远被沙俄侵占，正是从这个时期开始，伊犁各族民众的语言文化、饮食习惯等方面受到来自俄罗斯的影响。光绪十四年（1888 年），在今伊宁市、伊宁县地区设宁远县，1914 年改称伊宁县，中华人民共和国成立后，伊宁市从伊宁县析出。1955 年至 2000 年，伊宁市数次往复被设为伊犁哈萨克自治州直辖市或取消直辖市又隶属伊犁地区管辖，直到 2001 年伊犁地区建制再次撤销，伊宁市直属伊犁哈萨克自治州管辖，成为州府所在地。目前，伊宁市下辖 8 个街道办事处、8 乡 1 镇，托管奶牛场，实管园艺场。

伊犁河流至伊宁市附近，河谷宽展，形成了向西开口的三角洲冲积平原，这里土壤肥沃，千百年来滋养了各族农牧业定居人口，成为伊犁河谷的政治、经济、文化、交通中心。在新中国成立之前，因伊犁河将此处的伊犁河谷分为南北两岸，伊犁河水流湍急，且没有修建桥梁，两岸的各族民众只能通过渡船往来。到 1959 年，伊宁市旧渡口上修建了一座木桥，打通了两岸的陆路通道。1975 年经过改造重新建设了伊犁河大桥，整座桥梁气势雄伟壮观，至今仍然是伊宁市的一大景观。随着城市交通的发展，2006 年 12 月，又一座伊犁河大桥（习称二桥）正式建成通车，在伊犁河大桥（老桥，也叫一桥）西侧 3.2 公里处，与其并行而立，使两岸居民的出行更加便捷。2020 年 9 月，在伊犁河老桥的位置历经四年建设而成的伊犁河新桥正式通车，老桥与新桥间隔 3.5 米并作为景观桥（人行道）保留，新桥的设计则继承了老桥的风格风貌，让"伊犁记忆""伊犁情怀"继续见证伊犁发展。此外，伊犁河上的大桥还有 2019 年 10

月建成通车的可克达拉大桥（习称三桥），以及在建的四桥、五桥与可克达拉二桥。这些大桥延续了新中国成立后建设的第一座伊犁河大桥的使命，见证了百年沧桑巨变，也见证了伊犁河谷的变迁与发展。

（3）锡伯族的第二故乡——察布查尔锡伯自治县

伊犁河大桥往南十公里即察布查尔锡伯自治县（下文简称察县）。察县地理位置优越，交通便捷，北隔伊犁河与伊宁市、伊宁县、霍城县相望，东邻巩留县，南以乌孙山分水岭为界与特克斯、昭苏两县毗连，距伊宁市中心15公里，距都拉塔口岸47公里、霍尔果斯口岸70公里。

察县位于气势如虹的乌孙山脚下，地势平坦，土地资源丰富，乌孙山13条山沟河水水系与特克斯河、伊犁河构成丰富的水利资源，万亩河谷次生林环绕伊犁河绵延数十里，全县灌溉面积138.83万亩，满眼皆是一望无垠的连片麦田，是全疆优质粮、棉、油及特色农业基地。

察县作为全国唯一以锡伯族为主体的自治县，其最大的特点是关于锡伯族屯垦戍边"大西迁"精神的弘扬和传承。察县政府在清朝乾隆年间被编入锡伯镶白旗的孙扎齐牛录乡锡伯城堡的基础上修建了著名景点——锡伯古城，拥有全国唯一的锡伯民族博物院（国家4A级景区）、全国首家弓箭文化博物馆、国家非物质文化遗产贝伦舞、锡伯刺绣，还有靖远寺、海努克古城、金顶寺与银顶寺遗址等名胜古迹。此外，为了纪念西迁历史，锡伯族人民把农历四月十八日定为传统节日——"西迁节"（东北锡伯族称之为"怀亲节"）。每年这一天，新疆和东北地区的锡伯族人都会举行多种形式的节庆活动以纪念"大西迁"的重大历史。笔者在田野调查期间，正好遇到察县纪念西迁259周年的大型文化节，在锡伯古城内举行了系列活动。不只在官方层面，即使在察县的餐厅、居民住房内，都能看到各种形式的西迁历史纪念。

（4）薰衣草之乡——霍城县

霍城是霍尔果斯的简称。霍尔果斯是蒙古语，意为"骆驼干粪"，因多骆驼故得名，也译作"驼队经过的地方"、"水草丰美的游牧地"。霍尔果斯自古以来就是古丝绸之路北道上的重要驿站，自1881年成为中俄通商口岸以来通关史达130余年，是我国近现代对外开放的百年口岸，西承中亚五国，东接内陆省市，是新亚欧大陆桥重要的交通枢纽与咽喉地带。随着国家"一带一路"倡议的推进，2014年在霍尔果斯经济特区的基础上设立霍尔果斯市，行政区域包括霍城县伊车嘎善乡和莫乎尔牧场、兵团四师 61 团和 62 团、霍尔果斯口岸。因本文的田野点并未涵盖霍尔果斯市，在此仅介绍霍城县的地域概况及历史文化。

霍城县位于伊犁河谷西北部，北依天山与博尔塔拉蒙古自治州毗连，南濒伊犁河与察布查尔县隔水相望，东接伊宁市、可克达拉市与伊宁县。总面积 3184 平方公里，有耕地 67.6 万亩、草场与林地近 400 万亩，下辖 6 镇 3 乡 1 个良种繁育中心，总人口 33 万（含兵团人口 6 万），有世居在此的哈萨克族、蒙古族、俄罗斯族等少数民族，少数民族人口占比为 67%。

霍城县历史悠久，西汉归属西域都护府管辖，东汉归西域长史府管辖，唐代属昆陵都护府与北庭大都护府管辖，五代至明朝，先后属喀喇汗王朝、西辽王朝、察合台汗国及瓦剌蒙古人、准噶尔蒙古人游牧地。1755 年，清政府平定准噶尔部之后，在今霍城县水定镇设办事大臣，1762 年筑绥定城并设伊犁将军，次年，在伊犁河北岸建惠远城。惠远城是伊犁将军的驻地，是清廷统治北疆的中心，也是伊犁九城的核心。1914 年，国民政府从绥定县析置霍尔果斯县。中华人民共和国成立后，霍尔果斯县改称霍城县，绥定县改名为水定县（1966 年，水定县撤销成为乡划入霍城县）。随着新中国成立，屯垦戍边的军民来到霍尔果斯地区进行开发建设，目前霍城县境内驻有新疆生产建设兵团 6 个团场。总而言之，霍城县悠久的历史，为其孕育了深厚的草原文化、戍边文化和边防军旅文化，拥有深厚的历史文化底蕴。

霍城县地处伊犁河谷的开阔地带，气候温和，日照充足，县境内有大小河流 22 条，自古以来就是瓜果盛产之地，著名的阿力麻里古城就在今天的霍城县境内。今天的霍城县盛产小麦、葡萄、薰衣草，是国家和自治区的粮食、甜菜、细毛羊、秸秆养畜、肉食品和果产品生产基地。其中，霍城县的薰衣草是全国农产品地理标志。霍城县薰衣草产区与法国的普罗旺斯处同一纬度，且气候条件和土壤条件相似，规模种植近 6 万亩，是我国最大的薰衣草种植基地，素有"中国的薰衣草之乡"的美誉。每年的霍城县都会举办薰衣草文化旅游节，笔者在田野调查期间恰遇"惠远古城·芳香霍城"2023 年霍城县第十二届薰衣草文化国际旅游节开幕，旅游节不仅为展示霍城县多民族文化艺术提供了舞台，也极大地促进了霍城县文化旅游宣传和产业经济发展。

三　小结

作为全书的导论，本章从理论视角与民族志视角出发，系统介绍了本书的研究对象、理论框架及研究方法，并基于笔者的田野调查路线，对田野点——伊犁河及其支流流域的自然地理、人文生态与历史背景进行了整体性梳理，为后续章节的深入分析奠定基础。

伊犁河谷自古以来就是各民族繁衍生息的家园，其支流流域特克斯河谷、巩乃斯河谷、喀什河谷以及汇入伊犁河之后的平原区域，拥有各具特色的经济生产方式、地域发展战略的同时，又有着一脉相承的历史文化积淀。正因如此，伊犁河谷多民族及其文化呈现出独具特色、一体多元、融合开放的形态。

接下来，笔者将从伊犁河谷各民族互嵌共居的空间与历史共同的家园、分工互补的经济生产方式、共享交融的文化、互嵌相通的精神等方面，具体阐释伊犁河谷多民族在交往交流交融历史中呈现的百花齐放的现状。由此，本书的三个视角——理论视角、现实视角与方法视角得以相互补充、相互支撑。

第二章 交往基础——互嵌共居的空间与历史共同的家园

民族交往交流交融，首先是各民族的社会交往。社会交往的前提是共居的空间环境。

在马克思恩格斯的民族交往思想中，随着生产力水平提高和人口的增长，由于劳动生活中的客观需要"不得不更紧密地团结起来，交往得更加普遍"、"各亲属部落从隔离的各自领地融合为整个领土，成为一个更大规模的民族，打破了地域的客观隔绝，也成为必要的了"。恩格斯也指出，民族交往过程中民族之间的关系仍然以生产力为逻辑起点。具体包括每个民族当时的生产力条件、分工的细化程度以及对内对外交往的密切程度。[①] 伊犁河谷各民族交往的模式也有着自己的内在逻辑，是基于不同的生产方式，在各自所处的自然空间内部与外部与其他民族进行不同程度的社会交往。这个交往的过程总体上随着生产力的发展，日益密切与多样化。

本章从空间理论与我国民族互嵌理论、伊犁河谷多民族互嵌共居的现状、历史长河中共同缔造的家园三个方面，分析各民族交往的基础。

第一节 文化人类学中的空间理论与我国民族互嵌理论

一 空间理论

"空间"最初是地理学和物理学的概念，自 20 世纪以来，其被引入

---

① 《马克思恩格斯选集》（第四卷），中共中央马克思恩格斯列宁斯大林著作编译局编译，人民出版社，1995，第 89 页。

哲学领域，以胡塞尔和海德格尔为代表的哲学家，对于空间的认知从本体转向经验性的日常生活世界。20世纪70年代以后，在法国新马克思主义者亨利·列斐伏尔的大量关于现代化、城市、空间等的研究中，城市空间作为社会存在的具体形式，不仅承载了空间中的人，也承载了人与人之间的社会关系；城市空间不仅是物质地理的体现，也包含了人在物质实践过程中所产生的社会结构与直观体验。因此，列斐伏尔的空间理论关注的重点不是空间本身作为自然属性的存在，而是一个社会过程的结果。空间包括"生产和再生产，以及每一种社会形态的特殊位置与空间特征集合"①。从实践的角度来看，空间是实践的，人类的生产实践决定了空间的实践性特征，其中，交换的网络、原材料和能源的流动，构成了空间并由空间决定。这种生产方式，这种产品，与生产力、技术、知识、作为一种模式的劳动的社会分工、自然、国家以及上层建筑，都是分不开的。②

从空间与人类生活的关系来看，空间虽是社会的产物，但在一定条件下，空间制约着人类的生活，并且随着社会的变迁，空间的变化又会影响人们的生产生活方式和社会文化。任何一个民族的存在与发展都离不开它所处的社会空间，人们将民族文化和集体情感赋予到社会空间中，空间因而具有其独有的人文情怀。③ 从我国各民族的历史发展来看，受自然资源的限制与影响，各民族形成了"大杂居、小聚居"的分布情况，这种地域空间的分布是基于血缘共同体与文化共同体。随着历史的发展，基于血缘与文化的"小聚居"形式在一定程度上被打散，但相同的生产方式与文化，仍然是"分散聚居"得以持续的主要原因，这是自然空间对人类的制约性体现。

随着城镇化的到来，大量农村人口流向城镇、牧民群体从传统游牧生活转向定居，使得城市空间结构发生重组，牧区与乡村空间也很难维持其原来的形态，不断被卷入空间生产和再生产的过程中。

---

① 〔法〕亨利·列斐伏尔：《空间的生产》，刘怀玉译，商务印书馆，2021，第251页。
② 〔法〕亨利·列斐伏尔：《空间与政治》，李春译，上海人民出版社，2015，第58页。
③ 刘坤：《传统的继替：基于村落社会空间变迁的人类学考察》，《民族论坛》2016年第2期。

在列斐伏尔提出的"城市化和空间生产交织在一起"① 的理论背景下，空间转向成为国内外学者关注的焦点。林磊在《近年来乡村空间研究回顾》② 一文中通过回顾村落空间转向相关研究提出两种研究类型：一是乡村空间变迁的机制与逻辑的研究，当代乡村空间变迁的推动机制来自市场、资本、权力、技术等多重机制的相互嵌入和融合，在这种嵌入与融合的过程中，"物理空间—社会空间"彼此相互影响与相互型构，共同构成了乡村空间变迁的内在机制。二是多元范式下的乡村空间研究，如国家—社会视角下的乡村空间研究、日常生活范式下的乡村空间研究、治理理论视角下的乡村空间研究，等等。费孝通先生将村落视为理解中国社会的一个"完整的切片"，认为通过村落研究可以在一定时空坐标中去描述出一个地方人民所赖以生活的社会结构。③ 除了对乡村空间转向的研究之外，马明④、张琳⑤、陈林波⑥、刘坤⑦、念鹏帆和郭建斌⑧、巨浪和漾正冈布⑨、文忠祥⑩等学者对内蒙古、青海、重庆、云南、西藏、甘肃等地域少数民族村落的空间变迁进行了研究。其中，文忠祥对土族村落空间进行实证研究，并将村落空间划分为村落与村落、村落内部、庄廓及其内部三个层次进行分析，通过对村落空间结构不同层次的考察以破译当地社会结构、社会生活和社会意识。此外，学者对北方牧民定居、大兴安岭猎民定居背景下的空间感知及其具体实践也进

---

① 〔英〕大卫·哈维：《列斐伏尔与〈空间的生产〉》，黄晓武译，《国外理论动态》2006 年第 1 期。

② 林磊：《近年来乡村空间研究回顾》，《北京社会科学》2021 年第 8 期。

③ 费孝通：《江村经济》，江苏人民出版社，1986，第 91-92 页。

④ 马明：《新时期内蒙古草原牧民居住空间环境建设模式研究》，博士学位论文，西安建筑科技大学，2013。

⑤ 张琳：《裕固族牧民定居前后婚恋观变迁研究》，硕士学位论文，西北民族大学，2011。

⑥ 陈林波，《青海海北牧区牧民定居建筑地域适应性设计研究》，博士学位论文，西安建筑科技大学，2015。

⑦ 刘坤：《传统的继替：基于村落社会空间变迁的人类学考察——以重庆石柱土家族自治县国锋村为例》，《民族论坛》2016 年第 2 期。

⑧ 念鹏帆、郭建斌：《少数民族村落空间变迁的个案考察——以云南石林彝族自治县蝴蝶村为例》，《陕西理工大学学报》（社会科学版）2017 年第 3 期。

⑨ 巨浪、宗喀·漾正冈布：《私人领域的公共化：一个藏族村落的空间社会学实践》，《中外建筑》2021 年第 3 期。

⑩ 文忠祥：《土族村落的空间结构及土族的空间观》，《青海民族研究》2007 年第 1 期。

行了深入研究。

社会空间以物理空间、地理空间为载体，承载了社会关系、社会要素与社会含义。① 生活空间是具体实在的日常生活的经验空间，是容纳各种日常生活活动发生或进行的场所总和。生活空间是人们日常生活的各种活动类型及社会关系的投影，涵盖了居民经常重复发生进行的各种活动，一般指必要性的活动，但不包括偶尔发生的活动。② 类似的概念还有居住生活空间和日常生活空间。居住生活空间是指人类居住的生活环境，是人们日常生活的各种活动所涉及的空间，是维持其他一切生活活动的基本空间。③ 日常生活空间就是人们日常生活所占据的空间，在社会生活中，人们的日常生活要在家庭、工作单位、消费场所、非消费的公共场所之间不断移动，这种日常生活的各种活动所赖以发生的场所和空间，就是日常生活空间。日常生活空间的概念更注重空间的文化属性和社会属性，即空间与人的全方位互动关系。

文化空间的本义是指一个具有文化意义的物理空间、场所或地点。④ 地理学者将文化研究和地理研究结合，强调了人文活动的空间分布、人群间相关联的文化特质、空间与时间共同建构等要素，进一步点明了人在文化空间中的核心意义。⑤ 冯雷认为文化空间是符号的空间，是建立在人类话语体系、表象活动、秩序观念之上的空间形式，是非现实的、理想的社会空间。⑥ 事实上，村落空间受到政治、经济、文化等多种要素影响，村落空间生产是多重要素、多方力量互动作用的过程，呈现出空间互相重叠渗透的状态，这便有了空间互嵌的概念。

二　民族互嵌理论

民族互嵌理论是马克思主义民族理论中国化的新内容。该理论正式

---

① 李强：《社会分层与社会空间领域的公平、公正》，《中国人民大学学报》2012 年第 1 期。
② 王兴中：《中国城市生活空间结构研究》，科学出版社，2004，第 7 页。
③ 向冰瑶：《陕北地域文化视角下城镇居住空间形态研究：以延安市甘泉县为例》，硕士学位论文，西安建筑科技大学，2010。
④ 向云驹：《论"文化空间"》，《中民族大学学报》（哲学社会科学版）2008 年第 3 期。
⑤ 侯兵、黄震方、徐海军：《文化旅游的空间形态研究——基于文化空间的综述与启示》，《旅游学刊》2011 年第 3 期。
⑥ 冯雷：《理解空间：20 世纪空间观念的激变》，中央编译出版社，2017，第 136 页。

纳入我国民族关系政策话语体系始于 2014 年 5 月。在中央第二次新疆工作座谈会上，首次提出要"加强民族交往交流交融，部署和开展多种形式的共建工作，推进双语教育，推动建立各民族相互嵌入式的社会结构和社区环境"①。同月，中共中央政治局在进一步推进新疆社会稳定和长治久安工作会议上，再次强调"推动建立各民族相互嵌入的社会结构和社区环境"②。

民族互嵌，顾名思义，是两个及以上数量的民族之间相互作用、相互影响、相互渗入的交往关系及其模式。这里的互嵌不只是居住空间上的互嵌，更应该是社会结构层次上的互嵌。有学者将民族互嵌定义为：不同民族在社会、经济、文化及思想等层面的联结与互动，或某一民族的社会结构嵌入其他民族体系中的过程；其内涵包含物质形态与精神文化双重维度。③ 2021 年 8 月，中央民族工作会议明确提出"逐步实现各民族在空间、文化、经济、社会、心理等方面的全方位嵌入"④，是对民族互嵌最为全面的内涵界定。有学者基于此提出"空间互构、文化互鉴、经济互补、社会互助、心里互认的全方位互嵌过程与中华民族共同体建设有着逻辑上的紧密关联"。⑤

首先，自然空间是民族人口得以生存的基础，也是民族互嵌的地域载体。无论在历史上还是现实中，物理空间距离较近的民族更具备交往交流交融的条件。在历史上，作为我国最具代表性的文明过渡地带和民族走廊、河西走廊极为典型的多民族聚居和杂居现象就为当地民族关系的和谐共生提供了必要的地域空间环境基础。而就本书田野点的具体现状而言，伊犁河谷及阿勒泰、塔城地区的蒙古族，相较于地处南疆地区的巴音郭楞蒙古自治州的蒙古族而言，在语言与饮食习惯上与哈萨克族具有更多的相似性，这正是不同地理空间内民族交往交流交融的最好例

---

① 《中共中央国务院召开第五次西藏工作座谈会》，《人民日报》，2010 年 1 月 23 日。
② 《中共中央政治局召开会议 研究进一步推进新疆社会稳定和长治久安工作》，《人民日报》，2014 年 5 月 27 日。
③ 吴月刚、李辉：《民族互嵌概念刍议》，《民族论坛》2015 年第 11 期。
④ 《习近平在中央民族工作会议上强调 以铸牢中华民族共同体意识为主线 推动新时代党的民族工作高质量发展》，《人民日报》，2021 年 8 月 29 日。
⑤ 高永久、杨龙文：《论民族互嵌与中华民族共同体建设的逻辑关联》，《西北民族研究》2022 年第 5 期。

证。只是，随着现代交通技术的发展，过去相对封闭的自然空间不再是各民族分布的边界，尤其在城镇化的社区，"杂居"的社会空间已成为民族空间互嵌的新趋势。

其次，社会空间是基于自然空间而形成的一种关系网络，是民族互嵌的文化基础。"社会空间"是由涂尔干提出的社会学概念，其核心在于社会网络的结构化关系，强调社会主体间的互动与联结。社会空间互嵌具体涵盖以下三个维度：一是基础性公共空间——以共享物理场域（如社区、公共设施）为载体的社会互动；二是多维复合空间——包括职业分工（职业空间）、日常生活（生活空间）与价值认同（精神空间）的整合；三是关系性建构空间——以社会主体（如个体、群体、制度）间的动态关系网络为纽带形成的空间形态。

第三，文化空间是各民族约定俗成的传统习惯及其形成和发展过程中的人文环境。狭义的文化空间是指举办仪式活动的场所。文化空间是民族互嵌的核心思想，是衡量民族互嵌程度的参照体系。文化互嵌的意义在于弱化差异性、增强共同性、淡化文化边界、强调各民族优秀传统文化相互认同。

最后，经济互嵌。经济交往是每个人生存的基础。马克思指出，"每个民族都由于物质关系和物质利益（如各个部落的敌视等）而团结在一起"[1]，这说明经济利益是民族互动的内生性动力。经济内生性动力推动民族经济往来，将不同个体联结为经济利益共同体，逐渐形成各民族相互依存、互惠共生的生存关系，这种关系促成了经济互嵌。历史上，"茶马古道""丝绸之路"作为内地和西南、西北地区的交通要道，是民族交往中的经济活动内容。随着经济现代化和全球化进程，一体化市场经济模式为各民族经济互嵌带来了新的机遇。过去那种地方的和民族的自给自足和闭关自守状态，被各民族的各方面的互相往来和各方面的互相依赖所代替了。[2] 一致的经济利益追求将各民族凝聚为一个经济命运共同体，有助于加强各民族之间的互动关系，进而推动各民族之间的交往交

---

[1]　《马克思恩格斯全集》（第三卷），中共中央马克思恩格斯列宁斯大林著作编译局编译，人民出版社，1960，第169页。

[2]　《马克思恩格斯选集》（第一卷），中共中央马克思恩格斯列宁斯大林著作编译局编译，人民出版社，2012，第404页。

流交融；共同的经济生活将各民族联结在一张市场经济网内，有助于实现经济互嵌；互补的经济互动将各民族嵌入国家与市场之间，各民族经济模式一体化进程加快、经济结构深度融合、经济关系依赖性增强、经济利益互惠性突出。[①]

总的来说，当前我国学术讨论中的民族互嵌研究依然聚焦于社区互嵌，并且仍处于有意识建构的过程。实际上，民族互嵌在牧区、农村地区是一种基于历史的常态，伊犁河谷就是一个很好的例子。

三　小结

"空间"的意涵从物理和地理上的初始意义延伸到了更为抽象的"社会空间"。无论是布迪厄的"场域"还是拉图尔的"行动者网络"，或是列斐伏尔的"空间实践""空间再现"与"再现空间"，都已经远远超出了地域和距离对空间的限制。而将空间理论沿用到文化人类学领域，便有了"文化空间"的概念。文化空间是对人类的物理空间赋予文化意义，即强调在同一空间中生长的人群之间相关联的文化特质。而人类的空间生产往往受到自然、政治、经济、文化等多种要素影响，呈现出空间互相重叠渗透的状态，即空间互嵌。

笔者尝试用空间互嵌理论阐释我国近年来提出的"民族互嵌"理论。笔者认为，空间互嵌是民族互嵌的前提条件和物理基础，包括在地理空间中的互嵌共居形式、生产方式与经济上的交往，以及社会生活的共同场域，包括由此延伸出的生活文化空间的互嵌。只有从时间上（历史长河中的交往交流交融）、空间上（自然空间、城镇空间、住房空间等）、数量上（多民族交往交流交融而不是某两个民族）来阐释民族互嵌，才能将我国民族互嵌理论的内涵拓展开来。

第二节　伊犁河谷互嵌共居的空间环境

如前所述，空间互嵌是民族互嵌的前提条件和物理基础，是物质形

---

① 沙彦奋、陈燕：《民族互嵌论》，《中南民族大学学报》（人文社会科学版）2023 年第 5 期。

式上的互嵌，包括在地理空间中的互嵌共居形式、生产力与经济上的交往，以及由此延伸出的生活文化空间的互嵌。

从分布与居住模式来看，我国各民族自秦汉以来，基于血缘共同体与文化共同体，形成了"大杂居、小聚居"的地域共同体。以伊犁河谷地区为例：首先，在宏观层面，伊犁哈萨克自治州作为多民族聚居区，数十个民族交错分布，生动体现了"大杂居"的特征；其次，在微观层面，各少数民族又保持着相对集中的聚居形态，展现出"小聚居"的鲜明特点。这种"大杂居中有小聚居"的空间格局，既反映了各民族长期互动的历史积淀，也彰显了中华民族多元一体的基本特征。

其中，以展现出"小聚居"形态的伊犁河谷额鲁特蒙古族为例，其目前仍保留着清朝时期满蒙八旗中"厄鲁特营"的分法，被分为"喀什河畔十苏木"（指尼勒克县蒙古族）、"特克斯四苏木"（亦称特克斯沙毕纳尔四苏木，指特克斯县的蒙古族）、"昭苏六苏木"（为原特克斯河畔六苏木，指昭苏县蒙古族）。例如，"喀什河畔十苏木"从今天的尼勒克县行政区域自西向东依次分别为（音译）：巴建苏木、多岩苏木、夏日科其克苏木、乃迁苏木、查干毕力格苏木、纳因塔苏木、哈拉丹苏木、策乌根苏木、艾兰苏木、满金苏木（注：喀什十苏木中的多岩苏木与夏日科其克苏木、查干毕力格苏木与艾兰苏木分别合并为一，因此实际上为"喀什八苏木"）。而这些苏木又由若干个基于血缘家族的姓氏单位构成，蒙古语为"乌恩各额勒肯"。据尼勒克县长期从事额鲁特部落姓氏与畜群印章研究的民间学者哈·布鲁根老师的统计，目前共有"嘎勒在德"、"绰霍尔"、"波克斯"、"古赞那肯"、"哈热恩肯"、"夏热恩肯"等200余个姓氏家族。

不过，随着工业化、城镇化的发展，伊犁河谷的传统的"小聚居"模式已被打散，今天的"小聚居"模式更多地体现在伊犁河谷不同的支流流域地区或是同一个支流流域不同的自然环境之下，基于相同的生产方式形成的文化共同体。因此可以说，自然环境、生产方式是目前伊犁河谷"分散聚居"得以持续的主要原因。

总体而言，正是"大杂居"的整体环境，使得伊犁河谷各民族之间有了政治、经济、文化的联系与日益密切的交往，进而"出现了较广泛的相互影响、融合与同化现象"。① 同时，"小聚居"为不同的民族文化、地域文化提供了得以保留、传承和相互涵化的空间环境。

一　伊犁河谷"大杂居"与"小聚居"的空间分布

（一）互嵌共居的自然环境

人类生活的自然环境与他们的生活方式密切相关。自然环境不仅为人类提供得以生存的水、土、光、热等资源，也决定了人类的生存状态和发展方式。伊犁河谷三面环山，中部还有乌孙山、阿吾拉勒山等横亘，在"三山夹两谷"的地貌中，特克斯河、巩乃斯河、喀什河汇入伊犁河，形成数个谷地、平原等不同的地形地貌。狭长的地形和辽阔的疆域，使得伊犁河谷自然环境复杂多样，不仅地形地貌、气候温度差距大，区域自然资源、自然风光也都各不相同。

整体来看，伊犁河谷在历史上长期保持着以游牧为主导的生产方式。这一传统延续至今，当代伊犁哈萨克自治州的林草面积仍远远大于农耕用地，畜牧业在经济结构中始终占据重要地位。然而具体而言，伊犁哈萨克自治州拥有的林草面积远远大于农区，畜牧业经济生产方式依然起着举足轻重的作用。按照伊犁河谷内部的自然地理环境差异，随着地势从东向西倾斜逐渐开口为辽阔平原，且在伊犁河不同的支流流域呈现的河谷平原与两边高山峡谷的样态各不相同，伊犁河谷东部，即新源县、尼勒克县、巩留县、特克斯县、昭苏县五个县城主要以牧业为主，而位于伊犁河流域平原地区的伊宁县、察县、霍城县及伊宁市地区则倾向于以农业为主。与此同时，因每个县城都傍依高山与河流，拥有丘陵和平原的地貌，可以按照以城镇为中心辐射开来，将伊犁河谷各民族生活的自然空间分为城镇空间、农村空间、农牧结合空间与牧区空间。当然，这样的空间划分具有相对性，尤其是 2000 年来随着牧民定居化、畜牧业现代化以及农牧地区旅游业的开发与发展，出现了上述不同空间的互嵌形态，牧民身份的"非牧化"、城镇居民迁往农牧地区居住养老等趋势日益明显。

---

① 邬剑：《我国民族关系的由来与发展问题》，《内蒙古社会科学》，1981 年第 3 期。

（二）互嵌共居的人口分布现状

根据第六次与第七次全国人口普查数据，通常而言的伊犁州直"八县两市"（伊宁县，察布查尔锡伯自治县，霍城县，巩留县，新源县，昭苏县，特克斯县，尼勒克县，伊宁市、霍尔果斯市）常住人口统计与千人以上的各民族构成如下（见表 2-1）。

表 2-1　伊犁河谷各县市人口数量与民族比例统计①

地域名称	人口数（万人）	民族数	人口较多民族百分比（单位:%）									少数民族占比
			汉族	哈萨克族	维吾尔族	回族	锡伯族	蒙古族	乌孜别克族	东乡族	柯尔克孜族	撒拉族	
伊宁市	57.2	37	54.2	4.1	28.7	11.5	0.3	0.2	0.4			0.1	45.8
霍尔果斯市	7.18	29	48.9	33.8	11.2	3.5	0.4	0.3	0.6				51.1
察布查尔锡伯自治县	19.25	25	41.6	10.3	18.4	8.7	18.9	0.8	0.1		0.5		58.4
伊宁县	40.89	32	38.8	5.2	34.9	18.3	0.2	0.1		0.8		0.4	61.2
霍城县	34.76	26	62.7	6.8	21.3	7.9	0.1	0.3		0.1		0.1	37.3
巩留县	19.74	28	31.5	44.2	19.1	3.8	0.2	0.3			0.4		68.5
新源县	31.65	27	36.9	44.7	12.8	3.5	0.3	0.7	0.1		0.2		63.1
昭苏县	18.73	26	30.8	51.6	11.3	3.2	0.4	1.8			0.3		69.2
特克斯县	17.72	25	27.5	53.1	12.7	2.8	0.3	0.9			0.2		72.5
尼勒克县	17.97	27	31.7	45.8	16.9	3.1	0.2	1.2			0.2		68.3

注：此表中"人口总数"与"少数民族百分比"是第七次全国人口普查最新数据，但因各民族构成数据未予公布，此表中"人口较多民族百分比"换算中采用的对应数据是第六次人口普查数据，仅用来作为例证。

---

① 数据均引自 2020 年第七次全国人口普查数据与《新疆统计年鉴 2021》中的"民族人口"章节（新疆维吾尔自治区统计局：《新疆统计年鉴 2021》，北京：中国统计出版社，2021，第 147-150 页）。

　　从表 2-1 中可以看出，伊犁河谷全域（八县两市）均有 25 个至 37 个民族分散居住，呈现出多民族聚居格局，且主要以汉族、哈萨克族、维吾尔族、回族、锡伯族、蒙古族为占比较多的民族。与此同时，表格也显示了各民族区域性的分布。首先，从人口比重最多的民族来看，哈萨克族是伊犁河谷东部新源县、尼勒克县、巩留县、特克斯县、昭苏县五个以牧业为主的县城人口中最多的民族，蒙古族亦主要分布在这几个县城；而位于伊犁河谷西部平原农耕区域的霍尔果斯市、霍城县、伊宁市、察布查尔县与伊宁县，主要以汉族、维吾尔族为主要人口，尤其汉族人口占比在上述区域从西向东呈逐渐减少的梯度分布特征（62.7% 至 38.8%）；回族则较为均匀地分布在八县一市。其次，从人口较少的民族来看，柯尔克孜族主要分布在察布查尔县与巩留县，少量分布在新源县与尼勒克县；撒拉族则以伊宁县、霍成为主要居住地；低于千人的民族如乌孜别克族、俄罗斯族、塔吉克族也呈"小聚居"的形式居住。可以说，伊犁河谷的民族分布格局完整诠释了我国"大杂居"、"小聚居"的民族空间分布理论。

　　接下来，以有着较为典型的牧区、农牧结合区域、农村、乡镇、县城区域划分特征的尼勒克县为例，分析各个空间的民族人口比例。

　　首先，尼勒克县四面环山，整体地势东高西低，喀什河从南北山谷中央贯穿全境。尼勒克县的县级、乡级行政中心均位于喀什河谷区域，越往县域东部和南、北部，农耕地面积逐渐缩小直至全部被草场与山区替代，人口也随之逐渐减少。以东西区域为例，尼勒克县全境以喀什河南岸的胡吉尔台乡与北岸的吉仁台乡为界，往东百余公里的区域是尼勒克县的牧业区——唐布拉草原，这里是各个乡镇的夏季牧场，在交通不便的过去，这里只有夏天才有居民迁徙此处，冬季则是荒无人烟的雪地。同样，对各个乡镇而言，尤其是位于县城西部的乡镇，牧区分布在其南、北两边的山区，牧民顺着山沟中的水系季节性迁徙。其次，随着上述不同区域的生产方式从多样化到以畜牧业为主的方式转变，民族人口分布与占比亦会随之改变。下面以尼勒克县乡镇场（自西向东方向，共 5 个镇、6 个乡、1 个场）人口中的民族结构（见表 2-2）为例做一分析。

表 2-2　尼勒克县各乡镇场民族人口分布（2022 年数据）

地区名称 （从西向东）	人口总数 （万）	人口较多民族百分比（%）						少数民族 占比（%）
		汉族	哈萨克族	维吾尔族	回族	蒙古族		
总人口	17.64	21.00	49.30	12.20	10.70	4.90		78.1
苏布台乡	0.78	2.05	45.17	52.44	0.02	/		97.63
喀拉苏乡	1.59	2.53	84.11	1.63	10.80	0.02		96.56
加哈乌拉斯台乡	0.96	25.62	62.87	0.54	7.40	2.80		73.61
克令镇	1.50	14.13	76.91	1.54	6.70	0.03		85.18
乌赞镇	1.65	14.51	21.12	43.98	11.16	2.77		79.03
尼勒克镇	3.43	38.35	24.05	21.69	9.34	3.87		58.95
尼勒克马场	0.18	54.53	15.19	14.29	6.82	/		
科克浩特浩尔蒙古族乡	1.71	27.91	15.95	3.59	31.41	18.79		69.73
喀拉托别乡	1.01	15.36	77.97	3.71	1.98	0.02		83.67
胡吉尔台乡	1.23	22.32	43.12	5.31	13.52	13.48		75.43
木斯镇	1.45	9.07	82.60	0.49	7.37	0.05		90.51
乌拉斯台镇	1.30	16.01	56.30	1.34	14.88	10.76		83.28
种蜂场	0.49	23.16	71.95	1.00	2.27	0.79		76.00
寨口镇（兵团）	0.53	50.65	37.44	4.61	1.33	4.16		47.53

注：尼勒克马场实际上隶属尼勒克镇，上述数据中已包含，但笔者基于实际的田野调查进行了单独统计。

资料来源：笔者根据尼勒克县政府 2022 年数据整理制作。

从表 2-2 可见，首先，尼勒克县城附近的乌赞镇、尼勒克马场、科克浩特浩尔蒙古族乡（乡镇行政中心基本在县城辐射 20 公里内）的主要民族以汉族、哈萨克族、维吾尔族、回族、蒙古族为主，其余所有距离较远的乡镇均以哈萨克族为主要人口（多数占比均在 50% 以上）；其次，所有乡镇行政区域（不管距离县城远近），其内部的民族人口比例都随着与其乡镇行政中心的距离而改变——距离越远，少数民族人口比例越大。

以胡吉尔台乡为例，总人口中汉族人口比例为 22.35%，其行政中心胡吉尔台乡政府在整个行政区域的西侧，靠近县城方向，距离 22 公里左右，越往东则越靠近牧区。因此，依然按照自西向东的顺序，塔斯托干村（乡政府所在地，习称公社大队）、玉什阔灭依村（习称回族队）、哈特乌孜尔村（习称四大队）居住着大多数的汉族、回族与维吾尔族居民，到了采煤队（近年划归乌兰布鲁克村）以东的行政区域，是胡吉尔台乡的山地、草场区域，人口基本以蒙古族、哈萨克族为主。正因如此，乌兰布鲁克村在下文中被笔者视为农牧区的边界线，也是本书田野点中典型的农牧结合区。

再以克令镇为例，在靠近尼勒克县城及克令镇行政中心的几个村当中，汉族、回族人口比重相对较大的有：群吉村（701 户，哈萨克族占58%，汉族占 36.5%，回族占 4.1%）、克令村（703 户，哈萨克族占54%，回族占24%，汉族占15%）。而距离镇行政中心较远的萨尔阿尕什村的民族人口比例发生了明显变化：731 户中，哈萨克族占 84.25%，汉族占 8.67%，回族占 3.97%。尤其是距离最远的三个村，人口都是哈萨克族：阿依纳巴斯陶村 750 户，其中牧业户籍 677 户，哈萨克族占100%；克孜勒吐木斯克村 424 户，其中牧业户籍 375 户，哈萨克族占100%；阔依塔斯村 387 户，其中牧业户籍 355 户，哈萨克族占 100%。

总而言之，因我国"大杂居、小聚居"的人口分布模式，以及伊犁河谷历史上各民族传统生产方式的差异，当前伊犁河谷从事畜牧业、农耕业与商贸业等具体行业的人口当中，各民族的占比具有显著特点。可以将这种人口分布总结描述为：牧区空间与农牧结合空间的居住人口以蒙古族、哈萨克族为主体，农村空间以汉族、回族、维吾尔族为主，城镇空间早期以汉族、维吾尔族为主，但近年来更多呈现出"大杂居"的趋势。正如新疆民间的一句土话，"养羊的是哈萨克人，贩羊的是维吾尔人，卖羊的是回人，吃羊的是汉人"，充分说明各民族经济生产方式的"分工"与差异——哈萨克族及蒙古族保留着传统的游牧方式，至今仍季节性迁徙轮牧从事畜牧业；维吾尔族历史上就擅长农耕技术，且多从事商贸业；回族擅长个体户经营，尤其以餐饮业为主；汉族多定居在乡级、县级行政中心。

二　互嵌共居的外部空间：以定居村落为例

实施游牧民定居工程是党中央、国务院保民生、保增长、保稳定的重要举措之一，是国家民生工程和安居工程的重要组成部分，也是新疆"脱贫攻坚战"的一个重要环节。按照新疆维吾尔自治区畜牧厅规定的"通水、通路、通电"和"有人工饲草料地、有住房、有棚圈、有园林地"以及"实现信息、技术服务，卫生院、学校、文化室、商贸设施配套"的"三通、四有、五配套"定居点建设标准，目前新疆的各族牧民已实现半定居或全定居模式。这一政策的实施，促进了各族牧民的政治、经济、文化等各项事业的开展，缩小地区间的差距，最终能够实现各民族的共同繁荣。

新疆自 2000 年起贯彻落实国家退牧还草政策，全面启动草原生态保护工程。在此背景下，尼勒克县同步推进草场围栏建设项目，实施牧民搬迁安置工作，将牧民迁移到夏季牧场山脚下的河谷地带。自 2011 年起，中央在全国 8 省区实施禁牧政策，发放包含禁牧补助、草原平衡奖励、生产性补贴和绩效考核奖励等内容的补助奖励，尼勒克县随之也开始试行草蓄平衡及禁牧、休牧、轮牧政策。2016 年，尼勒克县启动第二轮草原禁牧计划，对部分平原地带草场实施禁牧政策，并按最高 50 元/亩的标准发放生态补偿。同时，政策允许牧民在秋季草籽成熟脱落后进行季节性草场收割。

牧民定居的另一个直接原因是在实行禁牧之后，牛、马等大畜在山地草原迁徙过程中存在滚落摔伤、摔死的风险，且部分牧民的草场受到山体滑坡、泥石流等地质灾害的影响，给牧民造成了一定的损失，为此，地方政府出资兴建了牧民定居点，并对定居的牧民给予建房补贴等优惠政策，大大减少了迁徙轮牧的人群。随着游牧时代的终止，现代化与城镇化的力量不可阻挡地改变着牧民的生产生活方式，也带来了牧民生活空间的变革。

乌兰布鲁克村作为伊犁州牧民定居的试点工程，具有一定的代表性。乌兰布鲁克村前身为喀拉托别公社三小队，是农业队。1980 年胡吉尔台地区从喀拉托别公社析出，成立胡吉尔台人民公社，1984 年改为胡吉尔台乡，三小队改为胡吉尔台乡五大队，2000 年与牧业队合并，统称为乌兰布鲁克村。2009 年开始，乌兰布鲁克村实施了牧民定居点建设，迄今为止迁移了百余户牧民定居在乌兰布鲁克村。2018 年，在 20 世纪 80 年代因胡吉尔台煤矿开采而形成的以汉族、回族为主要居民人口的原采煤队 128 户村民并入乌兰布鲁克村。这样一来，乌兰布鲁克村由原来以农耕为主兼营畜牧业的百余户蒙古族居民构成的自然村[①]，发展成为目前拥有

---

① 据 20 世纪 90 年代末担任乌兰布鲁克村村委领导的受访人叙述，那时全村有 110 余户蒙古族家庭，另有几户从内地新迁入但尚未落户的汉族家庭及唯一一户哈萨克族居民。每户村民均有面积不等的口粮田，且几乎家家户户都饲养少量牛羊，主要用于肉奶自给。虽然村民个人没有私有草场，但村集体曾拥有 2500 亩公共草场供村民挤奶使用，后因定居点建设等公共项目需要被征用了。

草场 19.3 万亩、耕地 4320 亩及蒙古族（占 49%）、汉族（占 27%）、哈萨克族（占 18%）、回族（占 4%）、维吾尔族（占 0.5%）共计 583 户 1824 人居住的行政村。

关于定居点建设的过程，根据笔者与当时担任村委会书记的受访者交谈，该建设项目计划是在 2007 年提出的，并在 2009 年由村委会提供村南的 300 亩属地，最先修建了现在的定居点“牛场”。之所以被当地居民称为“牛场”，是因为村委会在提交项目申请时设想将这里打造为带有牛奶加工配套设施的奶牛厂，引进了 80 头乳牛，修建了挤奶厅，为牧民提供了带有 60 平方米住房、200 平方米牲畜暖圈、40 平方米饲草料库房的总占地面积 3 亩地/每户的定居宅院。第一批修建了 42 套定居房，并顺利将原牧业队牧民中常年遭受地质灾害侵害或家里有义务教育阶段的儿童等有意下山定居的 30 户蒙古族牧民进行了安置。2010 年，以同样的模式在牛场旁边修建了带有 40 套定居宅院的“羊场”和 26 套定居宅院的“马场”，并安置了 20 余户牧民及 2 户村里的汉族农业户。虽然村民委员会最初的养殖与加工厂设想并未实现，但这里成为伊犁州第一个典型的牧民定居点，伊犁河谷数百年来逐水草而居的游牧民第一次住进了有电灯、有自来水、有院墙、有邻居的定居村落。

除了通过上述建设定居点安置牧民之外，乌兰布鲁克村还通过“插花移民”的方式，安置了 100 多户牧民定居。“插花式移民”不同于传统的整体搬迁新建移民村的方式，而是通过分配宅基地等政策措施，将迁移牧民分散安置于现有村落之中。

总的来说，现在的乌兰布鲁克村不再是原来的“农业队”，而是有着一半牧民、一半农民的农牧业大村。与此同时，由于牧民安置区“牛场”“羊场”“马场”的上下水等基础设施齐全，吸引了越来越多的各族非牧民家庭通过购买或租住的形式来到乌兰布鲁克村生活。目前，牛场居住有 45 户、羊场 50 户、马场 26 户，多数为定居的牧民。牛场、羊场、马场的建设虽未能实现当地政府最初设想的畜牧产业的规模化与现代化发展，但已经完成了实现牧民安居乐业、建设新农村的目标。

空间是一个蕴含社会关系与社会结构的场所，村落的社会结构与村落空间相生相伴，空间的每一次变动都会引起村落的改变。① 牧民定居点作为一个几乎"凭空出现"的新空间，也带来了乌兰布鲁克村的结构性变革。

首先是"村中心"的南移。从地理位置上看，乌兰布鲁克村是胡吉尔台乡最接近牧区的农业村，步行即可到达牧民的春季牧场。因此，即使到了 2000 年后，乌兰布鲁克村的中心也仅是村委会门口的丁字路口，北端连接胡吉尔台乡公路。随着村镇道路硬化等工程与定居点的建设，村中心南移了一个街区，商店、药店等个体商户也逐渐出现在村南部的空间。

其次是社会关系的拓展。在与牧业队合并之前，乌兰布鲁克村只有几十户蒙古族家庭，互相之间有着或近或远的血缘关系，是一个基于血缘的地缘共同体。尤其在村民举办婚丧嫁娶仪式或庆祝蒙古族传统节日期间，当地保持着"一家不落，户户相邀""逐户拜年"等传统方式，村民之间维系着紧密的邻里关系。定居点建设后，随着越来越多的"陌生人"入住，村民的社会关系从先前的血缘、地缘拓展到业缘、趣缘关系，甚至还有村民之间互不相识。

最后是民族互嵌日益加深。在乌兰布鲁克村的"三小队"时期，村里只有一户哈萨克牧民和几户逃荒时期来到新疆的汉族人家。据村民回忆，这几户汉族人家之间是直系亲属关系，食不果腹，起初在村里的几间土房求生。因那时的蒙古族村民不会准确地念出汉语姓名，便干脆根据外貌特征称呼他们为"高鼻子""黄媳妇""黑木匠"等。而这几户汉族人家也学会了当地的蒙古语，很快融入了当地蒙古族村民的生活之中，后来还因此在村里分得了宅基地和耕地。随着这些汉族家庭的第二代长大并分家成立门户，以及其他亲属为改善生活水平纷纷从内地迁来，村里的汉族户数越来越多。最早来到村里的汉族村民凭借丰富的农耕经验和经济头脑，成为村里最为富裕的家庭，他们不仅以一次性买断的形式低价承包村民的耕地，也在村里陆续开办了第一家粮油店、商店、医务室、快递驿站，等等。此外，因村西俗称"采煤队"的行政区域划入乌

---

① 念鹏帆、郭建斌：《少数民族村落空间变迁的个案考察——以云南石林彝族自治县蝴蝶村为例》，《陕西理工大学学报》2017 年第 3 期。

兰布鲁克村，该村历史上第一次有了回族村民。采煤队是基于 20 世纪 90 年代末乌兰布鲁克村北侧的一处煤矿被开采而成立的，最早的煤矿老板是一个家族庞大的苏姓回族，在煤矿生意最为兴盛之时给现在的"采煤队"盖了楼房、学校，吸引了上百户以回族为主的民众定居在此。后来随着煤矿关闭，村民陆续搬离，几乎被废弃的采煤队并入乌兰布鲁克村。

至此，乌兰布鲁克村从生产力单一、血缘与地缘关系密切的蒙古族农业队变成了集农业、牧业、商业于一体且多民族互嵌共居的社区环境。

三 城镇化背景下的社区互嵌：以伊宁市为例

在全球化与城镇化进程加速的背景下，与最初向北京、上海、广州等特大城市迁移相比，国内移民呈现由东部向西部、城市向农村的反向迁移趋势，不仅突破了传统"小聚居"模式的地理空间限制，更有力推动了我国各地区民族构成的多元化发展。

首先，自 20 世纪 70 年代末以来，中国社会发生了深刻变革，逐步放松的户籍管理制度促进了劳动力的跨区域转移，针对流动人口出台的各项政策也开始鼓励农村富余劳动力向城市转移。在这种趋势下，边疆民族地区的人口亦开始流动。

随着我国进入各民族人口跨区域流动的活跃期，人口流动对民族空间分布格局的影响愈加显著。[1] 1982 年，少数民族流动人口仅为 30 多万人，人口流动参与度为 0.5%，低于汉族的 0.7%。此后，少数民族流动人口不断增长，2020 年达到 3371 万，在短短 38 年间增长了约 100 倍，人口流动参与度上升了 50 倍之多，达到 26.9%，首次超越了汉族的 26.6%。各民族的人口流动参与度尽管各不相同，但均呈上升态势，这从侧面反映了各民族共享改革发展红利的过程。[2]

从牧区和农村大量涌向城镇地区的流动人口促进了城镇化的快速发展，也促使城市空间发生了巨大的变迁。按照伊犁河谷特殊的地域分布，民族人口流动的方向如下：山区牧民向定居点移动；农村居民向乡镇移

---

[1] 王延中、方勇、尹虎彬等：《民族发展蓝皮书：中国民族发展报告（2016）》，社会科学文献出版社，2016，第 238 页。

[2] 黄凡、段成荣：《人口流动与民族空间互嵌格局的发展演化》，《西北民族研究》2022 年第 6 期。

动；乡镇居民向县城移动；县城居民向伊宁市移动。此外，由于求学、工作等原因，有许多牧民、农民会直接在伊宁市购置房产，或在伊宁市与县城之间往返流动。与汉族流动人口不同的是，少数民族流动人口在迁入新的社区时，偏向于选择"熟人圈"。根据相关研究，这是出于人类天然倾向于进行群居生活与情感交流的社会属性，各民族在流动过程中倾向于选择在语言、文化、信仰等方面相同或相近的社区。尤其自 1990 年代末开始实施的住房改革政策，使得政府不再提供住房供给和居民安置，各民族流动人口可以根据各自的生活习惯在熟人社区安家落户，这也是伊犁地区的乡镇中心、县城及城市市区仍然保持"大杂居、小聚居"模式与民族居住空间分化现象的主要因素。

近年来，中共中央提出建设民族互相嵌入的社会结构和社区环境之后，学者们开始对民族互嵌式社区的概念、建设路径展开深入研究。

从概念上来看，"社区"（community）一词源于拉丁语，最初是以人的角度论述亲密的伙伴关系和共同的东西。1887 年，德国学者斐迪南·滕尼斯在《共同体与社会：纯粹社会学的基本概念》[①] 一书中首次将"社区"的概念引入社会学的范畴。他将社区定义为具有相同价值取向、人口性质较为一致的社会共同体。国内关于"社区"的概念是 1933 年从外文翻译并引进的。费孝通先生将其定义为以地域为基础的社会关系组织；南京大学社会学教授周沛认为，社区是以一定地域为基础，由具有相互联系、共同交往、共同利益的社会群体、社会组织所构成的一个社会实体。其他社会学家对社区的定义还有很多，但对社区基本要素的认识是基本一致的，即，一个社区应该包括一定数量的人口、一定范围的地域、一定规模的设施、一定特征的文化、一定类型的组织。近年来，社区的概念被广泛认知，在描述居民生活的过程中，会伴随着居住区等概念一同出现。居住区概念发展相对较早，指的是人们赖以生存的场所，城市整体系统中的居住空间。就社区的作用而言，它意味着居住在一定地域范围内的人们形成维系社区存在及其发展的社会实践空间。因此，民族互嵌式社区建设就是要打造各民族共同参与的社会实践空间，实现

[①] 〔德〕斐迪南·滕尼斯：《共同体与社会：纯粹社会学的基本概念》，林荣远译，商务印书馆，1999，第 30 页。

"多元文化之间平等相处、彼此尊重的社会利益共同体"①。

（一）没有汉人的"汉人街"

伊宁市作为伊犁哈萨克自治州的州府，是伊犁河谷人口最多的城市。而汉人街位于伊宁市的繁华中心地带，是伊宁历史上名声响亮的标志性地点，当地流传着"不到汉人街不算来过伊犁"的俗语。

汉人街的历史可追溯到清政府同治十年（1871）。那时正值沙俄侵占我国伊犁，清政府为了收复新疆，命陕甘总督左宗棠为钦差大臣率军西征平叛。因长年战乱，物资十分匮乏，清军的日常生活用品更是奇缺。由于连年饥荒、兵祸不断，天津杨柳青人纷纷外出谋生。他们组成"货郎担"，三五成群地围着部队贩售肥皂、毛巾、牙粉等日用小百货以及跌打损伤的药品。当时，清军每次驻扎休整时，就划出一块地方，让"货郎担"们就地摆摊，贩售商品。由于要不停地追赶部队营盘，因此杨柳青人的随军贩售就被称为"赶大营"，参与"赶大营"的人后来被叫作"大营客"。追随清军进疆的杨柳青人，后来纷纷效仿当地人建土房住人存货，并在路边打摊设点。数人摊位相邻，互相照应，互通有无。同时轮流挑担到附近营房和乡村售卖并共同集资，按股分红，生意日益红火起来。很快，赶大营的杨柳青商贩就遍市新疆大中城镇，形成"三千货郎满天山"的局面。据记载，当时聚集在伊宁市"汉人街"区的汉人约有三千人，大多是"赶大营"的杨柳青人，杨柳青人在这条街上经营的店铺就有 400 多家。从清光绪元年（1875）到 20 世纪 40 年代的 70 多年间，天津杨柳青约 3000 户至少 1.5 万人移居新疆。今天的伊宁市新华东路琼库勒克街道办事处红旗社委员会曾经是天津商会会馆。天津帮商人时常来这里聚会，新来的"大营客"只要找到这里，就像是找到了家。成千上万的天津商人成功开辟了从渤海之滨到天山南北的商贸大通道，并使尘封已久的"丝绸之路"东段重新恢复了活力，大大改变了当地的政治、经济、文化面貌，对新疆开发史产生了很大的影响。随着生活条件的改善，汉人街的杨柳青人后裔陆续迁出，仍住在老宅的所剩无几，取而代之的是维吾尔民众在此聚集经商，汉人街也因此变成了"没有汉

---

① 张会龙：《论各民族相互嵌入式社区建设：基本概念、国际经验与建设构想》，《西南民族大学学报》（人文社会科学版）2015 年第 1 期。

人的汉人街"。

原来的汉人街是一条长约两公里的街巷，道路曲折，两侧店铺林立。近年来根据伊宁市政府统一规划布局，原来的 2000 余户经营商户得以规范入市经营，并改建了一座"汉人街大巴扎"商贸城与一条"汉人街美食街"，营造了民族团结的市场经营局面。在此经营的商户除了维吾尔族还有回族、哈萨克族、汉族等其他民族。

无论是历史上由来自天津的大营客构建的人声鼎沸的汉人街，还是如今象征伊宁市民族团结景象的汉人街，都是伊犁河谷各民族互嵌共居的鲜活案例。

（二）"民居博物馆"——喀赞其社区

喀赞其社区位于伊宁市老城区，居住着维吾尔族、汉族、回族、乌孜别克族、哈萨克族、锡伯族、满族、俄罗斯族、蒙古族、塔塔尔族、塔吉克族、柯尔克孜族等十余个民族 12 万余人，其中维吾尔族为主要人口，占总人口的 77%。2007 年，伊宁市委、市政府依托喀赞其社区多民族长期互嵌共居的历史文化背景，本着保护性开发的原则，投入 1 亿余元进行全面整治改造和旅游开发，历时两年倾心打造了以体验民族风情和民族传统文化为主题的原生态大型人文景区。景区总面积约 22.9 平方公里（目前已开发完成 4.2 平方公里），近年来尤其受到全国各地网民的喜爱，吸引了大量游客纷纷前来，也获得了"南有喀什高台民居、北有伊犁喀赞其"的美誉。

"喀赞其"是突厥语，在维吾尔语中意为"铸铁锅为业的人"。在清朝时期，大批维吾尔族民众因屯田政策从南疆迁居到伊犁河谷大力发展农业之后，开始聚居在伊宁市各处，以传统手工制造业为生，其中多以铸铁锅为业的群众聚居地便被称为"喀赞其"，后来，这里变成了伊犁手工艺品制作和售卖的中心，距今已有 200 年的历史。今天，铸锅这个行业已被机械化生产所取代，但这个区域仍然保留了许多传统手工制作中心作为非遗保护，比如马鞍、铁艺、木雕等。与此同时，为了鼓励发展少数民族特色手工业，伊宁市政府在喀赞其附近的塔什库勒克乡设立了喀赞其民族手工业开发区，并提供场地、管理和免租 5 年的优惠政策，鼓励传统手工业制造者入驻。

喀赞其的走红并非偶然，而在于其不仅承载着浓厚的历史与人文，也彰显着今天中国各族人民美丽富足的生活现状。在喀赞其200多年的历史中，居住在这里的维吾尔族人多以传统手工制造业为生，其临街商铺出售英吉沙刀具、牛皮靴、土耳其地毯、喀什土布、和田丝绸、俄罗斯巧克力、哈萨克斯坦铜具等。而街巷深处，仍有部分维吾尔族人承继祖业。在建设成为旅游区之后，今天的喀赞其更有许多富有当地民族特色的饮品、皮革、花帽、钉马掌等手艺和工艺的传承与展示，这是建设喀赞其民俗文化旅游区的核心。

喀赞其民俗街道上的每座大院都有各自悠久的历史，不乏一些国家级、自治区级历史文化建筑，"民居博物馆"之名由此而来。最具代表性的有吐达洪巴依大院、锡伯驿馆、乌孜别克文化大院等院落。

吐达洪巴依大院修建于1931年，"巴依"在突厥语、蒙古语中都有"富有"之意，这座大院是由当时的维吾尔族富商吐达洪建造的。据说这个巴依出生于俄国，苏联十月革命后，为逃避镇压，辗转来到伊宁市。他一生经商，将中国的茶叶、丝绸、土特产带到国外，再将建筑、工业建设领域的西方先进理念及科技成果带回中国，他在伊宁创办了首座机械化面粉厂、首家电灯公司，形成了伊宁近代现代化工业发展的雏形，以西域商贾领袖和文化使者的形象享誉一方。

锡伯驿馆位于吐达洪巴依大院内，主要展示的是晚清、民国时期锡伯族人在伊宁市开设车马店的历史。由于锡伯族在历史上西迁来到伊犁河谷之后，被安置在伊犁河南岸的察布查尔县，在交通极为不便的时代，前往伊宁市采购生活生产用品需要骑马或赶着牛车来到伊犁河边，乘船渡过伊犁河，在城里住一两晚，因此，便出现了供锡伯族民众休憩的车马店，锡伯驿馆内展示了锡伯族西迁的历史、锡伯族民俗文化等。

乌孜别克文化大院初建于清光绪年间，有着140多年的历史，经由南京援疆项目修缮，目前成为乌孜别克族非遗传习工坊，也是保护和传承乌孜别克传统文化的重要场所。

尽管已开发为民俗旅游区，喀赞其社区仍保留着以维吾尔族居民为主体的传统民居风貌。其中，61岁的维吾尔族居民肖开提·木沙家院里的葡萄架和杏树上瓜果累累，屋内共有7间房，超大尺寸的电视、双开门的大冰箱等现代家电应有尽有，其中一间房屋近年在政府的支持下被改造为民族特色旅游纪念品售卖屋。

可以说，喀赞其已由最初的行业指标或地理范畴，升华为一个具有广泛影响力的文化符号。随着喀赞其的走红，全国各地的旅游者被吸引而来，让这座历史古城充满了人气，也给当地各族民众创造了可观的经济收益。如今的部分喀赞其居民通过房产增值和民宿经营，成了百万大户。

（三）　伊犁河谷"麻扎村"的维吾尔族成吉思汗后裔

麻扎是新疆地区穆斯林中实行的一种特殊的墓葬制度，"麻扎"一词来源于阿拉伯语，有圣地之意，通常指伊斯兰教圣人或知名贤者的墓地。在新疆有许许多多著名的麻扎，例如阿帕克霍加麻扎（或相传为香妃墓）、吐峪沟麻扎（被誉为"东方麦加"）等。临近这些大大小小麻扎的村庄，便以此命名为"××麻扎村"。据粗略估计，仅在伊犁河谷地区就有数十个"麻扎村镇"，如伊宁县的麻扎乡及其下辖的麻扎村、墩麻扎镇、巴依托海乡其格勒克麻扎村、霍尔果斯市大麻扎村、察布查尔县麻扎村、昭苏县麻扎村等。下面以其中的霍尔果斯大麻扎村与伊宁县麻扎乡为例，进一步分析伊犁河谷多民族互嵌共居现状。

霍尔果斯大麻扎村原属霍城县，2014 年霍尔果斯市成立后划归霍尔果斯市莫乎尔片区。大麻扎村因辖区内的秃黑鲁帖木儿麻扎而得名。秃黑鲁帖木儿是成吉思汗第七世孙，是东察合台王族中第一个皈依伊斯兰教的可汗。据记载，秃黑鲁帖木儿于公元 1346 年称汗，1353 年带领 16 万蒙古部众改信伊斯兰教，1363 年去世后，伊斯兰教教徒为他在阿力麻里城（古城遗址位于今霍尔果斯市阿力麻里社区）附近修建了这座穹隆式陵墓，是伊犁河谷仅存的元代古建筑。据《秃黑鲁帖木儿麻扎志》记载，秃黑鲁帖木儿麻扎修建后的 266 年间，共有 8 代麻扎舍依赫（守陵人）家族进行守护，直到准噶尔人与秃黑鲁帖木儿后代作战，征服并统治了伊犁 110 年之久。后清朝出征伊犁，平定准噶尔并对主动降伏的秃黑鲁帖木儿汗麻扎舍依赫进行了封赏，且在舍依赫的控诉下将当时麻扎附近的 300 户塔嘎勒克人与 5 户卡尔梅克人迁到了固勒扎城（今伊宁市）及清代塔兰奇人回屯村（今伊宁县）。[①] 秃黑鲁帖木儿大麻扎及其附近的

---

① 玉努斯江·艾力：《察合台文的塔兰奇文书——〈秃黑鲁帖木儿麻扎志〉考释》，《西北民族研究》2015 年第 3 期。

小麻扎是伊犁地区最早被朝拜的麻扎。到了清代中期，随着在伊犁河北岸设立"回屯"屯区，伊犁的维吾尔族人大量增加，这种朝拜之风有了大的发展。特别是嘉庆年间，清政府实行开放的宗教政策，提倡修建庙宇祠堂，促进了麻扎朝拜。

伊宁县麻扎乡东临尼勒克县，北与博尔塔拉蒙古自治州精河县接壤，因其辖区内的速檀·歪思汗麻扎得名。歪思汗是成吉思汗第十一世孙，是秃黑鲁帖木儿汗和后妃米尔阿合所生的太子黑的儿火者的儿子失儿艾力汗的儿子。歪思汗 1418 年登上东察合台汗国王位后不久，从别失八里西迁伊犁河流域，首都定在亦力把里（今伊宁市），更号为亦力把里汗国苏丹。① 1428 年歪思汗在伊塞克湖作战身亡，归葬伊犁。为纪念歪思汗，其后裔于明代修建麻扎，清光绪二年（1876 年）重新加固维修，1990 年列入我国重点文物保护单位，是研究察合台后王时期伊犁的建筑、宗教以及与中原文化交流的重要依据。该麻扎不仅是穆斯林常去朝拜的场所，又区别于传统清真寺，它允许蒙古族民众进入举行祭祀活动。据田野调查受访人叙述，因麻扎所处的位置是牧民进城交易的必经之处，历史上蒙古族牧民经过时都会在距离麻扎一个山头之时下马牵着走过以示尊重，也会进去祭拜。也因蒙古人下马驻足的传统，歪思汗麻扎附近的维吾尔族老人会将自家园里的西瓜等瓜果摆在路边，免费供蒙古族牧民解渴，也会邀请蒙古族牧民借宿家中，并认为这是一种福德。牧民在继续前往现在的伊宁市用牲畜交换盐、茶、布匹等物料之后折返此处时，再次下马祭拜。每次往返必是如此。正因伊犁河谷历史上蒙古族与维吾尔族的友好交往，蒙古族牧民学会了耕种，也学会了制作拌面等维吾尔族特色饮食。

四　互嵌的内部空间：以牧民住宅为例

在人类社会变迁研究中，住宅空间是社会学与人类学学科关注的重点。阎云翔通过考察农村住宅的空间与私人空间的安排，分析了空间格

---

① 苏丹一词源于阿拉伯语，有"力量"、"治权"等意思，是指伊斯兰教历史上类似总督的官职，在古汉语中写作"素檀"、"速檀"、"速鲁檀"。

局与家庭结构、人际关系及其变迁，展现了空间与个体生活之间的重要关联。① 本节内容与前文中牧民定居的外部空间相对应，旨在分析伊犁河谷哈萨克牧民与蒙古族牧民住宅中的内部空间与文化互嵌。

　　生活空间是具体实在的日常生活的经验空间，是容纳各种日常生活活动发生或进行的场所总和。生活空间是无限复杂的，其构成受到自然生态空间格局、城镇基础设施建设、社会交往等要素的影响。正如卡斯特强调："空间不是社会的反映，而是社会的表现。换言之，空间不是社会的拷贝，空间就是社会。空间的形式与过程是由整体的社会结构的动态所塑造。"② 如前文所述，伊犁河谷的哈萨克族、蒙古族牧民作为历史上的游牧民族，至今仍过着四季轮牧的日子，从圆形的毡房空间到方形的定居村落空间，不同的生产方式、传统与现代、多民族的文化互嵌都能够在牧民住宅的内部空间中体现。

（一）传统毡房空间

　　一顶顶白色的毡房是伊犁河谷草原最美的点缀，是游牧文化的象征，更是蒙古族牧民和哈萨克族牧民数百年来赖以生存的居住场所。毡房在卫拉特蒙古语中被称为"搭建的房子"（bairaa ger）或"毡子制作的房子"（ishge ger），在哈萨克语中称之为"毛毡制作的房子"（kiiz ui）或"木头搭建的房子"（agash ui）。此外，还各自称呼为"蒙古包"（mongol ger）和"哈萨克毡房"（kazakh ui）以区分归属。虽然同为毡房，但伊犁河谷的"蒙古包"与"哈萨克毡房"的区别在于毡房的形状与结构：从外形来看，哈萨克毡房呈尖锥形，而蒙古包用的撑杆较多，显得更为浑圆；从内部来看，哈萨克毡房的上部分撑杆的底部是弯曲的，而蒙古包的撑杆底部是直接固定在网格栅上的；哈萨克族的火炉烟囱是从毡房上部分的盖毡上钻孔而伸出去，蒙古族通常是从天窗伸出去的（不过伊犁河谷地区的蒙古族普遍也在毡房东侧的盖毡上钻孔以使用炉灶）；从毡房门的朝向来看，蒙古包的门朝东或朝南，哈萨克毡房多朝西或朝北。

　　毡房不同部位的撑杆与盖毡都有着不同的名称。首先，作为基座的

---

① 阎云翔：《私人生活的变革：一个中国村庄里的爱情、家庭与亲密关系（1949－1999）》，上海人民出版社，2009。

② 〔美〕曼纽尔·卡斯特：《网络社会的崛起》，夏铸九、王志弘译，社会科学文献出版社，2003，第509页。

可折叠的网格栅的卫拉特蒙古语为"terim"，哈萨克语为"kerege"；撑杆的蒙古语为"uyun"，哈萨克语为"uyk"；毡房顶的蒙古语为"gairaits"，哈萨克语为"shangrak"；毡房的门也是木质的，包括门柱、门槛和两扇门叶；另外，用芨芨草编制而成的草席的蒙古语为"dersin"，哈萨克语为"shi"，围在网格栅和围毡之间，具有美观、通风、防蚊虫等作用。其次，如天窗盖毡的蒙古语为"orik"、哈萨克语为"tundik"，上围毡的蒙古语为"devir"、哈萨克语为"uzik"，下围毡的蒙古语为"turik"、哈萨克语为"turlyk"，围脚毡的蒙古语为"irgich"、哈萨克语为"irgrlik"，用于固定盖毡的宽带或围绳的蒙古语为"hoshlon"、哈萨克语为"baskur"。另外还有用以包住撑杆顶部实现美化作用的花色绳带或布条的蒙古语为"emtsig"，哈萨克语为"bau-shu"。

其中，在哈萨克人的毡房内的上部空间，有许多条这样交错于天窗杆与撑杆之间的绳带或布条，通常采用毛毡、编织、刺绣等工艺制作而成。这种绳条的存在最初是为了固定毡房的骨架，后来兼备了美观的装饰作用。除此之外，还有一种绑在毡房天窗上的带吊穗的挂绳，这些装饰的绳条被哈萨克人称为"shangrak bau-shu"。这个物品除了用来装饰毡房顶部空间之外，主要具有透过天窗祈福的重要象征意义。

毡房的天窗盖毡在非雨雪天都是呈打开的状态，并根据一天中太阳的移动而掀起不同的角以便采光且避免阳光直射。对牧民来说，毡房的圆形天窗作为"与天神连通的窗口"，是连接人和自然的通道，就像火神守护的火灶一样，代表着家庭的兴旺与吉祥，具有非常突出的意义。哈萨克人认为，由于毡房天窗和毡房门是垂直和水平结构中的边界，是毡房中最易受攻击的部分，因此，这两个通道都采用可以强制性关闭的设计，并且应该在门上和天窗上悬挂一些具有祈福和保护意义的物品。如，将公羊的肘骨悬在门框上，或在晚上入睡前将盛放着白色奶食的碗放在门内侧，可以避免蛇类等爬行动物因觅食进入毡房伤人；绑在天窗上的装饰物不仅具有美观的功能，更重要的是，它们被赋予了向天神祈福、保佑家庭平安、阻挡各种从屋顶入侵的邪恶势力等象征意义。

除了天窗空间之外，毡房的内部空间可以分为六个部分："左侧—女性空间、右侧—男性空间、起居空间、上座空间、垂帘后的空间和炉火空间"。

一是左侧—女性空间。这个空间也可称为食物空间，因为位于毡房入门左侧的位置可避免正午过后最强烈的阳光直射，可相对延长食物的保鲜期。这个空间是放置或悬挂各类食品和生活器皿的地方，因这个区域主要是家庭中女性活动的区域，亦可被称为女性空间。这里出现的器具包括：盛放牛奶和酸奶的坐地器具，悬挂酥油、肉食、干粮的皮囊或布袋，储存和发酵马奶的大皮袋。再往里的位置，通常摆放着一个或数个食物和餐具收纳柜，如收纳厨具器皿的收纳柜，以及各种生活器具，传统的游牧生活器具主要以木质的和皮质的为主，其中皮质器皿对于游牧民族而言非常方便，它们不会断裂，既耐用又轻巧，皮质容器中的天然维生素和矿物质也可以更好地保持食物的品质。有一个是哈萨克人传统文化中独有的物品双头木勺（kymyz ozhau 或 kos ozhau）。哈萨克人认为，这样的双头勺由于底部的受力面较大且内部相通，因此在不断扬马奶促其发酵时，马奶能够更有力地被搅动且在勺底部的两个凹槽间流动时更有利于马奶的充分发酵。另外，在待客时还有一种同样原理制作的双口杯（kos tostagan）、双口碗（kos ayak）与上述双头勺配套使用。在给客人盛马奶和客人饮用马奶时，一边凹槽的倒（喝）完后还有从另一个凹槽里缓缓流出的马奶，寓意着哈萨克人洁白的奶制品源源不断，象征着五畜兴旺。

二是右侧—男性空间。毡房入口的右侧，因主要悬挂或摆放着男性服饰和马具，被称为男性空间。马作为游牧民最主要依赖的交通工具，在游牧民族的生活中起着举足轻重的作用，马鞍、马鞭等马具是毡房空间中最不可或缺的。蒙古语中将马鞍、鞍鞯、马嚼子等用品统称为"emel tokyl"、哈萨克语中为"er tokym buimdar"（男人的鞍鞯用品）或干脆简称为"er"（男人），因此，这个空间通常被称为男性空间。马鞍、马鞭、马嚼子、肚带、鞯带、攀胸等物品通常是用皮革制作的，也有一些木制、骨制、铁制的配饰。

三是起居空间。无论是哪个民族的毡房，其 2/3 的空间都是铺满毛毡、地毯、坐垫的木板炕——白天这里是客厅、餐厅，晚上会变成整个家庭的大卧室。同样，这个空间里的用品也是分类详细、名目繁多，主要以精美的花纹和五颜六色的炕上用品为主。毛毡制品按照工艺的不同分为黑底铺毡（蒙古语哈萨克语同为"tekemet"）、彩色绣花毡毯（蒙古语哈萨克语同为"cyrmak"）、壁挂毡毯、地毯（蒙古语为"kevis"，哈萨克语为"kilem"）等。总之，这些各种形状、颜色和花纹图案的毡毯、挂毯等物品在毡房内占据了最重要的地位，不仅提供了温暖、美观的居住环境，而且在婚丧嫁娶的仪式和人际交往中具有象征着财富与声望的重要意义。

四是上座空间。这个区域是指毡房门正对着的起居空间最里面的客座（蒙古语叫作"deer"，意为上座，哈萨克语叫作"tor"，意为中心），通常留给家庭中最年长、最有威望的成员或是最尊贵的客人就座。在上座空间的背后，是牧民家庭主要的财产，如雕刻花纹的木箱，木箱上叠放的被褥、刺绣的靠枕，以及挂在高处的壁毯、祖先画像等。木箱在蒙古语和哈萨克语中都被称为"abdyr"，并且分为木雕、骨雕、皮革印花以及镶嵌了银、铜、松石等各种类型。这些箱子不仅可以收纳衣服、首饰、伴手礼等用品，在牧民传统的婚礼中，箱子也作为最重要的陪嫁物品之一。

五是垂帘后的空间。这个空间与上座空间是相连的，主要以悬挂在毡房撑杆上的高约2米、宽1.5米左右的手工绣花垂帘为主，通常都是白色的，上有绣花、吊穗等点缀。垂帘后的空间白天可以悬挂衣服，晚上睡觉时可以将其放下来，起到遮挡的作用。在毡房有限的空间内，这个垂帘将年轻的男女主人或新婚的孙辈夫妻就寝的区域，与长辈进行巧妙地分离。

六是灶火空间。介于毡房左侧一女性空间和起居空间的中间处，是具有厨房功能的空间。这个空间通常只由一个连着长烟囱的火炉构成，烟囱连接了立于毡房地上的火灶和毡房围毡外的空间。游牧民族的灶火空间因敬拜火神而具有神圣的意义。因此，对于蒙古族传统来说，浇灭别人家的灶火意味着对这个家庭莫大的诅咒或灭顶之灾，是极其不吉利的。哈萨克语中也有句谚语"即使失去了伴侣，也别放弃家里的灶火"，说明灶火对于牧民有着十分重要的意义。在以往的游牧生活中，迁徙到新的住处，附近的邻居会送火种来，这种"送火"仪式在蒙古族生活里延续至今，与汉族乔迁新居时邀请亲友"暖房"或"开火"意义相似。因此，围绕毡房中的炉灶而坐，对开展重要的家庭讨论和对外谈判具有特殊意义。在哈萨克族的婚礼中，有一个"祭火"的仪式（otgakirgizu），即在将新娘接入夫家时，从炉火中取出一些火炭，让新娘祭献黄油等物，仪式完成后夫家长者对新娘说"从此以后你就是这个家庭的成员"的欢迎词，这种仪式存在于部分地区的蒙古族婚礼传统中。

与此同时，因为在传统的游牧过程中，迁徙的距离较远且没有现代交通工具的辅助，牧民常常在迁徙的过程中风餐露宿，因此，一些简便快捷的生活用具是很重要的，如易于搭建的三角毡帐（蒙古语为"zholym"，哈萨克语为"kos"），可以随地支起来烧水的吊锅（由三根木棍及一根吊链构成）、三脚圆形铁架（蒙古语为"tulyg"，哈萨克语为"oshak"），以及用来装干粮的褡裢等。

可以看出，作为同属游牧文化的民族，伊犁河谷的蒙古族与哈萨克族在毡房空间布局与功能利用方面呈现出高度一致性。在一些生活用品与器具的使用上，存在"相互借用"的情况，也会区分"你的"和"我的"，甚至"争夺"其归属。这恰恰说明，在漫长的历史长河中，蒙古族与哈萨克族在同一片草原上互嵌共居，在交往交流中出现了文化互嵌。

（二）定居房内部空间

如前文所述，当代牧民生活的传统游牧空间逐渐被定居村落空间所代替。牧民的定居过程并不仅仅是牧民物理空间的转变，更重要的是物理空间转变背后牧民面对差异化的自然环境、社会生活环境的认知与行为重构。正如列斐伏尔在《空间的生产》中指出的，空间不仅仅是社会关系演变的静态或固定的容器，是一个动态的生产和再生产的过程，也是一个社会关系重组与社会秩序实践性的建构过程，在这一过程中，不同的社会空间往往相互重叠、彼此渗透。

由于牧民四季迁徙的生活状态，在过去只有冬季牧场属于定居房——通常是土木结构的几间房（toshala），包括火房、客房和库房。随着砖瓦结构、混凝土结构的房屋（bashin）替代土房，甚至有牧民建起了二层别墅房，但房屋内部的格局安排基本是没有太大变化的。这里主要以当前牧民住宅中最常见的定居房为例，且选取与其他地区的蒙古族有着显著区别的伊犁河谷蒙古族住宅进行分析，以展示具有地方特色的互嵌共居。

伊犁河谷的蒙古族家庭装修，与当地的哈萨克族、维吾尔族一样，其主要特征体现在满屋的"大炕"及其相关装饰上。正如炕在毡房空间内的作用，其在牧民定居房或农民住房中也占据着重要的位置，会出现在"火房"（即起居房），也会出现在所有的客房中。

一是火房空间。火房是牧民家庭最常用的空间，是"方型化"的毡房空间，通常位于靠近宅院的大门处。火房兼具了厨房和起居房的功能。进门后是"洗手区"，通常为一个洗手壶、一个接水盆、毛巾与毛巾架，后来出现了一种带盛水器、水龙头、毛巾架的洗手器，解放了牧民的双手。接下来是灶火空间，在出现现代住房的厨房与集中采暖之前，牧民定居房依然需要一个火炉与连通房外的烟囱构成的灶火空间，炉灶形状、大小、材质各异，但功能是一致的：煮饭与取暖。牧民每日起床、外出归来或家中来客人后的第一件事情就是醒火、烧茶。挨着灶火空间的就是占据房间大部分空间的大炕。伊犁河谷少数民族的炕与东北火炕不同，是用木板和木桩搭建而成的，这样的结构在潮湿的草地上有通风、隔潮的作用。这种炕在白天是厨房、客厅，晚上是卧室，炕下方的空间也能够储物。在准备做饭时，炕上铺开能够折叠收纳的正方形"delekts"（蒙古语，意为"摊开的"，是一种用白色纱布作内衬的较厚的布料餐垫），就可以代替面板制作面条、馕饼等面食。在作为客厅时，炕上的空间又可以分为上座、餐桌、左侧女性空间与右侧男性空间：正中央是长方形的矮脚炕上餐桌，或只是一张铺在炕上的桌布（伊犁河谷少数民族都称之为 dastarkhan，亦有宴席之意），上面均匀摆满各类食品；左侧是家庭女主人的"工作区"，摆放烧水壶、茶碗、牛奶、盐、茶叶等，女主人负责为家庭成员或客人倒茶盛饭；南侧即靠近炕沿的位置，通常由年轻的男主人盘腿而坐，方便从女主人手中接过茶碗或饭菜递给在座的客人，也会单膝跪坐在餐桌前，将盛放在大盘中的肉类削成片状，以供客人享用；餐桌的上座延续了毡房的空间礼仪，由长老和贵客就座，并以此为中心，按照年龄或辈分，往右侧和左侧发散开来。值得一提的是，在这种座位的安排中，年龄不是唯一的排序标准，辈分更重要。此外，儿媳妇不宜坐上座，但女儿通常可以，儿童可以随意安排座位。在上座就座的人出入的时候需要从其他座位的后侧穿行，以示尊重。所有这些延续的都是毡房空间的布局。

二是客房空间。区别于火房，客房通常注重的是美观，虽也有灶火空间，但客房的灶火通常不会用来制作饭菜，只用来烧水。不只牧民，对所有伊犁河谷的少数民族来说，客房都是非常重要的场所，会用尽可能华丽和美观的毡毯、地毯、坐垫、靠垫来装饰。从内部空间来看，客房可以是几乎占满整屋的炕，也可以是 2/3 或 1/2 的面积，炕上同样会有长方形的餐桌，餐桌上用精致的餐具盛放糖果、干果、奶食、面点、蜂蜜、果酱等。以餐桌为中心，是可以供客人就座的长方形坐垫，褥芯是羊毛，选用有着精美图案的丝绸或带有刺绣的布料套制而成。客房的墙角在早期是用 1 米左右高的布料包起来的，随着现代房屋装修风格的流行，精美的木质墙裙已取而代之。此外，擅长刺绣的少数民族会制作一个个精美的方形靠垫，围放在客房的墙角，既美观又能供客人休憩。客房的上座背后通常是叠放在木箱上的被褥，这也是游牧民族利用毡房有限空间的特征体现，在客人用餐完毕后作为餐厅的炕又变成了可以下榻的卧房。这些被褥会用精美的刺绣覆盖，上方是同样精美的刺绣套的枕头。

当然，城镇化、定居化极大地改变了如今的蒙古族、哈萨克族农牧民家庭的内部空间，现代楼房式的格局替代了原来的毡房空间布局。如，厨房与集中供暖的出现、卧室的单独设立，使得原来的大炕失去了部分功能，只保留了宴客的餐桌和客房功能。而客房上座背后空间也出现了现代房屋中的整体收纳柜，两边可以收纳被褥，中间摆放家庭照片等，这也体现了伊犁河谷蒙古族与哈萨克族受到维吾尔族住宅装修风格的影响。

五　小结

本节内容作为具体的案例分析，是空间互嵌理论运用到我国民族互嵌政策中的具体阐释。首先，在伊犁河谷"大杂居"与"小聚居"的空间分布中，充分体现了我国各民族基于自然环境的限制与经济生产方式的分工，已经在漫长的历史长河中实现了居住空间上的民族互嵌。这种互嵌包括各民族人口的分布、不同生产方式的分工与协作。其次，笔者分别以伊犁河谷典型的定居村落与城市社区为例，分析国家政策与城镇化、现代化的变革所带来的空间互嵌形式与内涵的变化——由传统的"大杂居、小聚居"转变为不再依赖于血缘，而是依赖于一种新型的文化共同体。最后，以哈萨克族、蒙古族牧民住宅的内部空间，尤其是作为传统游牧业基本的生存空间，与集合了传统与现代元素的定居空间为例。这种空间互嵌不仅体现着伊犁河谷牧民在现代化变迁中发生的变化，也集合了不同民族文化的互嵌。

第三节　在历史长河中共同缔造的家园

从漫长的历史长河来看，民族交往交流交融是我国民族关系发展的主流，是各民族发展的历史自然状态。各民族在互嵌的历史进程中得以发展，得以凝聚，从而形成了今天多元一体的中华民族。本节将运用历史视角，从伊犁河谷史前时代、西汉时期西域与中原正式建立官方往来之后两个阶段的民族迁徙与融合，以及西汉以来曾出现在伊犁河谷历史舞台上的游牧民族历史、清代以来伊犁河谷具有代表性的几个迁徙民族的历史作用四个方面，简要阐述伊犁河谷多民族交往交流交融的情况。

一　伊犁河谷史前时代的民族迁徙与融合

（一）基于伊犁河谷出土的古代遗址

在现有的文献中，对于旧石器时代新疆地区的人群与文化没有确切记载，直到新石器时代，农业和畜牧业生产方式的出现，代替了过去只能被动依赖大自然赏赐的局面。这一时代的文化以细石器、彩陶与大型磨制石器为主要特征，通常被认为是在公元前 8000 年至公元前 2000 年间。新疆有一些遗址的采集物或可以推测为新石器时代，但出土的位置都在东天山及新疆以南地区。关于天山以北的伊犁河谷地区的早期文化，最早可追溯至铜石并用时代（距今 5000–4500 年前）。根据考古学者的研究，可以从已发现的阿凡纳谢沃类型墓葬遗存，推测铜石并用时代天山北部地区文化主要受欧亚草原西部人群的影响，天山以南南部小河墓地的人群是欧罗巴人种和蒙古人种的混合类型，新疆东天山地区受河西走廊的影响，主要以蒙古人种为主。关于青铜时代（距今 4500–3000 年）的文化，阿尔泰地区出土了切木尔切克石人及石棺墓群（切木尔切克文化距今 4000 年左右），玛纳斯河流域的石河子墓群新发现了 3600 年前的安德罗诺沃文化墓葬 31 座。到了青铜时代晚期（距今 3400–3000 年），伊犁河谷吉仁台沟口文化、焉不拉克文化早期、苏贝希文化早期等显示出，新疆人群构成更加复杂，在原有的基础上，大量受到蒙古人种的影响。① 这个时期新疆地区的出土文化最显著的特点是依然以石器作为生产工具，出土的青铜器是小件工具和装饰品。可以推测，青铜时代新疆地区的农业生产已成为主要的经济形态，而在少数墓葬中发现的马、羊骨和皮革等物，可以说明畜牧经济作为辅助经济而存在。

约在公元前 2500 年，新疆步入了青铜文明阶段。公元前 1000 年左右，新疆进入了铁器时代。在其漫长的时期，新疆文化面貌的变迁与两次人群大规模迁徙密切相关：一次是公元前 2000 年内陆欧亚东西部人群的相向迁徙，另一次是亚欧游牧人群的大迁徙。两次大迁徙促进了东西方文明的交流，也影响了新疆的史前文化面貌。尤其在青铜时代晚期，以巴里坤海子沿遗址、尼勒克吉仁台沟口遗址为代表的遗存表明，人群的迁徙与交流更加频繁；甘青地区新石器时代繁盛的彩陶文化广泛传播，影响至天山南北两麓，大型聚落形态逐渐完善；东亚起源的黍、粟等农作物与西亚地区起源的大小麦等禾本作物在新疆多个遗址中有所发现；高等级墓葬开始出现，反映了那个时期社会结构的逐渐复杂化。进入铁器时代后，秦国的崛起与统一历史进程的发展，引发了东亚游牧人群的逐渐西迁，此过程一直持续至公元 2 世纪左右匈奴的西迁。原居住于蒙古高原与甘青地区的游牧人群大量进入，使新疆文化面貌受甘青地区的影响进一步扩大，与中原地区的联系更为密切，同时逐渐形成了游牧与绿洲定居农业交错并存的格局。

伊犁河谷地区从这个时代开始，也发现了大量古代遗址，如新源县的铁木里克、巩乃斯种羊场、黑山头墓葬，特克斯县的一牧场墓葬、索敦布拉克墓葬，尼勒克县的奴拉赛山和圆头山铜矿开采冶炼遗址、哈拉图拜墓葬，昭苏县的夏塔、波马和萨尔霍布墓葬。这些墓葬的随葬品有陶器、铜器和铁器及牛羊骨。可以说，进入铁器时代后，伊犁河谷的人类活动已经相当活跃，在墓葬中发现的大量马牛羊骨和皮革、毛织物以及与畜牧业经济有关的小铜刀、小铁刀、魔石、铜马衔等用具，也说明畜牧业经济已经有了很大的发展，或许已经形成了半农半牧的混合经济

① 那嘎·特尔巴依尔：《新疆北部铜石并用至青铜时代早期考古学文化的交流与融合》，《中华民族共同体研究》2023 年第 6 期。

形态。尤其在天山北麓的大部分区域，只见与畜牧业经济相关的小工具，不见农业，说明北疆的主要经济形态是畜牧业。由此可见，基于新疆自然资源的限制，北疆宜于发展畜牧业而南疆适合农业的经济形态格局，早在距今约 3000 年前就已经形成了。

关于铁器时代以前新疆地区的族属问题，谈论最多的是塞种人文化、乌孙文化和姑师文化。前文提到的新源县铁木里克墓葬、黑山头墓葬、特克斯县一牧场墓葬、索敦布拉克墓葬都被认为是塞种人墓葬，因此也推测出今天的伊犁河谷曾经是塞种人活动的地域。而昭苏县的夏塔墓葬、波马墓葬、萨尔霍布墓葬以及尼勒克县的哈拉图拜墓葬等土墩墓文化被认为是乌孙文化，当然，乌孙人出现的年代已到了公元前后。实际上，乌孙人、匈奴人都是和新疆地区史前时期文化一脉相承的，只不过分属于蒙古人种与欧罗巴人种混合的不同阶段。

总而言之，新疆北部及周边地区自石器时代开始就与欧亚草原东西方有着紧密的联系和文化交流，铜石并用时代至青铜时代早期，新疆北部地区主要受到了来自欧亚草原西部地区人群和文化的影响，随着欧亚草原西部人群的不断迁入，不同地区的人群和文化在不同时空范畴中交流、传播和演变。

（二）从亚欧大陆东西两侧人群迁徙的视角

亚欧大陆也称欧亚大陆，是亚洲大陆和欧洲大陆的合称。欧亚大陆古代东西方之间的交流主要通过三套平行而又互动的交通网络进行：游牧民族参与的草原丝绸之路、绿洲城郭支撑的绿洲丝绸之路和海港联结的海上丝绸之路。其中，开辟最早、人群迁徙最多、对文明变局推动最大的是穿越欧亚草原的草原丝绸之路。如上文中对新疆地区的古人群进行分析时所言，从体质人类学分类来看，新疆地区的居民主要包含蒙古人种和欧罗巴人种两大类型。在漫长的人类历史长河中，欧亚大陆东西两侧人群不断地迁徙，尤其在几乎没有交通阻碍的欧亚草原上，仿佛一个巨大的天然走廊，众多民族得以在这里交往交流交融。

随着欧亚草原早期人群的迁徙，不同地区的人群和文化在不同时空范畴中交流、传播和演变。与此同时，这些人群在迁徙中实现自身快速发展的同时，也对周边文化进行了反向的输出：欧亚草原上人群的迁徙大致分为四个时期。从人类经济形态来说，以采集狩猎为主的旧石器时代，人群的流动主要是自西向东；以畜牧业和少量农业生产的青铜时代仍然保持自西向东的迁徙方向；以游牧为主的整个铁器时代则完全转变为自东向西；到了工业时代则又转变为以自西向东为主。①

如前文所述，欧亚草原旧石器时代的人类活动相对模糊。从现有的一些考古发现来看：东天山北麓吉木萨尔县小西沟遗址发现了距今十万年前的石器，显示了东部地区人群沿北线向西开拓的历史；对北京周口店田园洞人基因的研究，显示了 4 万年前东亚人与欧洲和美洲的关系；新疆阿勒泰地区吉木乃县通天洞遗址出土的 4.5 万年前的刮削器、勒瓦娄哇石核与石片，与旧大陆西侧同类型莫斯特文化石制品风格一致，这和内蒙古锡林郭勒盟东乌珠穆沁旗金斯太遗址的发现一起显示了早期人类通过欧亚大陆北线向东迁徙的线索。尤其以位于天山北麓的通天洞遗址为例，研究者们认为，随着西亚伊朗早期农业人群的扩散，普通小麦和青稞在距今 5500 年前后传播至中亚西天山的山麓地带，然后由中亚早期农牧人群经西天山北上带入阿尔泰地区，在 5200 年前形成通天洞遗址的普通小麦与青稞农业。随后，这些从事简单粮食生产的人群将这两种作物继续向外传播，一路向东，通过欧亚草原带将西亚作物传播到河西走廊及青藏高原北部地区，再到黄河流域，一路则继续向北传播至西伯利亚草原区。②

从铜石并用时代到青铜时代，考古资料证明古代东西方的人群通过欧亚草原迁徙和交流达到了一个小高潮，大致有三波直接来自欧亚草原，或者间接来自两河流域、古埃及、古印度和阿姆河文明的驯化物种、技术和器物的传播：第一波是在公元前 3300 年至前 2300 年，黄牛、绵羊和小麦通过欧亚草原传入现代中国范围；第二波是在公元前 2200 年至前 1300 年，驯化马、板轮车、海贝、青铜冶炼术、铁器和一些短剑、刀具、铜镜等青铜器，以及一些习俗，如屈肢葬、火葬墓、封堆墓等传入；第三波是公元前 1300 年至前 1000 年，传入中原腹地的是商代中、晚期的轮辐式双轮战车、印章等。

---

① 《欧亚草原的人群迁徙与文明变局》，中国社会科学网，https：//www.cssn.cn/kgxc/kgxc_kgxl/202208/t20220825_5481749.shtml。

② 《小麦青稞何时传入中国？最新研究定格距今 5200 年》，中国新闻网，https：//www.chinanews.com.cn/m/sh/2020/03-12/9122825.shtml。

在今天的新疆地区发现的关于欧亚草原早期人群迁徙相关的文化遗存基本位于阿尔泰山脉附近的新疆北部地区。公元前 4000 年末分布在东欧平原的颜那亚文化共同体的部分人群向东迁徙至阿尔泰山，产生了阿凡纳谢沃文化，之后部分人群向南进入中国新疆北部或向东北进入米努辛斯克盆地。向南进入新疆北部地区的阿凡纳谢沃人群，主要分布在今天的新疆阿尔泰西北、塔尔巴哈台山至伊犁河流域，该人群与当地早期居民持续融合直至公元前 3000 年中期。此后，又有一波欧亚草原西部人群迁徙至阿尔泰山，与阿尔泰山不同区域的原住民融合产生了耶鲁尼诺文化、喀拉库勒文化、切木尔切克文化和奥库涅夫文化。其中，进入新疆北部阿尔泰山地区的一组西部人群与新疆北部地区的阿凡纳谢沃人群融合产生了切木尔切克文化早期类型。该文化早期人群分布在新疆阿尔泰地区沿额尔齐斯河两岸山前地带，之后沿阿尔泰山向东南进入蒙古国科布多省、戈壁阿尔泰省以及东天山北部奇台地区，可能直接参与了天山北路文化的形成，同时切木尔切克文化的冶金技术传播到了东天山地区并继续向东传播。①

从公元前 900 年至前 800 年，欧亚草原游牧人群的大规模西迁开始，一直到元代，欧亚草原人群迁徙的大势和方向转变为从东向西为主。铁器时代带来了第四波欧亚草原东西方的文化交流。在这个时期，西方传入东方的重要文化元素包括黄金和白银等贵金属加工技术、动物纹饰艺术、冶铁术与玻璃制造工艺、列瓣纹银盒等特色器物，以及胡服骑射等军事技术；与此同时，中国向西方输出的代表性文化涵盖金属头盔与铜鍑等青铜器、龙虎图腾及其象征体系、丝绸与铜镜以及漆器制作工艺等独特技术。随着交通技术的发展，公元前 2 世纪前后，传统的草原丝绸之路逐渐式微，经由中亚绿洲的丝绸之路与海上丝绸之路兴起，这一交通路线的转变标志着欧亚大陆文化交流进入新阶段。在此之后，关于欧亚大陆上民族的迁徙与融合，尤其到了工业革命之后，沙俄与欧洲列强的势力东扩，扭转了欧亚大陆众多近代民族的迁徙与融合，对此，学界已有相当完备的文献记载，笔者也将在下文具体案例中进行分析，在此

---

① 那嘎·特尔巴依尔：《新疆北部铜石并用至青铜时代早期考古学文化的交流与融合》，《中华民族共同体研究》2023 年第 6 期。

不再赘述。

总而言之，在辽阔的欧亚草原上，人群流动，文明东去西来。欧亚大陆东西方多项重大的驯化物种、技术、产品和思想通过草原得以传播，这些马背上的民族也在历史的长河中留下了深深的印记。对我国而言，草原民族的迁徙促进了农耕与游牧两种不同的经济生产方式，数千年来在"长城内外"的相互博弈又相互促进，而正是这种多种文明的冲突、交流、融合，造就了中华文明。

二　西域与中原官方交往中的伊犁河谷民族迁徙与融合

西域自古以来就是多民族聚居的地方，也是中西文化交往的枢纽。考古证据虽表明西域地区早在史前时期就与东西方文明保持着密切的文化互动，但系统的文献记载始见于汉代张骞通西域的官方记录。因此，就官方记录而言，伊犁河谷早期族属可确切追溯至乌孙时期，这一历史认知也构成了今天的伊犁河谷历史叙事框架。

乌孙人包括后来与汉朝建立联姻的乌孙国，其主要活动地域就是今天的伊犁河谷。乌孙原来是游牧于今哈密附近的一个小部落，公元前177年或前176年，匈奴进攻月氏时，向西溃逃的月氏人冲击乌孙的故地，杀死了乌孙昆莫王难兜靡，乌孙余众带着难兜靡之子猎骄靡投奔匈奴，冒顿单于收养了猎骄靡。猎骄靡成年后，匈奴人让他镇守故地。约公元前130年，乌孙受匈奴指使远征大月氏，取得胜利后，占领了伊犁河、楚河流域，并逐渐向东扩张成为西域大国后，"不肯复朝事匈奴"。① 但即使如此，这个时期匈奴仍然控制着天山南北的区域。

鉴于匈奴对西汉的严重威胁，西汉先后以和亲、屯田筑城、入粟边塞者得以拜爵的政策应付之。到汉武帝即位后，国力足以反击匈奴时，汉朝打算联合大月氏从东西两面夹击匈奴，因此招募能够穿越匈奴领地前往伊犁河、楚河流域的大月氏进行联络的使节。张骞应募，并于公元前139年率领百余人从陇西出发，前往大月氏国。在西征途中，张骞被匈奴抓获，直到公元前129年才得以脱身继续西行。但这时大月氏已被乌孙人逐出伊犁河、楚河流域，西至土地肥沃的阿姆河流域领土，安居乐业

---

① 余太山主编《西域通史》，中州古籍出版社，2003，第49页。

无心再征伐匈奴。因此，张骞次年返程。

张骞第一次出使西域耗时十余年，并非无功而返，他回到汉朝后将西域诸国分为"行国"与"土著"，即游牧部族与农耕政权。他的记录对公元前的西域及中亚历史书写功不可没。在接下来的十年间，匈奴在汉朝连年攻打中节节败退，汉朝势力首次进入西域，张骞也在公元前116年受汉武帝派遣再次率领庞大使团出使西域。张骞第二次出使西域虽仍未能促成乌孙与汉朝联合攻打匈奴，却成功开启了双方以和亲为纽带的战略联盟关系。这一系列政治联姻始于公元前108年江都公主刘细君下嫁乌孙昆莫猎骄靡，其后，解忧公主于公元前105年嫁与军须靡，并在其死后依乌孙收继婚俗转嫁新任昆莫翁归靡。解忧公主在乌孙政坛影响力的持续提升，直接促使其侄女刘相夫被选定为翁归靡长子元贵靡的和亲公主。只是在汉朝使团途中得知翁归靡死后继位者非元贵靡时，才立即中止了和亲进程。直至元贵靡最终获得"大昆弥"地位，乌孙才正式确立为汉帝国属国。

公元前60年，经过数十次战争，匈奴势力从此退出西域，汉朝通过设立西域都护府，开始了对西域的统治。西汉与西域的经济交往，主要通过屯田的形式，将内地先进的水利工程、灌溉系统、冶铁技术等生产技术引入西域。除了农业之外，还将丝绸等纺织品手工业技术传入西域。而西域的汗血宝马、葡萄、苜蓿、动物毛皮等传入中原，深受内地人民喜爱。据《史记》、《汉书》等文献记载，早在张骞出使西域之后，丝绸之路便连通了中原与西域的经济和文化，将中原的桃、李、杏、姜、茶等物产传到了西域地区；中原传统烧烤技术中的一种啖炙法传到西域，最终形成了备受当地各民族喜爱的烤羊肉串；小麦种植以及蒸、煮等面食烹饪技术传到西域后，新疆及中亚各民族最为喜爱的拉条子、馕、包子、饺子等食物也相继诞生。

总而言之，汉武帝时代张骞正式开创了中原与西域的大规模交往。隋炀帝时期开始全面向西域发展，开辟了通往西域的三条交通路线，并令人在此基础上撰写了《西域图记》，这是我国古代有关中西交通的重要文献。在这数百年间，西域的政治舞台虽仍由各游牧部落主宰，但西域与中原王朝建立了政治、经济、文化诸多方面的密切联系，也不同程度地改变了西域的政治格局。可见，在西域的政治史上，中原王朝扮演了十分重要的角色。

三　伊犁河谷历史上游牧民族的迁徙与融合

在系统考察欧亚草原东西部族群迁徙融合的宏观进程，以及中原与西域交流互动的具体史实后，需要聚焦伊犁河谷主要游牧民族的迁徙与融合，对其进行专门探讨。根据汉代以降的确切文献记载，新疆地区的民族分布格局可概括为：天山以北是以塞种人为代表的游牧"行国"，他们逐水草而居，流动迁徙；天山以南则是吐火罗人、羌人等农耕民族，依托绿洲建立定居群落。随着汉代西域都护府的设立，中原民族逐渐成为新疆多民族格局的重要组成部分。至公元 4~5 世纪，来自欧亚草原北部与东北部的鲜卑、回纥、契丹、蒙古等族群相继进入西域，与当地居民通过和平交往或军事冲突等多种形式持续互动融合。这种历时性的民族交融过程，不仅塑造了伊犁河谷独特的文化面貌，更直接促成了新疆现代民族的形成与发展。

本书将重点分析前文所述的塞种、匈奴、月氏之后伊犁河流域陆续出现的柔然、突厥、蒙古等游牧势力及其在冲突中的此消彼长、相互融合的过程。

柔然是继匈奴、鲜卑之后在蒙古草原上崛起的强大的游牧政权。柔然最鼎盛时期是在公元 410~425 年，其势遍及大漠南北：北达贝加尔湖畔，南抵阴山北麓，东北到大兴安岭，与地豆于相接，东南与西拉木伦河的库莫奚及契丹为邻，西边远及准噶尔盆地和伊犁河流域，并曾进入塔里木盆地，使天山南麓诸国服属。在柔然发展的过程中，除了其众多部落姓氏之外，还融合了鲜卑、匈奴，以及一些汉人的姓氏，对西域民族融合起到了重要作用。425 年之后，柔然在与拓跋氏鲜卑建立的北魏数十年的战争中，逐渐衰落，直至 552 年，阿尔泰山一带的突厥部落首领联合高车，彻底覆灭了柔然。柔然余众部分西迁，部分融合于突厥、契丹部落以及北魏边境人群或鲜卑军民之中。

柔然退出西域历史舞台之时，中原北方分裂的诸政权忙于内争，无暇顾及西域。自此，突厥游牧部族开始建立起空前强大的政权，建立了横跨大漠、西域、中亚的超级大帝国。突厥汗国在扩张统治权的过程中，分裂为东突厥与西突厥，西突厥长期控制西域，对西域历史产生了深远的影响。到唐朝，东突厥降为唐属国，西突厥占领准噶尔盆地，长期生活在伊犁河流域一带，建立了突骑施汗国，称霸西域直至 8 世纪中期。最终唐朝政权取得了对伊犁河流域至伊塞克湖地区的统治。

唐朝初期，还有兴起于蒙古高原北部额尔浑河流域的回纥人于 744 年建立的一个回纥汗国（788 年改为回鹘汗国）。回纥汗国曾在 755 年唐朝发生安史之乱时出兵助唐平叛，国力强盛，势力一度扩张至中亚。840年，回鹘汗国被黠戛斯击溃瓦解后分三路西迁，标志着新一轮民族迁徙与西北各民族融合的浪潮。其中，接近三分之一的部众进入七河地区，降服占有楚河流域西突厥故地的葛逻禄人，并在 10 世纪建立喀喇汗王朝后，从七河流域地区逐渐扩张归并伊犁河谷及南疆喀什噶尔地区，开辟了中亚地区的突厥化与伊斯兰化；第二支西迁的回鹘迁往吐鲁番盆地，建立高昌王国，其所辖东抵哈密、西至库车、南达于阗、北越天山。据文献记载，高昌国王阿萨兰汗"冬住高昌，夏居北庭"，将南疆先进的农业技术带到了北疆，为伊犁河谷的农业发展（尤其是五谷、棉花、葡萄等瓜果的种植）发挥了重要作用。此外，高昌回鹘王国在建立之初，佛教流行，至今在吐鲁番地区仍可找到大量佛教石窟遗迹，而高昌回鹘原本是信仰萨满教、摩尼教的，后景教又传入，加之当地突厥人信仰的祆教，如此多元化的宗教以及汉人与"胡人"激烈的文化碰撞，都为今天精彩纷呈的新疆多民族文化提供了重要例证。

随着突厥汗国的衰亡，游牧民族政权对西域的统治暂时结束了，伴随的是唐朝的势力从东部发展而来。唐朝对西域的经营从 640 年唐太宗出兵高昌开始，到 790 年安西都护府陷落结束。在这一个半世纪里，唐朝对西域的经营实现了古丝绸之路的鼎盛时代。天山北部的游牧民族与天山南部的绿洲农耕地区保持着密切的贸易关系，也不乏佛教僧人取经求法的活动，他们对促进丝绸之路交通的繁荣起到了重要作用，唐玄奘就通过今天的伊犁河谷昭苏县夏塔古道前往南疆。总而言之，强盛统一的唐朝为西域经济的发展提供了安定的社会环境和先进的制度借鉴，也极大地促进了中原与西域之间的物质文化交流。如在天山以北地区出土的印着牛、马、羊的唐代彩陶以及吐鲁番地区发现的唐代麻布，以及唐朝将西域的畜产、植物及棉花、羊毛制品输入内地，不仅刺激了西域的经济生产，也为内地人民的生活增添了新内容，促进了西域与内地的共同发展。

10 世纪初，又一个北方游牧民族契丹在我国北部建立了称霸亚洲东部长达 2 个世纪的草原王朝——辽。契丹王朝的影响极其深远，以致在今天的新疆少数民族语言及俄语中，汉族（或中国）译为 "kitai"，即契丹。公元 1125 年，金灭辽。辽国贵族耶律大石一路向西，经历长达数十年的西征，在伊犁河流域修筑城池，建立国家，并于 1132 年登基称帝，史称 "西辽"，又称 "喀拉契丹"。在北方游牧民族中，契丹是受汉文化影响较深的一支，西辽王朝的创建者耶律大石更是一位汉文化修养很高的契丹贵族，他通过辽朝的科举制度考中进士。在西辽时期，耶律大石把当时最先进的汉文化推行到自己新建的国家，促进了西域社会经济文化的发展。据《长春真人西游记》记载，伊犁河谷地区 "土人惟以瓶取水，戴而贵。及见中原汲器，喜曰：'桃花石诸事皆巧。'桃花石，谓汉人也"。关于阿力麻里的记载还有 "回纥与汉民杂居，其俗渐染，颇似中国"。① 西辽时期汉文化对西域的影响是汉代、唐代之后汉文化向西域传播的又一个新高峰。

契丹人之后，成吉思汗及其子孙率领的蒙古铁骑横扫了整个欧亚大陆，因此 12~14 世纪的亚洲历史亦称为蒙古帝国时代。在这个时代，被成吉思汗打败后向西逃跑的乃蛮部、克烈部以及操蒙古语的蔑儿乞部、塔塔部落西迁，与突厥部落融合。在蒙古帝国扩张过程中，成吉思汗及其后继者通过六次大规模西征，征调大批女真人、契丹人、汉人、畏兀儿人和西夏人随军西迁。这些移民不仅参与军事行动，更在中亚地区从事农耕生产、城镇管理和手工业生产，与当地民族深度融合，促进了语言、宗教等多方面的文化交流，重塑了中亚的人口结构。这批移民的后裔在波斯文献中被统称为 "契丹—突厥人"。

其中，成吉思汗及其四子在 1219 年西征花剌子模诸城，长子术赤进攻忽阐河（今哈萨克斯坦锡尔河）后转入咸海，察合台、窝阔台围攻讹答剌城（今哈萨克斯坦奥特拉尔市）后继续进攻玉龙杰赤（今乌兹别克斯坦科尼亚乌尔根奇），成吉思汗与其幼子拖雷攻入阿姆河以北地区，攻下花剌子模新都今撒马尔罕和萨曼王朝旧都今布哈拉，并继续攻往印度

---

① 赵东旭：《长春真人西行所见 13 世纪初期的丝绸之路》，《新西部》2002 年第 9 期。

河畔。这次西征将蒙古帝国的版图扩大到了西域地区，包括今天的中亚。随着帝国版图的继续扩大，成吉思汗进行了新的封地，便有了"察合台得到的土地，从畏兀儿之变伸展到撒麻尔干和不花剌，其居地在阿力麻里附近的虎牙思"①之记载。此次西征结束后，察合台奉命留在西域，逐渐在西域形成了势力，为后来察合台汗国的强盛力量奠定了基础。据《长春真人西游记》记载，1220年丘处机西行至今赛里木湖一带曾见到察合台西征时建造的桥，"二太子于阴山（今天山）修道架桥"，"始凿石理道，刊木为四十八桥，桥可并车"；而对于那时阿力麻里城的民族文化，丘处机描述为"有关曰帖木儿忏察，守关者皆汉民"，在阿力麻里城中，"回纥与汉民杂居"，"其南的赤木儿城中，居民多为并州、汾州居民"。②与此同时，察合台汗国最大的特征是与西域的畏兀儿人和伊斯兰教文化相融合。如，蒙古统治者在保持畏兀儿人原有社会制度基本不变的情况下，禁止其原有的与蒙古法相抵触的习惯法，但也受到上述高昌畏兀儿人的语言文字多元、宗教多元的影响，察合台文就是结合了阿拉伯文、波斯文、突厥文的西域地区创新文字。此外，术赤、拔都都曾在阿力麻里居住并与当地哈剌鲁（即葛逻禄，可能为今天的柯尔克孜族先民）部落联姻，蒙古统治阶级也在较晚时期纷纷皈依伊斯兰教（在前文"互嵌共居"的部分，笔者已对察合台汗国之后的东察合台汗国时期成吉思汗第七世孙秃黑鲁帖木儿汗与成吉思汗第十一世孙速檀·歪思汗位于伊宁县的麻扎进行了分析），这些都在很大程度上促进了伊犁河谷较深层次的民族交融。

进入我国历史上最后一个封建王朝清朝后，及至近代史的开端时期，中央政府通过统一蒙古诸部、将新疆和西藏纳入版图等一系列举措，进一步巩固和发展了统一的多民族国家格局。这一时期，女真和准噶尔蒙古作为两个强大的游牧势力登上历史舞台。

12世纪初，金太祖完颜阿骨打统一女真各部，在今东北地区建立金朝。金朝灭辽、灭北宋后，占领中原地区，迁都燕京，逐渐与汉族融合。到元、明时期，女真各部逐渐四分五裂"各自雄长，不相归一"。直到

---

① 〔伊朗〕志费尼：《世界征服者史》，商务印书馆，2017，第301页。
② 余太山主编《西域通史》，中州古籍出版社，2003，第349页。

1589 年，明朝都督努尔哈赤开始暗中称雄，逐渐统一女真诸部，他创建的八旗制度和满文，为之后建立后金及迅速统一全国奠定了基础。

清朝初期，漠西蒙古建立了准噶尔汗国，不断在西域扩张，兼并了东察合台分裂出的叶尔羌汗国、吐鲁番汗国等。准噶尔蒙古人的先祖为蒙古斡亦剌忒部（oyirat），在明朝文献中记载为瓦剌。瓦剌自明代中期逐步西迁，明代末年形成卫拉特四部——准噶尔部、杜尔布特部、和硕特部、土尔扈特部，在清代史籍中统称为厄鲁特、额鲁特或卫拉特。其中，准噶尔部主要以伊犁河流域为活动中心。随着 17 世纪 20 年代，准噶尔部日渐崛起，逐渐统一其他各部。1640 年，准噶尔首领巴图尔珲台吉在天山北麓的塔尔巴哈台召集卫拉特各部会盟，共同制定了著名的《卫拉特法典》，标志着准噶尔部在卫拉特联盟中确立了领导地位，也促进了西域游牧社会的内部关系得到法律规范，为准噶尔汗国的建立奠定了制度基础。在此后的半个世纪里，准噶尔汗国在其首领噶尔丹的带领下开始征战西边的哈萨克草原及东北部的喀尔喀蒙古，策妄阿拉坦即位后发动了对西藏的远征，巴图尔珲台吉和僧哥领导了反对沙皇俄国维护民族独立的斗争，其疆域得到迅猛扩张，建立了西域近代史上最为强大的汗国。据文献记载，准噶尔部曾向俄国表明"吉尔吉斯人是珲台吉的属民"，并率军对俄国的侵扰进行了抗击，揭开了我国西北少数民族抗击俄国入侵斗争的序幕。[1]

准噶尔汗国统治时期，西域经济社会空前繁荣，其天山北麓以畜牧为生的游牧民"饮食其肉，渴饮其酪，寒衣其皮，驰驱资其用，无一事不取给于牲畜"[2]，除了马、驼、牛、羊遍满山谷之外，还饲养从俄国引进的猪、狗、火鸡、鸡等家畜、家禽。[3] 准噶尔部将南疆绿谷地区成熟的农业引入北疆，在和布克赛尔河谷（今塔城地区和布克赛尔蒙古自治县）、额尔齐斯河谷（今阿勒泰地区）、伊犁河谷及乌鲁木齐、昌吉等地区发展农业，其中以伊犁河谷的农业规模最大。在伊犁从事农业的劳动

---

① 余太山主编《西域通史》，中州古籍出版社，2003，第 419 页。

② （清）傅恒等纂修《钦定皇舆西域图志》（卷三十九·风俗一，准噶尔部），清乾隆四十七年（1782）武英殿刻本。

③ 〔苏联〕伊·亚·兹拉特金：《准噶尔汗国史》，马曼丽译，兰州大学出版社，2013，第 182 页。

者主要是准噶尔汗国从南疆迁移而来的畏兀儿人、来自今张家口的察哈尔蒙古人及中原的汉人。对于准噶尔人"迁四城回人至伊犁，令种田"，并将这些从事农耕的畏兀儿人称呼为"塔兰奇"的过程，笔者将在下文进行叙述。

除了畜牧业与农业外，准噶尔汗国充分利用作为战俘的欧洲人发展了皮革与布匹制作、武器与铁制农具的生产。据文献记载，1720 年代被俘获的瑞典军官列特纳就曾帮助准噶尔人改进冶炼和造炮技术；[①] 俄罗斯军官伊万·索治金于 1756~1758 年间，率技术团队协助准噶尔汗达瓦齐在特克斯河流域建立军工作坊，并指导铁矿石冶炼，其人数达"百人"或"数百"。[②]

正是准噶尔汗国以伊犁河流域为中心在西域迅猛扩大的势力，对清朝的统治形成严重威胁。康熙为保边疆，三次亲征漠北，并在 1695 年联合归顺清朝的喀尔喀部，两面夹击，击溃了噶尔丹。乾隆时期，准噶尔部战事再起，从 1755 年开始，乾隆亲自率大军数十万征讨，最终于 1759 年彻底平定了准噶尔部。清朝在 1759 年平定大小和卓叛乱，统一了天山南北之后，清政府便开始将伊犁作为新疆军政中心进行治理，尤其在 1762 年设立伊犁将军、先后建成伊犁九城、陆续调取东北部的满蒙八旗官兵移驻伊犁河谷等重大举措，对伊犁河流域的政治、经济、人口发展起到了非常重大的作用。可以说，今天的伊犁河谷各民族尤其是卫拉特蒙古族的牧场分配、姓氏构成等都与清朝时期的相关政策紧密相关。而实行于伊犁的驻防八旗屯田（以锡伯营屯田成效最为卓著）、编设牧群与设厂放牧、发展官营与私营的商业贸易，则极大地促进了新疆各民族之间、军民之间、农民与牧民之间的交流与融合。

---

① 〔苏联〕伊·亚·兹拉特金：《准噶尔汗国史》，马曼丽译，兰州大学出版社，2013，第 244 页。

② E. A. 别洛夫：《18 世纪俄国与准噶尔国关系史》，莫斯科：科学出版社，1998，第 112-113 页，作者根据《俄中关系档案汇编（18 世纪）》收录的档案分析认为，规模可能达百人以上；《清代方略全书》第 12 册，北京图书馆出版社，2006，第 345 页，提及清军 1757 年攻占特克斯河上游时，发现"夷匠数百，冶铁造械"，其中包含"鄂罗斯匠役数人"。

四　伊犁河谷近代民族的迁徙与融合

到了清代，新疆大量迁入了正式归顺的哈萨克汗国三玉兹民众，以及由清政府有组织地从南疆迁来的畏兀儿屯民与从东北地区西迁而来的满族、锡伯族、达斡尔族官兵。而最后一个跨境而来的民族是民国时期大量迁入新疆伊犁、塔城等地的俄罗斯族。至此，伊犁河谷当前的民族分布格局基本形成。

（一）游牧在"边界"内外的哈萨克族

哈萨克族同样作为欧亚大陆上的游牧民族而广为人知。对哈萨克民族历史的学术研究和公众认知是：15–16 世纪形成的一个整合型民族，其主体政权哈萨克汗国是由成吉思汗长子术赤次子拔都于 1243 年所建的钦察汗国（一般称为金帐汗国）分裂而来。关于哈萨克民族的形成，哈萨克斯坦历史学家别列克特教授认为 14 世纪中叶至 15 世纪中叶是其关键时期。[①] 首先，金帐汗国时期的族群发展是蒙古人钦察化（kipchakization）过程的结束，以及基于钦察部落的新的族群共同体——"乌兹别克"的诞生（到了白帐汗国被称为"游牧乌兹别克"）。他用大量的文献记载证明当时的乌兹别克部落，即"由本土部落、突厥部落和因 13 世纪初的蒙古人征战而来自蒙古地区的蒙古部落，在 14 世纪中叶到 16 世纪初在东土库曼汗国地区形成的斡儿答部"，因其仅包括后来的哈萨克部落而被确定为哈萨克民族的主要来源。关于"乌兹别克"这个名称的由来，历史学家众说纷纭，其中主要的观点认为"乌兹别克"一词源于突厥语，突厥人为了永远保留统治者中最有权威者的名字，会以此来命名部落，因此他们的族称与部落头人同名。[②] 而金帐汗国政治发展的前一百年，可以说由拔都汗统治下简单的国家结构转变为乌兹别克汗统治下的中世纪大国。此后，白帐汗国的瓦解导致斡儿答部分离出来，就此被赋予"哈萨克"民族的含义，并成为具有独立政治结构的哈萨克汗国的族群基础。

对于哈萨克族的名称"Kazakh"及其族源，有若干种解读。其中一

---

① Берекет Бақытжанұлы Кәрібаев.*Алтын Орда дәуірі және қазақ этногенезінің мәселелері*.2020.4.

② Вамбери Г *История Бохары или Трансаксонии с древнейших времен до настоящего* По восточным обнародованным и необнародованным рукописным историческим источникам. Перевод А. И. Павловского.СПб.1873.Т.II.С.1-2.

个是关于白天鹅的传说：有一个牧人在荒漠中迷路了，在饥寒交迫弥留之际，有一只白天鹅（哈萨克语中"kaz"为鹅，"akh"为白色）背着牧人来到一个美丽的湖边，用羽毛沾水喂养牧人，牧人醒来看到这片湖，回想起自己似乎曾在梦里见过这座湖，还有一个美丽的姑娘。白天鹅救活牧人后，真的蜕变成一个美丽的姑娘，并与牧人在此繁衍生息，因此他们的子孙被称为"哈萨克"，而这座湖被认为是巴尔喀什湖。此外，还有一说认为：在 15 世纪中期，锡尔河下游的部分游牧部落脱离了原来金帐汗国的统治，向东逃入东察合台汗国的领地，并获得楚河、塔拉斯河流域的游牧权，这些部落被称为"Kazakh"，意为"避难者"或"脱难者"。

笔者在哈萨克斯坦开展的博士论文田野调查中，对哈萨克民族及哈萨克斯坦国家的历史书写进行了关注，除了以上两种说法之外，亦有许多种解说。但总而言之，哈萨克民族都被形容为命途多舛、历经磨难的民族。尤其在 17 ~ 18 世纪顽强抵御准噶尔汗国的强势入侵，以及 19—20 世纪末开始承受来自沙皇俄国与苏联的统治与巨大影响。在此，对哈萨克斯坦历史中关于准噶尔汗国这个历史上"宿敌"形象的建构进行简要分析。

在关于哈萨克人与准噶尔人之间关系的研究中，哈萨克苏维埃共和国科学院 B. A. 玛伊斯夫撰写的《准噶尔汗国与哈萨克人》[1] 一书基于大量史料，从 15 世纪的卫拉特蒙古人至 18 世纪准噶尔人与哈萨克人之间的关系、战争、相互影响方面进行了客观、详细的分析。书中认为，卫拉特蒙古人从 15 世纪就开始了向西迁徙，从而和中亚的蒙兀儿斯坦、哈萨克部落出现了草场争夺。此外，战争的另一个原因是为了占据丝绸之路的重要关卡。草场的争夺和战争的持续，贯穿了准噶尔汗国从崛起到鼎盛的两个世纪。最终，准噶尔人彻底控制了整个哈萨克草原，还不断地向锡尔河流域地区扩张。直至 1757 年，准噶尔汗国被乾隆所灭。

基于这样的历史，当前哈萨克斯坦民族叙事中关于准噶尔时期的基本框架如下：首先，17 ~ 18 世纪的准噶尔汗国向西扩张，入侵哈萨克汗国；其次，哈萨克人和准噶尔人百年拉锯战争过程中遭受了巨大的伤痛

---

[1]　B. A. Моисеев. *Джунгарское ханство и Казахи(XVII-XVIII BB)*. Алма-Ата: «Гылым». 199.

记忆；最后，阿布赉汗击败准噶尔成为哈萨克汗国最杰出的可汗，是哈萨克人忍辱负重、勇敢反击外族入侵并最终获得胜利的典型代表。经过这样的叙事，尤其通过博物馆展陈、电视媒体、书籍教材的强化宣传，这种思想理所当然地为现代哈萨克人所继承，并深深地烙印在了普通民众心中。

在此，笔者基于在哈萨克斯坦的田野调查，列举哈萨克斯坦民族博物馆中关于准噶尔汗国时期的展览加以说明。

1. 纪念顽强抵抗准噶尔汗国的"巴特尔"

哈萨克斯坦非常注重继承祖先遗产，纪念有杰出贡献的先祖，纪念的方式有以他们的名字命名的大学、街道、公园，在他们的诞辰周年举行纪念活动，等等。而在英勇保卫国家、为民族独立而牺牲的英雄祖先中，"抵抗准噶尔入侵或成功将准噶尔人赶出哈萨克草原"的战将具有十分重要的地位。

（1）"卡热萨伊勇士"

卡热萨依（1598-1671）是哈萨克斯坦历史上被表述为非常英勇的统帅之一，"他积极参加了哈萨克人民反抗准噶尔侵略者的解放战争"[1]。据传哈萨克斯坦首任总统纳扎尔巴耶夫是其直系后裔。阿拉木图市有一条主干道是以卡热萨伊命名的，另外，在阿拉木图州还有以卡热萨伊命名的村庄，来纪念这位哈萨克人的英雄。

（2）"莱姆别克巴特尔"

莱姆别克（1705-1785）是一名哈萨克战士，他的陵墓以及在陵墓基础上建设的博物馆位于阿拉木图市以他名字命名的莱姆别克大街。该战士的墓碑上写着"参与击败卡尔梅克（准噶尔人）入侵，解放了卡拉套和七河地区的领导人之一……在托莱格尔山脉与索格特山脉之间发生的战斗中，杀死了17名卡尔梅克勇士"。1981年，在当时哈萨克斯坦历史民族志学家的建议下，在莱姆别克的墓地上竖立了一块大理石碑予以纪念，后来建了祈祷室，每天都有穆斯林民众前来听经、祈祷、洗礼。2018年，该陵墓被纳入哈萨克斯坦"精神复兴"战略项目，开始建设大

---

① 〔哈〕马·巴·卡西姆别科夫：《努尔苏丹·纳扎尔巴耶夫传》，张俊翔译，外语教学与研究出版社，2019，第7页。

型的博物馆综合体，并正式更名为莱姆别克英雄博物馆，旨在使其成为"哈萨克人文化和精神的黄金摇篮，以展示哈萨克人祖先的勇气和圣洁"。

2. 社会民众对"准噶尔"的态度

关于哈萨克斯坦社会民众对准噶尔汗国的历史和准噶尔蒙古人后裔的态度，先来看看以下几则田野故事。

田野故事 1：初到哈萨克斯坦时，为了尽快进入田野，笔者积极跟随阿拉法比国立大学民族学系的老师和同学们参加各类调研活动、拜访当地相关研究领域的学者。哈萨克族传统的氏族部落社会组织至今仍影响着现代哈萨克人，几乎每个哈萨克人都记得七代以内的族谱，也很重视部落身份，因此在新相识时会对部落名称、部落姓氏"刨根问底"。当得知笔者是来自中国新疆的蒙古族，且属于额鲁特部落时，亲近的师友多次好心"告诫"笔者，不要轻易透露自己的"准噶尔后裔"①身份，以免遇到一些有着极端思想仇视准噶尔的哈萨克人。相反，他们建议笔者仅告知自己是蒙古族，这样会因同为游牧民族更容易引来好感。

田野故事 2：笔者于 2019 年 12 月 12 日参加了由哈萨克斯坦共和国教育与科学部主办的"突厥人民的大草原"国际学术会议。在会议中，有位学者做了以"阿布赉汗的军事和国家事务的开始"为题的与准噶尔汗国历史相关的报告。这位学者通过展示大量关于阿布赉汗及其属下的毕（一种官衔）和巴特尔们的画像，以及战场的描述性图片（多以画作为主，非历史文献资料），声情并茂地讲述了哈萨克阿布赉汗顽强抵御准噶尔汗国残酷杀戮的历史故事。在这位学者的报告中，准噶尔汗国的军队如恶魔般残酷无情，连嗷嗷待哺的婴幼儿和手无寸铁的妇孺都不肯放过，而正是阿布赉汗这样的哈萨克英雄首领，带领着无畏的哈萨克人，击败敌人，统一了哈萨克三玉兹，建立了哈萨克汗国，为哈萨克子孙后代留下了珍贵遗

---

① 历史上，卫拉特蒙古分为四部：土尔扈特部、杜尔布特部、和硕特部与厄鲁特部（今天多写作额鲁特部），因厄鲁特部在编军时属于左翼，因此被广泛称为准噶尔部（蒙古语，意为左手）。准噶尔部后来建立了准噶尔汗国，因其首领姓氏为绰罗斯，也被称为绰罗斯部。

产……在这位学者报告的过程中，可以看到听众唏嘘不已的凝重神情，在报告结束时，会场上响起了经久不息的掌声。

田野故事 3：2012 年在哈萨克斯坦上映的电影《自由之心——无畏一千勇士》以哈萨克人与准噶尔人的战争为素材。这部电影在哈萨克斯坦的知名度很高，可以通过各种平台观看。电影的开篇是纳扎尔巴耶夫的题词"所有为了我们民族的独立、自主和无上自由，为了我们家园的完整，为了我们人民的尊严而浴血奋战的先辈都将受到我们及我们的后人永远的尊敬和爱戴，他们的精神将永远鼓舞着哈萨克人对自由的不懈追求"。紧接着是解说中的一句"残酷的战火烧到了哈萨克草原，其宿敌卫拉特准噶尔人入侵，所到之处的哈萨克阿吾勒都遭到了残忍屠杀"。影片讲述的是 1000 个哈萨克人作为英勇的"阿拉什的子孙"，为了"无辜死去的兄弟姐妹和孤苦伶仃"，以少胜多的战争故事。这次战役被认为是哈萨克人与准噶尔人战争的转折点。电影结语认为此次战役的胜利极大鼓舞了哈萨克人民追求自由的决心与意志。

田野故事 4：笔者在田野中结识了旅居哈萨克斯坦的额鲁特蒙古人 B 大哥，B 大哥自幼在家乡新疆塔城地区系统接受了哈萨克语学校教育，并在阿拉木图从事了多年贸易工作，可以说已完全融入哈萨克斯坦社会。在当地人对于准噶尔和哈萨克关系问题的看法与态度相关的话题中，他告诉我："跟哈萨克斯坦的本地友人吃饭时，聊到相关问题，大多不了解准噶尔和蒙古之间关联的人都会问'不知道准噶尔这个民族现在去哪儿了？'，在得知我是准噶尔后裔时，会非常惊讶，说'我们只在历史中听说过，不是被哈萨克人彻底消灭了吗？''果真和我们哈萨克人很相似，是战败后被我们同化了吗？'……当然也有一些带着敌意的言论，比如'准噶尔人当初来抢占我们的地方，对我们哈萨克人残忍杀戮，准噶尔人就是我们的世仇'。这个时候我一般不会强调自己的身份认同，以免引起更极端的言论或不愉快，我会以'那都是过去的历史，谁都无法说清楚，探究真相是历史学家的事情'来缓和不融洽的气氛。"

从哈萨克斯坦的历史叙事视角来看，准噶尔人首先被视为入侵哈萨克草原的外来威胁。这一历史认知催生了哈萨克人为抵御侵略而进行的一系列战争，并在民族史诗中塑造了诸多抗敌英雄形象，最终以"彻底击败准噶尔"作为民族叙事的终结符号。然而值得注意的是，当代普通哈萨克民众对准噶尔人的实际认知是模糊的。因为在民族集体记忆的建构过程中，准噶尔人已逐渐演变为象征性的"历史宿敌"。更准确地说，这一形象实质上是现代哈萨克民族国家建构中的"范式化他者"（paradigmatic other），其功能意义大于历史实相：作为爱国主义教育的重要载体，它持续激发着新一代哈萨克人的国土防卫意识与家园认同。

这种历史叙事与我国哈萨克族的民族记忆存在显著差异。我国哈萨克族自哈萨克汗国时期起，就在现代国家疆域概念的"边界"内外从事游牧活动，与伊犁河谷的卫拉特蒙古族及新疆其他民族形成了多维互动关系——既有冲突对抗，更有共生交融，最终积淀为新疆多民族交往交流交融的历史实践。

1456年哈萨克汗国建立以后，疆域不断扩大，南包锡尔河流域，东南部包括七河地区，东北部包括巴尔喀什湖东部和南部地区，西包玉邪克河流域等地。作为游牧民族，"逐水草而居"的生活生产方式使得哈萨克人历史上就在与我国西部相邻的哈萨克草原上游牧迁徙。到了17世纪末准噶尔部占领哈萨克草原时，为躲避战乱，哈萨克人就已出现逃往我国境内放牧的现象，只是那时关于我国西北的边界尚无明确的划分。1727年，清朝和俄国签订的《中俄布连斯奇条约》明确规定了中俄边界，并设立了87个界标，自此，我国西北边界有了明确记载。18世纪中叶，在清政府攻打准噶尔汗国之际，哈萨克三玉兹陆续归顺了清朝。其中，中玉兹阿布莱汗在1757年与清政府在爱古斯河畔会见时，表示"今情愿将哈萨克全部归顺"，1758年大玉兹首领吐里拜表示"诣军门纳款，奉马进表以降""奋勉自效，永无二心"；1762年，远在里海东北岸游牧的小玉兹也派遣使臣到北京请求臣属。乾隆在接受哈萨克三玉兹归顺之后，开始与其建立定点贸易往来，但告诫其"尔今既向化归诚，则当知准噶尔全部，悉我疆域，宜谨守本境，勿阑入侵扰"。① 表明清朝与哈萨克应各守境界互不侵扰，随后清朝建立了一套完善的边境管理、防卫制度。

---

① 《清高宗实录》第15册，卷543，乾隆二十二年七月下，中华书局，1986。

　　清朝的边防制度并未能阻止哈萨克部落的不断越界。这是因为随着19世纪沙俄势力的扩张，哈萨克汗国被沙俄吞并，不愿沦为沙俄臣民的哈萨克牧民大量迁入我国境内，在伊犁、塔尔巴哈台、阿勒泰地区放牧为生。对于哈萨克部落的越界，起初清政府采取了严加禁止的态度，谕"理宜守其旧界，不可妄思逾越""宜约束属人，毋得越境"①。鉴于不少哈萨克部落首领请求内附，1766年，清朝改变了驱逐哈萨克牧民入境的政策，敕令伊犁将军："伊犁等处土地辽阔，人烟愈多愈善，哈萨克如不得游牧地方，或畏惧劫掠，情愿内附者，即行收留，派员弹压，日久人众，即可编设佐领昂吉""嗣后如有来归者，悉令于雅尔地方安插"。②此后，哈萨克牧民纷纷涌入我国境内，至嘉庆年间，塔尔巴哈台、伊犁两地卡伦之外，皆已是哈萨克部落游牧。

　　另据文献记载，光绪五年（1879年），数千名哈萨克族牧民逃亡到位于天山中部的裕勒都斯草原（今巴音布鲁克草原），向清廷报告称自己受俄国统治后，被"横加赋敛，中户每年纳丁畜税银十数两，上户数十百两，最下亦须数两；兵役、通事人等供应需索在外。日朘月削，劳扰不堪"。清朝收复伊犁之后，越来越多的哈萨克族民众迁入新疆。据统计，清末内迁新疆的哈萨克族民众有约17.2万人③，其中迁入伊犁者有88439人。④关于哈萨克诸部与清朝的关系，以及在此期间哈萨克部落迁徙的历史，学界有众多研究成果，如，《新疆哈萨克族迁徙史》⑤《乾隆时期清朝与哈萨克诸部关系研究》⑥等，此处不再赘述。

　　到了民国时期，俄国境内的哈萨克民众继续迁入新疆，尤其在1916年中亚爆发反俄大规模起义后，逃入我国境内的哈萨克族人数激增至20万以上⑦。哈萨克牧民大量迁入新疆，与世居在此的卫拉特蒙古族产生了

---

① 《清高宗实录》第17册，卷678，乾隆二十八年正月上，中华书局，1986。
② 新疆社会科学院历史研究所：《新疆地方历史资料选辑》，人民出版社，1987，第446~447页。
③ 周东郊：《新疆的哈萨克人（下）》，《边政公论》1947年第4期。
④ 谢晓钟：《新疆游记》，甘肃人民出版社，2003，第144页。
⑤ 新疆哈萨克族迁徙史编写组：《新疆哈萨克族迁徙史》，新疆大学出版社，1993，第1~71页。
⑥ 郭文忠：《乾隆时期清朝与哈萨克诸部关系研究》，社会科学文献出版社，2023。
⑦ 《覆塔城汪参赞和平办理俄哈函》（1916年10月27日），载于逄春等主编《补过斋文牍》第2册，黑龙江教育出版社，2016，第683页。

尖锐的矛盾，"盗窃抢劫无日无之"①。关于哈萨克强抢蒙古牧民牲畜、妇女，并将其赶出草场的事实，无论在文献记载还是民间口述史中都有迹可循。

哈萨克族是我国 56 个民族的一员，也是中华民族重要的组成部分。哈萨克族在历史上的不同时期陆续迁入我国新疆地区，在北疆广袤的草原上繁衍生息，随着与当地不同民族之间的交往交流交融，逐渐受到农耕文化的影响，生产方式多元化。尤其是新中国成立后，在我国实行的民族平等、民族团结和共同繁荣的民族政策下，哈萨克族人口增长极为迅速，由 1949 年的 44.37 万人增长到 2000 年的 125 万人。② 今天新疆共有 150 余万哈萨克族人，其中 96% 以上生活在伊犁哈萨克自治州。

近年来，随着我国"一带一路"建设的深远推进，中哈两国已形成了友好合作战略，尤其是自 2023 年 11 月开始中哈两国实施互免签证协议，为我国哈萨克族与哈萨克斯坦哈萨克族之间的探亲、学习、交流提供了更加便利的条件。因此，要在铸牢中华民族共同体意识、构建人类命运共同体的背景下，强化我国哈萨克族国家认同与民族认同的统一，并严厉杜绝双重国籍的现象。同时，充分利用海外少数民族华侨华人的桥梁与纽带作用，提升海外少数民族华侨华人的中华文化凝聚力，深远促进"一带一路"建设。

（二）被称为"塔兰奇"的伊犁河谷维吾尔族

"塔兰奇"为蒙古语，意为"耕种麦粮者"，是对伊犁河谷维吾尔族群体的旧称。该称呼起源于准噶尔汗国时期，清朝时期仍沿用，主要指那些从天山南路的南疆地区被北迁至伊犁河谷进行屯田的畏兀儿人，他们对伊犁河谷早期的农业发展起到了重要的作用。

伊犁河谷虽具有非常适合农作条件的气候、河谷平原、土壤，但通常在历史叙述中，清代以前伊犁地区的农业发展缓慢落后，主要还是以

---

① （清）瑞洵：《奏为乌梁海游牧暂安之哈萨克四出纷扰恐酿衅端钦遵前旨索还借地妥筹安插详查边要情形熟审人心向背再呼明谕祗奉遵行以杜患萌而规旧制专折》（光绪二十八年四月初四日），载于中国第一历史档案馆编《光绪朝朱批奏折》第 115 辑，中华书局，1996，第 650 页。

② 田雪原：《中国民族人口》（第四集）（第三十七卷·哈萨克族人口），中国人口出版社，2006。

单一的游牧经济为主。据史料记载，准噶尔汗国时期"不尚田作，惟以畜牧为业"，"问富强者数牲畜多寡以对。饥食其肉，渴饮其酪，寒衣其皮，驰驱资其用，无一事不取给予牲畜"。① 在准噶尔汗国后期，开始通过从南疆地区西迁畏兀儿战俘和农民，使其从事农业生产，同时通过农业奖励的政策发展伊犁地区的农业和商业。

"塔兰奇"群体的农业种植技术可追溯到回纥西迁的历史。其中迁往吐鲁番的高昌回鹘人很快放弃了原有的游牧文化，学习和掌握了当地土著民族的农耕技术，从而转变为农耕民族。此后，畏兀儿人的社会经济以农业为主，擅长水利灌溉，"熟于开渠饮水之法，故种植多获"。

关于南疆绿洲地区的农耕和水利灌溉技术，在考古文献中早有记录。其中，吐鲁番地区著名的坎儿井，是目前仍完整保留的数千年前的地下水利工程，鲜明体现了我国新疆地区悠久的农业发展历史。关于坎儿井的溯源，主要有三种史学讨论：第一种说法认为坎儿井来源于波斯，其根据是坎儿井的维吾尔语名称"karez"与波斯语"kohrez"（地下水道）可能为同一个词；第二种说法认为坎儿井是西域民族向"秦人"所学的穿井技术，因此应该来源于我国内地；第三种说法认为坎儿井是维吾尔族先民自己的发明，并且有相关的民间传说佐证。但可以确定的是，坎儿井作为南疆地区古老居民劳动智慧的体现，体现着数千年来维吾尔族先民掌握的先进的农耕和水利灌溉技术。正是凭借这一技术体系，他们成功将天山南麓的沙漠改造成绿洲，并在此基础上逐渐向北扩展，最终为伊犁河谷的农业开发奠定了基础。

这一农业技术的传播与准噶尔汗国的人口政策密切相关。据文献记载，自噶尔丹策零时期（1727-1745 年），准噶尔统治者将俘获的天山南部清代绿营兵及当地维吾尔族农民大规模迁移至伊犁河谷从事垦殖，后者被称为"塔兰奇"（意为"耕地者"），该名称逐渐演变成了伊犁地区维吾尔族的统称。拥有了会烧制砖瓦等建筑材料的农耕人群，噶尔丹策零便开始在汗国境内主要是伊犁地区大兴土木，这一点在当时沙俄使者乌格里莫夫少校出使准噶尔汗国时的日志里可见。他的笔下有维吾尔人

---

①　（清）傅恒等纂修《钦定皇舆西域图志》，（卷三十九·风俗一，准噶尔部），清乾隆四十七年（1782）武英殿刻本。

耕作的农田，还有由维吾尔人经营的建有砖砌围墙的准噶尔贵族的园子。1732 年访问噶尔丹策零本人的园子时，他记录道："这个园子坐落在伊犁河谷哈沙图诺尔湖畔。园子围有砖墙，周围约五俄里或更多一点……其中还有不少其他砖砌的建筑物和禽舍……"

到了清政府统治时期，为了解决巩固边防的粮饷需要和施行"边防与屯政相维"① 的政策，自乾隆二十五年（1760 年）开始，清廷从南疆地区有计划地迁移维吾尔族人，这些维吾尔人携带耕畜、农具、籽种和口粮，抵达伊犁河南岸水源便利、适宜农耕的海努克地区（今察布查尔县海努克乡），建回屯，垦地播种。据统计，从 1760 年的第一批 300 户到 1768 年间，共迁移维吾尔族农民 6406 户。到道光年间，伊犁维吾尔族已超过 4 万人，共有移民屯点 17 处。② 对于这部分维吾尔族农民的称呼，清政府仍然沿用了准噶尔时期的"塔兰奇"之称。

清代伊犁将军将南疆的畏兀儿人北迁，使之成为"塔兰奇"人，对伊犁河谷地区的发展产生了深远影响。

首先，这一举措解决了清朝时期军民用粮问题。伊犁将军统领的戍边驻军达数万人，用粮需求量大，多建在伊犁河南岸的塔兰奇回屯所缴纳的粮食经由伊犁河船运至惠远城，以供军需。据史料记载，道光年间，伊犁维吾尔族人口已经超过 4 万人，回屯屯点约 17 处，其上交的粮食约占伊犁官兵用粮的 40%③，保障了伊犁兵屯实力，加强了清朝政府对新疆的军府制统治。此外，塔兰奇人不仅能够满足自身口粮、种子和饲料需要，随着伊犁、塔尔巴哈台等地贸易的兴起，塔兰奇人还用余粮与伊犁地区的草原牧民交换畜产品等其他生活用品，改善自身生活的同时，也解决了蒙古族、哈萨克族等草原牧民的口粮来源问题，进而改善了伊犁河谷的民生发展。

其次，这一举措推进了北疆社会由传统牧业向半农半牧生产方式的转变。塔兰奇人与锡伯营及汉族、回族民众共同开垦了伊犁河谷百万亩可耕种土地，每年上缴上千万斤粮食，不仅实现了清代北疆粮食总产量

---

① 赵尔巽等：《清史稿》（卷一百二十 志九十五 食货一），中华书局，1977，第 2493 页。
② 孙珉玫、王秀兰：《"塔兰奇人"对伊犁河谷生态民生的影响》，《中共伊犁州委党校学报》2015 年第 4 期。
③ 同上书。

的显著增长，日益发展的农业也吸引了更多来自各地的民众投入伊犁河谷的农业生产生活当中，包括一些失去牲畜或放弃传统畜牧业生产方式而转向寻求稳定农耕经济生活的牧民。经过持续不断的迁徙和本地增殖，清代伊犁人口的构成发生了明显变化，农耕人口空前增加，游牧人口相对下降。清朝统一新疆之初，全疆仅有 30 多万人口，到 1840 年，仅北疆的农业人口就有 30 万人左右。到 1911 年，北疆共有耕地 230 多万亩。新疆长期形成的南农北牧格局以及伊犁地区单一游牧经济状态至此被改变。"塔兰奇"农业和伊犁河谷草原牧业互补发展，加快了伊犁哈萨克草原"农牧兼营"产业结构的调整进程，既强化了伊犁河谷地方经济的快速发展与抵御自然灾害的能力，也促进了伊犁河谷各族民众之间的交往交流交融，此外，农业、林果业的发展，在很大程度上调整了民众的膳食结构，丰富了伊犁河谷饮食文化。

再次，这一举措实现了农业发展与生态改善双赢。塔兰奇人到来后，从最初单纯种植粮食以供军需，到后来全面发展农业，通过改进农业生产技术，提高农业生产力，利用逆温层气候条件栽培果树，大力发展园艺业，为伊犁"水果之乡"奠定了基础。充分利用伊犁河谷的高山雪水与泉水灌溉，大兴水利工程，灌溉农田，不仅为扩大农耕、保证粮食丰收、促进伊犁农业发展奠定了坚实基础，也为植树造林、扩大绿地、改善生态提供了重要保障。

最后，这一举措促进了伊犁河谷产业结构的多元化与各民族交往交流交融。随着农业经济的发展，伊犁河谷的畜牧业也实现了发展模式的改变，同时促进了商贸业、手工业、采矿业、冶炼业等多元化经济结构的发展。其中，在以伊宁市为中心的维吾尔族手工业和商业方面，如为满足生产需要的铁器制造业，与日常相关的鞋帽缝纫、制革、制毡等手工业开始发展起来，并逐步带动地区工商业发展。伊犁凭借地缘优势，以小规模商业、手工业加工作坊为起点，逐步发展成为新疆对俄商业贸易中心。所有这些，都在很大程度上为伊犁河谷城镇的兴起与发展奠定了良好基础，伊宁市成了贸易中心。与此同时，塔兰奇人的北迁，以及迅速发展的农业吸引内地人口大量迁入，使伊犁人口数量迅速增长，改变了原有的民族结构和分布状况，促进了各民族通过空间互嵌、经济互嵌而实现的交往交流交融。

　　维吾尔族迁徙至伊犁河谷已有数百年。根据第七次人口普查数据，伊犁哈萨克自治州的维吾尔族人口已经达到近 80 万，占全州人口的四分之一多，这一人口发展态势，既是维吾尔族群众扎根边疆、建设家园的历史延续，也是其在维护边疆稳定、促进区域发展中发挥重要作用的生动体现。

（三）"大西迁"的锡伯族

　　伊犁河谷生活着 2.5 万余锡伯族人，他们主要聚居在察布查尔县自治县（察布查尔锡伯语意为"粮仓"），因锡伯族英勇善射的优良传统与戍边御敌的英雄事迹，察县也被称为"箭乡"。

　　伊犁河谷的锡伯族是历史上从东北地区西迁而来的屯垦戍边官兵的后裔。"大西迁"的历史可追溯至 1762 年。清朝设伊犁将军并将察布查尔归其统辖之后，奉乾隆皇帝之命，从盛京（今沈阳）及开原、辽阳、抚顺等辽东区域抽调了 1020 名骁勇善战、年富力强的锡伯军民及家眷共计 3275 人，于 1764 年开始西迁，跋山涉水，饱经艰辛与磨难，历时 15 个月抵达伊犁。到达伊犁后，锡伯族军民利用其掌握的灌溉技术，开始疏通废弃多年的绰合尔渠，开垦荒地。1802 年，同样经历过西迁的锡伯营总管图伯特率军民数百人费尽心血耗时 6 年，修建成了伊犁河谷历史上第一条人工大渠——长达 200 里的"察布查尔布哈"（也叫锡伯新渠，"布哈"在锡伯语、蒙古语中具有沟渠之意），引伊犁河水灌溉农田。这个新渠同南山脚下的维吾尔屯田村庄相邻，加强了锡伯族和维吾尔族人民的交往交流交融。19 世纪 70 年代，锡伯族又先后在博尔塔拉蒙古族自治州修建了哈尔博户大渠（蒙古语意为黑渠），在塔城地区修建了阿布德拉大渠（哈萨克语意为箱渠），从而使这一带原来荒芜的土地得到了充足的水源，实现大量垦殖，当地的哈萨克族、蒙古族同胞也因此学到锡伯族先进的农业生产技术，促进了民族交流交往交融。目前，这些大渠的两岸已形成了数十万亩的灌溉农田，一个多世纪以来，养活了千百万计的各族人民。如今的察布查尔，已当之无愧成为伊犁的鱼米之乡。

　　西迁的锡伯族不仅完成了历史所赋予的使命，同时也在西迁的艰苦历程中培养了坚忍执着和吃苦耐劳的精神。而西迁壮举的完成，不仅深化了锡伯族的民族自豪感，也孕育了他们对家庭、故乡、民族、国家强烈的热爱和使命感。在之后的历史阶段，锡伯官兵在国家需要的时候挺身而出，多次参与平定大小和卓后裔张格尔叛乱、抵御沙俄入侵等战役，多次立功，受到清朝召见和嘉奖。

锡伯族西迁至伊犁河谷已有两个多世纪，但这段西迁历史成为伊犁河谷锡伯族深刻的集体记忆。如今，"大西迁"主题不仅成为伊犁河谷锡伯族文化艺术与认同的核心符号，更被察布查尔县打造为文旅宣传的重要载体。由图伯特开凿大渠、马甲讷松阿生擒张格尔、喀尔莽阿抗俄等史诗承载的"西迁精神"，凝炼出屯垦戍边的家国情怀。这种植根民族交往记忆、兼具中华民族共同体意识与边疆特质的价值体系，通过代代相传的英雄叙事，持续促进着民族交往交流交融，为铸牢中华民族共同体意识注入鲜活力量。

（四）伊犁河谷最后一个跨境而来的民族——俄罗斯族

俄罗斯族是伊犁近代历史上最后一个移居而来的民族。曾因 20 世纪 30 年代申请居住证或办理"归化"手续而被国民政府命名为"归化族"，中华人民共和国成立后，恢复了"俄罗斯族"之名。尽管俄罗斯族迁入伊犁河谷的历史相对较短，但在沙俄向该地区扩张及与清朝交往的过程中，俄罗斯的语言、文化和生活方式对当地各民族产生了深刻影响。这种影响鲜明地体现在：当地语言中融入了大量俄语借词，许多日常用具与饮食习惯也呈现出显著的俄罗斯特征。如今，在伊宁市的斯大林街、六星街等地，深受各族民众喜爱的俄罗斯风格建筑、教堂、列巴坊（面包店），正是这种文化印记的生动体现。

关于我国俄罗斯族的民族认同，有学者指出，我国俄罗斯族几乎都是俄罗斯移民的第二代——最早一批外迁而来的俄罗斯族与我国汉族为主的当地民族通婚、交融之后的新的本土民族，因此具有双重甚至多重的身份认同。[①]

笔者在田野中曾熟识一位俄罗斯族女性，丈夫是半农半牧区的蒙古族，她的蒙古语和汉语都非常流利，育有两个孩子，孩子们的母语为蒙古语。访谈中，笔者得知其流利的蒙古语并非向蒙古族丈夫所学，而是因自幼生活在蒙古族社区，很好地融入了蒙古族文化之中，后才选择嫁

---

① 唐戈：《中国俄罗斯族的族群认同及其变迁》，《延边大学学报》（社会科学版）2015 年第 1 期。

给蒙古族男人。除了既熟悉挤牛奶等牧业生产方式又会干农活之外，她还有俄罗斯族特有的园艺、刺绣等技艺，院子里不仅有鸡鸭鹅等家禽，还种满了鲜花，家里的冰箱、电视、衣柜等家电家具上盖着独特的俄罗斯风格的刺绣。因此，远近的村民都称她为"厉害的俄罗斯媳妇"。每当谈及她，不少人都认为来到伊犁河谷的俄罗斯族人本就是官兵出身、知识分子或工匠艺人。这与最早迁徙而来的俄罗斯族移民的历史有关。

根据相关资料记载，早在元文宗时期，元朝就从金帐汗国抽调 1 万多名俄罗斯军人防守"大内"，这是在中国境内居住的最早一批俄罗斯人。这批俄罗斯人后来融合在西域人口当中已无迹可寻了。据伊犁文史研究专家赖洪波考证，俄罗斯人随着沙皇俄国的建立，从 16 世纪就开始逐步东进，先进入中亚，后来到我国新疆地区，至 19 世纪 70 年代，伊犁河谷已有 3.5 万俄罗斯人。

俄罗斯族人大规模迁入伊犁的具体历史可以分为如下几个阶段。

一是在清咸丰元年（1851 年）《中俄伊犁塔尔巴哈台通商章程》签订后，沙俄首任领事扎哈罗夫驻伊犁惠远城。惠远城西门外建有住房及俄商贸易圈，有 13 队俄国商贩来伊犁开展贸易，贩来的货物有喀拉洋布等，后来有 86 个俄商留在了伊犁。这是俄罗斯族人来伊犁居住最早的记录，但这一时期俄罗斯族人还未形成移民。

二是在 1840 年鸦片战争以后，尤其在 1871 年沙俄侵占伊犁后，沙俄利用各种不平等条约，在伊犁、塔城、乌鲁木齐等地设立领事馆和贸易圈，不少俄罗斯商人和手工业者迁入，俄罗斯民众也开始移居伊犁。

三是从 19 世纪末至俄国十月革命期间，除了在反击沙俄战争中俘获的俄罗斯官兵、逃亡士兵、谋生的农民和传教士等被安置在伊犁、塔城、阿勒泰和乌鲁木齐等地区之外，还有一部分白俄军队集体败退来到伊犁，如哥萨克首领杜托夫率领数百人的队伍逃来伊犁，驻在定城。

四是 1932-1938 年，因中苏关系紧张，在苏联远东地区定居的许多华侨被强行遣送回国，这些华侨大多携带所娶俄罗斯族妻子进入新疆。据民国 28 年（1939 年）伊犁区行政长官公署的统计，仅伊犁区就有俄罗斯人 9008 人，约占地区总人口的 2%，仅次于维吾尔族、哈萨克族、汉族、回族，居第 5 位。只是后来在 1955～1957 年间，大批保留有俄国国籍的俄罗斯人被遣返回苏联，新疆俄罗斯族人口在这个阶段剧减。

俄罗斯移民虽迁入较晚，但其文化影响十分广泛深刻。据老一辈人回忆，俄罗斯族人当时多居住在伊犁城镇近郊，如伊宁市的艾林巴克，伊宁县的吉里于孜、托乎拉克，霍城县的大西沟、芦草沟、果子沟等地。20世纪三四十年代，俄罗斯文化风靡伊犁，俄语曾作为通用语言之一，被当地各民族居民广泛使用；俄国商品、俄文书籍、俄语电影、十进位的俄式算盘随处可见；俄式四轮马车，俄式建筑是伊宁市独特的风景；原伊犁军区俱乐部有可容纳1万人的大舞台，俄罗斯族人常汇聚在此举办各种演出活动。俄罗斯人带来的农、牧器具，如缝纫机、一种叫萨玛日（samavar）的俄式炊具以及茶叶、方糖、衣裙、布料等，至今仍深受新疆各民族的喜爱。

也许正是因历史上的俄罗斯移民多是受过教育的官兵、技术人员，今天，我国俄罗斯族是全国文盲率最低的少数民族之一，且知识分子比例较高。俄语与俄罗斯族文化教育也深深影响了新疆各民族的语言。早在20世纪40年代，伊犁的锡伯族便借鉴俄罗斯语言的语法编写出版了《锡伯文文法》。新中国成立初期，伊宁市创办了以招收苏侨子女为主要对象的伊宁市斯大林中学，在巩留、霍城、伊宁县、塔城、阿勒泰地区也都办有俄罗斯小学。20世纪50年代末，上述学校因俄罗斯族人口减少而先后停办。1981年，伊宁市教育局在伊宁市六中附设了俄罗斯班，招收伊宁市的俄罗斯族学生。1985年，在俄罗斯班的基础上，建成了全国唯一的九年一贯制俄罗斯学校——伊宁市俄罗斯学校。

20世纪初，俄罗斯移民从苏联带来了比较先进的生产和技术工艺，促进了北疆农业、畜牧业、园艺业的发展。今天新疆广泛种植的土豆、西红柿、黄瓜以及养殖的乌克兰大白猪、荷兰奶牛、阿托套种牛等，都是俄罗斯族农牧民引进或培育的。他们改造果木品种，在新疆培育了美味多汁的柠檬、海棠、大冬果、午餐果等，为"瓜果之乡"的新疆锦上添花。20世纪30年代初，居住在今乌鲁木齐市的俄罗斯族商人成立了俄罗斯经济协会，集资兴办各项贸易和实业，修建俱乐部，放映电影和举办歌舞晚会等，他们还购买发电机器，建立小型电厂，对促进苏联、中亚与我国新疆的经济交流与发展做出了巨大贡献。20世纪50年代初期，伊宁市斯大林街的店铺都是俄罗斯人经营的，伊犁的俄罗斯人一般都从事商业、修理、运输、手工业和理发、洗浴等服务行业。居住在农村的俄罗斯人除了经营少量的农牧业外，一般都经营副业，如水磨面、榨油、养蜂、打鱼、养猪等。

俄罗斯族信奉东正教。最早迁徙来伊犁的俄罗斯人在伊宁市的阿合买提江街建有东正教堂，今天的俄罗斯族东正教堂建在六星街。值得一提的是，在阿合买提江街最早的东正教堂旧址，从 1958 年开始便由柳巴等 4 名俄罗斯族妇女经营着一家俄罗斯列巴坊，承载着几代伊犁人的记忆。而近年传唱全国的伊犁民谣《苹果香》中，一句"阿列克桑德尔的面包坊，列巴出炉了吗?"，不仅唤起了伊犁河谷各族民众的乡愁共鸣，更印证了俄罗斯族文化融入中华文化血脉的生动实践。

俄罗斯族与新疆众多民族一同为维护国家主权与领土安全、保障各民族平等做出了重要贡献。新中国成立前，俄罗斯族在消除新疆战乱，保持新疆社会稳定方面屡立战功。1931 年，新疆省政府招募十月革命后滞留在新疆的俄罗斯人组成了"归化军"，人数最多时扩编为一个旅，旅部设在乌鲁木齐，成为打击"哈密之乱"与甘肃军阀马仲英部队的重要力量。1933 年，归化军与新疆各民族一道，推翻了金树仁的军阀统治。1944-1949 年，俄罗斯族人在新疆"三区革命"军事斗争中起了重要作用。富有军事知识和战斗经验的俄罗斯族军官进入各级指挥员岗位，不少俄罗斯族人被任命为营、连、排级指挥员，还有的人在三区政府的军事厅和内务厅担任重要领导职务，甚至为革命斗争献出了宝贵的生命。

总而言之，从族源构成看，我国俄罗斯族的形成主体并非外来移民，而主要源于历史上俄罗斯族与汉族等民族的深度融合。新中国成立后，伊犁河谷的俄罗斯族进一步与当地蒙古族、乌孜别克族、锡伯族等民族广泛联姻，主动吸纳多民族风俗习惯与文化精髓，最终在血缘交融与文化互鉴中，成长为中华民族共同体的有机组成部分。

五　小结

历史视角是考察民族交往交流交融的重要途径。新疆的历史既是一部民族迁徙融合的历史，也是各民族共同开发新疆、建设新疆的历史，是中华民族发展史的重要组成部分。[①]

---

① 马大正：《新疆历史纵论》，《中国边疆史地研究》2002 年第 3 期。

　　本节内容沿历史长轴展开,以较大篇幅勾勒了伊犁河谷多民族发展的宏观叙事:从史前族群迁徙融合,到西汉时期中原与西域进行官方往来,再到历代游牧民族与近代迁入族群的互动共生。通过追溯各民族互嵌共居的历史根源,并剖析当下民众生活中鲜活的交融印记,揭示了民族交往交流交融的历史流动性与现实真实性。

　　由此可见,伊犁河谷的多民族家园,是由所有先后登上历史舞台的族群共同建设的。无论是开疆拓土、守卫山河的先民,还是发展生产技术、默默守护土地的百姓,都如伊犁河谷间纵横交错的支流那样,在千年不息的交融中滋养中华文明基因,在无声见证里熔铸中华民族共同体的命运。

第三章　交流纽带——分工互补的
生计方式与互鉴的文化

　　经济交往是人类生存的基础，经济利益是民族互动的内生性动力，在推动民族经济往来的同时，将不同个体联结为经济利益共同体，逐渐形成各民族相互依存、互惠共生的生存关系，这种关系便是经济互嵌。

　　经济互嵌，意味着各民族在经济领域中交往交流进而在民族关系上出现交融的过程，各民族在长期的劳动过程中打破以往的民族界限，在经济活动中相互借鉴、相互学习、相互容嵌，以合作互利的形式共同参与经济发展，以实现共同富裕。① 历史上，丝绸之路作为连接西域与中原的交通枢纽，为新疆地区多元经济生产方式的并存提供了地理基础，并通过跨区域贸易活动促进了各民族间的经济交往。近代以来，现代化与全球化进程为新疆经济发展带来了新的基础：一方面，区域经济一体化加速了生产要素的跨民族流动；另一方面，多民族经济互嵌的形态、规模与层次均发生深刻变革。这种经济层面的深度互嵌，也加速推动了伊犁河谷各民族的文化互嵌。

　　文化互嵌，即"交错融居拉近了各族人民的空间距离，大家在生活中潜移默化地受到其他民族文化的影响，相互了解，耳濡目染，互鉴共享，并逐步达成文化的交融与共生"。② 生活在共同创造的历史家园中的伊犁河谷各民族，通过长期的文化接触和交流，相互影响，相互借鉴，实现了在饮食、语言、服饰、习俗与禁忌等方面的文化互嵌，形成了对

---

① 吴月刚、李辉：《民族互嵌概念刍议》，《民族论坛》2015 年第 11 期。
② 马忠才：《中华民族共同体的多维互嵌结构及其整合逻辑》，《西北民族研究》2021 年第 4 期。

共有精神家园的统一认同。这种文化互嵌与民族交往交流交融中形成的文化心理共同体互为前提又彼此促进。

第一节 分工互补的生计方式

自古以来，新疆不仅是多民族的聚居地，在政治、经济、文化等方面也存在着复杂多元的局面。在古西域地区，这里既有从事畜牧业的游牧政权，又有从事农耕的绿洲政权，也有生活在山间谷地的兼营农业和畜牧业的政权，还有主要从事商业贸易的民族集团。这些生产方式依然保留至今，演化成了伊犁河谷基于地理环境的垂直分布——如高山牧场、平原农田、河谷乡镇及手工业、商业等差异化的生产方式——并通过相互交往交流最终形成了多民族"因地制宜-资源互补-共生共享"的区域特色经济模式。

一 伊犁河谷的畜牧业生产方式

伊犁河谷地区自古以来就是游牧民族逐水草而居的家园。千百年来，塞人、匈奴、乌孙、突厥、蒙古、哈萨克等游牧部落在此繁衍生息，互嵌共居，不断融合。如上文所述，伊犁河谷的草场与林地的面积是耕地面积的 6 倍之多，且主要分布在尼勒克县、昭苏县、新源县和特克斯县，四县的草场占全州草地的 72.33%，林地占全州林地的 62.31%。伊犁的草原从高至低依次呈现出高寒草甸、山地草甸、山地草原、河谷草甸等多样性垂直分布带。我国著名的世界自然遗产库尔德宁——喀拉峻草原（位于巩留县与新源县）、那拉提空中草原、昭苏县夏塔草原、尼勒克县唐布拉草原都属于典型的山地草原。除了天然草场的季节迁徙模式之外，在伊犁河谷的广大地区都有舍饲即圈养的畜牧业生产方式，与此同时，随着市场化、产业化能力的提升，规模养殖也是伊犁河谷地区重要的特色产业。

（一）四季轮牧的方式——以乌兰布鲁克村为例

本研究主要田野点尼勒克县是伊犁州以优良的牧场为特色的四县之一，草场总面积 1016 万亩（每年耕种土地面积 32 万亩），也是伊犁河谷草场面积最多的县。此外，因其地势的特殊性，至今仍较完整地保留着四季迁徙的传统。

尼勒克县位于伊犁河谷东北腹地，东西长 243 公里、南北宽 70 公里，境内南北两侧高山、丘陵连绵，平均海拔 800~4590 米（县城海拔 1000 米左右），喀什河自东向西贯流全境，呈现"两山夹一河"的地形，似柳叶状。尼勒克县下辖 12 个乡（镇）场，从最西边的苏布台乡到最东边的种蜂场，沿喀什河错落分布。尼勒克县种蜂场往东直到与独山子、那拉提草原接壤的区域都是连绵的山区草原——唐布拉草原，这里是各乡镇的夏季牧场。

根据南北为山脉、整体东高西低的地势，尼勒克县乡镇中心与农区主要位于喀什河河谷平原，南北两侧的山区及东部山区是牧区。尤其种蜂场往东至乔尔玛零公里的夏季牧场，每年 10 月之后便会被大雪覆盖，不适合放养牲畜。因此，只在每年 5 月至 10 月，各乡镇的牧民按照各自的牧场分布迁来这里放牧，下雪后再迁回位于河谷平原的各乡镇牧场或定居点。

为了更细致与形象地描述，在此，以前文分析过的具有代表性的农牧结合村——胡吉尔台乡乌兰布鲁克村作为田野点，通过梳理其牧民迁徙路线与牧场情况，可以对尼勒克县牧民群体互嵌共居的空间进行具体分析。

如第二章第二节所述，乌兰布鲁克村在过去是一个典型的不拥有草场的农业村，但因村东界就是占据尼勒克县辖区面积一半以上的连绵山区的起点（俗称"乌吐兰"），村民往往通过在宽阔的宅院中圈养以及春季在乌吐兰放牧、夏季到夏季牧场托养、秋冬在收割后的农田里吃秸秆等方式从事着半农半牧的经济生产方式。自 2000 年与位于村东这片山区内的牧业队合并后，乌兰布鲁克村有了 98 户持有牧民草场证的真正意义上的牧民。同时，原来那种拥有牲畜但仅由部分家庭成员承担季节迁徙或以托养的形式进行季节性轮牧的半农半牧的生产方式继续存在，也出现了十户以上全年进行棚圈规模化养殖的村民。

乌兰布鲁克村如今的牧场资源分配现状，源自 1985 年秋至 1986 年春实施的"包产到户"，即我国当时施行的"畜草双承包"改革。根据田野调查数据，每户牧民草场持有规模在 1500~3500 亩不等，这种差异化的分配格局源于当时兼顾生态公平与税收调节的双重机制：一方面依据草场质量好坏，实行阶梯式补偿分配——将草场按植被覆盖度划分为三个等级（I类

优质草场覆盖度>70%按 1∶1.2 配给，Ⅲ类劣质草场覆盖度<30%按 1∶3.5
配给）——形成了"优质少分、劣质多分"的生态补偿模式；另一方面，
通过《牧业税实施细则》建立政策弹性，牧民可选择少领草场，享受 15%
税收减免，或多领草场，承担 30~50 个年义务工日的建设任务。

　　从操场类型来看，根据俄罗斯学者谢维扬·魏因施泰因的分类，欧
亚草原的"突厥—蒙古系"牧民有四种游牧模式。第一种是平原—山
区—平原型，游牧路线为冬季住平原，夏季移往山区，秋季下移至平原，
然后逐渐移往平原的冬牧场。第二种是山区—平原型，游牧路线为冬季
住山区，夏季移往河、湖边放牧。第三种是山区—山脚—山区型，游牧
路线为冬季在山区避风处，春季移往山脚，夏季又往山区放牧，秋季下
降至离春草场不远的地方，冬季再回到山区。第四种为山区型，游牧路
线为夏季在接近山脊处游牧，冬季下降到山谷森林中，整年不离山区。
尼勒克县的季节轮牧模式属于上述第一种类型。

　　从整体而言，该田野点的牧民草场包含春季牧场、夏季牧场、秋季
牧场、冬季牧场，冬季牧场即"冬窝子"，现在更多地以牧民定居点作为
替代。上述四季牧场自西向东地势逐渐升高，呈山地草原垂直分布（见
图 3-1）。

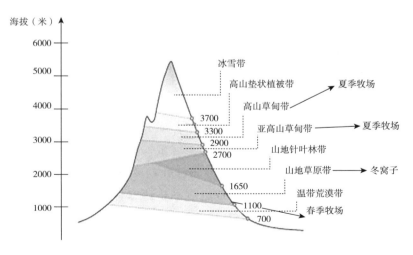

图 3-1　四季牧场垂直分布示意

图片来源：作者自制。

　　牧民的具体迁徙路线是：冬窝子（或定居点）—春季牧场—夏季牧场—秋季牧场—冬窝子（或定居点），这些地点在尼勒克县行政区划图中的具体位置如图3-2所示。

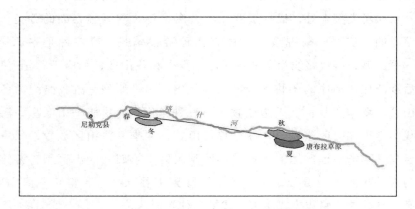

图3-2　牧民四季牧场所在位置示意

图片来源：作者自制。

　　冬季牧场俗称"冬窝子"，即以前的胡吉尔台牧业队，位于现在的乌兰布鲁克村与乌拉斯台乡之间较低海拔的山区里，每户大概拥有500～2500亩草场，住房多为建在靠近山谷的入口处或靠近河水的几间土木砖瓦结构的房屋，有独立的牛羊圈。近年来，冬窝子的房屋大多被改建为现代式住房，有太阳能发电和自来水。牧民在冬窝子的时间最长，从10月下旬夏季牧场下第一场雪开始，一直住到来年4月冬窝子冰雪融化，重要的传统节日都是在这里度过。也会有妇女、老人和幼儿全年驻守在冬窝子，圈养因瘦弱无法随季节迁徙而移动的牲畜。

　　春季牧场即乌兰布鲁克村的乌吐兰地带，指山脚下的向阳坡地草原带，每户大概拥有300亩，牧民从冰雪初化的4～6月开始在此放牧，有些也会在此接羔。因春季牧场具备用机械耕地和种植粮食的条件，前几年乌兰布鲁克村的牧民曾经将春季牧场改为农地，后因退耕还林、退牧还草政策，目前所有春季牧场都禁止耕种，已重新恢复为草场。

　　夏季牧场为山腰平原地带，每户大概拥有500～600亩草场，游牧时间在6月至10月中下旬之间。这里是全年中除了冬窝子之外，牧民停留时间最长的一个牧场，水草丰美，有助于牲畜养膘。牧民携带毡房与牲畜一同迁徙至此，为使草场休养生息，每年选择搭建毡房的位置会稍有变动，但通常都会位于自家的牧场而不越界。

秋季牧场实际上也属于夏季牧场，可以被视为夏季牧场的"升华版"。这是因为在迁徙到夏季牧场2个月之后，为避免过度啃食该区域的草场，牧民家庭中的青壮年成员会携带简易的帐篷和生活用品，带着羊群去到更陡峭的山顶草原放牧1~2个月。山顶草原被当地蒙古族称之为"tsakir"，在蒙古语中，它指的是一种白色的岩石，意为山顶岩石草原地带，天气高寒常年有雪，路途陡峭只能骑马通行。每户大概有300~500亩草场。从7月初至8月下旬，牧民在此放牧，直到山顶下雪变得寒冷，然后继续回到夏季牧场，直到山腰草原也下雪就搬回冬窝子。

以上是乌兰布鲁克村的四季草场分布及牧民迁徙路线，其他乡镇场的情况亦是如此，只是每个乡镇分配到的草场位置有所不同，但基本都是沿着"河谷平原地带—高山区牧场—河谷平原地带"的线路进行四季轮牧。笔者经过田野调查发现，这些草场的边界并未进行明显的划分，但又清清楚楚地存在，例如，"翻过这座山是喀拉托别乡的牧场"、"河对面是哈萨克人的草场""从这块岩石到那个山坡是某某家的草场"等空间地标的描述。这种边界认知的形成包含两个层面：首先是制度层面，草场作为固定资源，牧民仅享有使用权，而现行边界沿袭的是前述1980年代末的分配方案，并通过代际传承得以延续；其次是文化层面，当地已形成一种被牧民普遍认可的"历史延续性"共识。因为经过漫长的历史演进，哈萨克族与蒙古族牧民经历了从草场争夺到和谐共居的转变，形成了现今"对河而望"的互嵌格局。在田野中，经常听到"那时候这里都是我们的牧场""哈萨克人在山的那边生活"等表述，不仅反映了历史记忆的传承，更揭示了草场争夺作为民族交往交流的一种特殊形式的历史价值。

如今，随着"草畜平衡"等国家环保政策的施行与当地旅游业的发展，唐布拉草原被开发为不同的旅游景点，不仅牧民的牧场边界不断推移，传统的季节迁徙方式也发生改变。夏季牧场在冬季时也不再冷清，有来自各行各业的汉族、回族、维吾尔族商户驻扎此地，很大程度上改变了牧民的生活。

而随着交通的改善与牧民拥有汽车数量的增多，夏季牧场到定居点的距离也不再遥远。与过去在迁徙途中风餐露宿，在夏季牧场的几个月里过着没有电灯、没有通信、没有可采购生活用品的地方等艰难情况相比，如今的夏季牧场，各种生活物资应有尽有，甚至在晚上安顿好牲畜后，牧民便会开着汽车或骑着摩托车下山参加娱乐活动，活动结束后，第二天清晨继续回到夏牧场照料牲畜。

（二）"半农半牧"的生产方式

按照第一章对伊犁河谷自然空间的划分，四季轮牧的方式只能在牧区空间里实现，而农牧结合空间、农村空间与城镇空间更多地是以圈养的方式为主，饲草料主要以天然打草场的青草与人工种植的苜蓿、青贮玉米及农作物秸秆（大麦秸秆与玉米秸秆）为主。这种生产方式是当下伊犁河谷地区畜牧业生产的主要方式，分为以下几类。

1. 有耕地的"非牧民"

此即拥有耕地、没有草场却从事畜牧业生产的农民。这种身份是一直存在的，尤其在农牧结合区，占到农民的 80% 以上。具体表现为，村民在农村宅基地建造规模不一的圈舍，利用农闲之际饲养绵羊、牛等牲畜，有些位于山脚下的村庄会饲养擅长攀爬岩石的山羊。离山区越远的农村，饲养驴、骡、猪等家畜的情况越多。此类情景之下的"半农半牧"，区别于在天然草场之间季节轮牧的传统牧业方式，是在天然草场（夏季）与农地（秋收后到春耕前）之间的轮牧。对于这些村民而言，村里的农业种植地不仅是口粮地，也是他们的"冬季草场"。每年秋收之后，这些农地里都是成千上万的牛群。而在夏天，村民会以支付报酬的形式进行托养，也会在牧民迁至夏牧场之时，以 3000~5000 元的价格租赁牧民的冬季草场和春季草场进行放牧，或在管理松懈或产权不明晰的草场交界处、农牧结合区放牧。当然，由于过度啃食对草场造成的破坏和草场纠纷问题，以上行为越来越受到限制。

根据田野访谈人描述，这种半农半牧的生活方式和游牧生活一样，是历来就有的。这与新中国成立之后、社会主义改造时期的农牧业发展制度相关联。尤其到了 1980 年代初家庭联产承包责任制施行之时，农牧结合区的每个人都面临着成为农民或牧民的选择，牧民会分得牲畜和草场，农民会分得土地和粮食，只能二选一，自那之后，这种身份就代代相传了。即使如此，并不是成为农民后就不能从事畜牧业，相反，"一直以来，种点口粮用来吃饭，养点牛羊，吃肉喝奶，大多数人都是如此生活"（引自与乌兰布鲁克村原村委书记的访谈）。只不过，与牧区的牧民生产生活相比，由于空间的限制，农村地区圈养牛比绵羊更适合，且能够满足多数少数民族农民爱喝奶茶的需求。同时，随着现代化农耕技术的发展，农地里残留的农药导致牲畜中毒而死的现象越来越普遍，这是传统牧民生活中不曾有的新问题。

2. 既有牧场又有耕地的"亦农亦牧"

如前所述，伊犁河谷现在的牧场与耕地的分配工作是自 1985 年开始，到 1989 年正式发放了耕地和牧场使用证，现在的状况与那时基本一致，但也存在后来内部调整和重新分配的情况。例如，在尼勒克县乌兰布鲁克村，1992 年又进行了一次分配。据村里老干部回忆，由于自然灾害和家庭内二次分家后牧场面积较小，部分牧民面临严峻的生活困难，村委会自 1991 年开始摸底，并于 1992 年对符合上述情况的 45 户牧民进行了耕地分配，"共有 155 口人，分了 310 亩旱田、265 亩水田，人均 5 亩耕地"。因此，便出现了既有草场又有少量耕地的特殊情况。

除此之外，还存在一种有牧场的"半农民"，他们通过婚姻或继承的形式，使得一个家庭中有人有牧场证，有人有耕田证，即"亦农亦牧"的家庭。值得一提的是，即使继承给子女也只能拟定内部协议，草场的产权是无法转让的，只能使用或租赁。因此，有些家庭因缺乏庄稼种植的经验和技术，将拥有的耕地承包给农区的汉族农民种植，而自己主要从事畜牧业生产。总而言之，无论是自己耕种还是承包出去，对拥有牧场的牧民来说，都属于双份收入和保障。

3. 有牧场的"新农民"

随着禁牧、休牧政策的施行和牧民定居化的实现，那些拥有草场证且世世代代生活在牧区的牧民住进了建在农村里、带有暖圈和饲料库房的定居房，这些定居点村落附近便是农民的耕田。即便如此，这类牧民的生产方式仍然以畜牧业为主，不进行耕种。只是畜牧业生产的方式从四季轮牧转变为两季或三季迁徙。即冬天在定居点，夏天迁往夏牧场，或干脆常年居住在定居点照顾就学的子女和年长的老人，只是将牲畜交给羊倌在自家草场上放牧。还有的"新农民"和半农半牧的农民相似，冬季圈养牲畜，夏天将牲畜交由羊倌，同时租赁农地进行耕种。值得一提的是，随着牧区人口向农村、城镇的流动，牧区缺乏劳动力，迫使牧民们在日常的畜牧业生产活动中不得不依靠雇人来解决问题。因此，雇羊倌、牛倌放牧已经成了一种常态化现象。羊倌、牛倌的报酬根据每年的市场价格稍有波动，但大致为 3500~5000 元/月。另一种形式是将牛羊托付给牧民照护，按照每只羊 25~28 元/月，每只牛 200~250 元/月的标准支付报酬。

当然，牧民"非牧化"的选择不仅是转向农业生产，还有一定数量的拥有草场并享受着政府草场补贴的牧民群体，通过将草场租赁给别人，自己进城务工、做生意或考取公务员等方式完全摆脱了畜牧业生产。只是随着牛羊价格市场的波动、年龄和价值取向的改变，往返于"牧民"与"非牧民"身份之间的群体越来越多。

（三）转型中的产业化养殖：以褐牛为例

优良的自然环境是伊犁河谷以畜牧业为主的先天条件，而随着我国农业产业化、规模化、市场化发展，伊犁河谷草原畜牧业从粗放型向节约型、从数量型向质量效益型转变，产业化养殖逐渐替代传统的分散养殖。

就畜牧业种类而言，伊犁河流域主要以养殖褐牛、哈萨克羊和伊犁马远近闻名。其中，褐牛养殖业是新疆之最。新疆褐牛是乳肉兼用品种牛，从 1935 年开始，选用阿拉塔乌牛、科斯特罗姆牛、瑞士褐牛与当地哈萨克牛杂交，历经近半个世纪的选育，于 1983 年通过国家鉴定，1986 年被批准为新中国成立后的第一个肉乳兼用的新品种牛。目前，伊犁州褐牛及其杂交改良后代存栏 70 万头，有伊犁新褐牛种牛场、伊犁种马场褐牛繁育中心、尼勒克县牧强褐牛种畜场、昭苏县昭苏马场森源新疆褐牛繁育中心 4 家区级新疆褐牛养殖场。[1] 除了这些专业化的国家级大型、区级大型养殖基地外，伊犁河谷还存在着大大小小的众多养殖场，有的是企业，有的是合作社，还有的是现代家庭农场。

田野资料： 昭苏县天山牧场的 90 后创业者乔某自 2019 年从俄罗

---

[1] 耿娟：《新疆褐牛群体改良现状及展望》，《新疆畜牧业》2020 年第 2 期。

斯留学回国后，便从事着家庭农场的经营。最初，乔某的父亲是以多人入股合作社形式养殖育肥牛。乔某回来后，为了与国际接轨，开始引进瑞士褐牛、德系褐牛的冻精，进行精品改良，培育的褐牛规模一度达到200头，并且直接与蒙牛等大型企业合作。现代家庭农场的养殖模式与上述国家级养殖基地或企业一样，都是标准化农场，从喂养、打扫牛舍到运输、出售，全部实现了机械化，这从整个养殖场只需一名工人照料就可以看出。该家庭农场年投入在25万-30万/年，但近年来的收入并不乐观，这主要与精细化养殖的投入、国家政策、当地政府扶持力度以及大规模进口牛肉的冲击紧密相关。因此，乔某这两年在兼营养殖场的同时（目前有褐牛存栏100头左右），转而投入草料种植和收售的经营。

总而言之，产业化养殖模式，引进国内外的优良品种和先进的养殖经验，并实现资源利用最大化，不仅能实现当地品种的改良，增加地方财政和牧民家庭的收入，还能够在很大程度上带动当地就业，从而形成了伊犁河谷畜牧业养殖欣欣向荣的景象。但正如资料中所分析的那样，产业化养殖需要大量的资金和精力投入、科学化和精细化养殖技术的引进、有力的政府扶持和良好的市场环境，这对千百年来以传统畜牧业为主的牧民带来了一定的挑战。

（四）畜牧业"中介"：牲畜收售、饲料加工、运输行业

伊犁河谷各族民众在互嵌共居的历史长河中，逐渐形成了一套基于资源禀赋与文化传统的明确的分工与协作模式。以畜牧业为例，哈萨克族与蒙古族主要从事牲畜放牧，汉族经营运输业务，维吾尔族多参与活畜收购，回族则专注于羊皮等畜产品交易。这种基于民族特长的劳动分工，在伊犁河谷民间关于"山上的哈萨克""铁马兄弟（形容开货车的汉族）""贩牛羊的维吾尔""收羊皮的回回"等生动俗称中体现出来。

首先，哈萨克族、蒙古族是伊犁河谷传统畜牧业的主体，在他们从传统的游牧方式转向定居化的漫长历程中，"开货车的汉族"逐渐出现，并改变了他们的生活。据牧民们回忆，直到20世纪70年代末，他们仍在使用骆驼、牛、马等驮载家用品，赶着畜群迁徙牧场。80年代初，开始出现被牧民称为"五十五"的拖拉机，可以实现较为平坦路段的迁徙，但大多山区路线仍需借助畜力。直到 90 年代初，真正意义上的货车才出现在牧民的季节迁徙中，通常是临近的三五家牧民一起使用一辆货车搬运毡房等物品，而家庭中的强壮劳动力则仍然骑着马等牲畜。即使如此，因道路崎岖，交通设施落后，货车仍然要颠簸两日才能到达夏季牧场。

其次，"贩牛羊的维吾尔族"与"收羊皮的回族"是随着 1980 年代人民公社体制的结束而出现的。据牧民回忆，在这时期之前，他们需要将畜群赶到指定的国营食品公司统一出售。在施行家庭联产承包责任制之后，牧民可以将牛羊赶至最近的"巴扎"（维吾尔语：集市）进行交易，这些巴扎通常都由擅长商业贸易的维吾尔族经营。随着"巴扎"的流动性增强，开始有维吾尔族商人上门收购，后来这种模式就变得更为普遍。"维吾尔族擅长商贸"在史料中早有记载，新疆作为古代连接欧亚大陆的丝绸之路中段，是东西方商旅往来的必经之地，这使得维吾尔族自古以来就有经商的传统，骑着驼队的维吾尔族商人对加强东西方经济、文化的交流起到过重要的推动作用。而同样被公认为有生意头脑的回族人，也会在传统的畜牧业时代，骑着摩托车去牧民家中进行收购。与维吾尔族商人不同的是，回族商人最初更多地从事皮毛交易。他们骑着摩托车，每天在附近的哈萨克族、蒙古族聚居的村落中走街串巷，用一种独特的声调不停吆喝："ter bar maa? ter bar maa?（哈萨克语：有皮子吗?）"。他们以较低的价格收购牛羊皮后，统一送去伊宁市或乌鲁木齐的加工厂，制作成各种皮质服装鞋帽，羊肠据说会被加工成各类医学手术当中的缝线。在这个过程中，回族商人扮演的是中介的角色，只负责将牧民手中的牛羊皮送到加工厂，赚取差价。

在牧民的认知体系中，牲畜的"培育—繁殖—季节迁徙—秋季出栏"是由牧民自主掌握的完整的生产闭环。而后续的"收购—加工—销售"等环节则属于陌生的外部系统，由其他民族的专业群体进行运作。正是这种认知差异化，导致一种对内部和外部、熟悉和未知的异质性区隔。

可见，相同的地理环境决定了互嵌共居的各民族具有相同的若干种经济模式，但也巧妙地进行了分工，不过，这种分工不是分离，而是促进了更加不可剥离的合作及需求，这也是"三个离不开"中"各少数民族互相离不开"最直接的体现。当然，人口的流动、地理空间的切换，使得上述传统的分工与合作模式也出现了很大的变化。尤其是随着交通设施的完善，不仅牧民可以自己随时动身，就连畜群也能够"乘坐"运输车辆，数小时之内到达新的牧场。这便衍生出了一些新的现代化"中介"行业——牲畜收售和运输、饲料加工与运输等。

1. 牲畜收售和运输

正如上文所述，从事牲畜收购、出售的商人主要以维吾尔族与回族为主，也有汉族商人。以尼勒克县为例，每年秋天去牧民夏季牧场收购的商人，大多都是从东边翻越独库公路而来的南疆维吾尔族商人或乌鲁木齐、昌吉等地的汉族、回族商人。不同以往的是，伊宁市、新源县、霍城县也有许多当地企业、商人前去收购，也有不少当地蒙古族牧民、哈萨克族牧民因擅长商业贸易而承担起中介的工作。通过介绍牧民或将商人带去牧民家并顺利成交、估算收购与实际过磅之间的差价、负责运输等方式，获得数百元至数千元的"中介费"。

从价格上来说，牧民为了节省运输费用和避免掉膘，会选择每年10月从夏季牧场转回冬季牧场时将这年养大的羊羔全部出售，通常，因收购商会加上运输成本、中间差价，这种批量出售的价格会略低于市场价，每只羔羊为800~1200元，每头牛为10000元左右。随着市场信息的透明化和运输成本的降低，有些牧民倾向于躲避中间差价，而直接以过磅的方式出售给企业，企业收购会有关于品种、重量的一系列标准，一经达标，价格透明合理。但也有牧民认为这种出售形式较适合于育肥畜群，就大多数在山区草场进行季节迁徙的牧民而言，尤其对于精瘦的土羊、土牛品种，根据畜群数量整体出售价格会更高。

除了牲畜收售行业之外，牲畜运输也逐渐成了一个很热门的行业。笔者在田野调查中发现，目前伊犁一个县城的各乡镇村民自己购买的大货车就有200辆以上，其中不少家庭都是以按揭贷款的方式购买，一辆车的价格在30万~50万元。每年春天和秋天牧民转场以及夏天打草的时候，这些司机最为忙碌，订单应接不暇。运输牲畜的价格会根据运输距离远近、牲畜数量多少上下波动，通常而言，从牧民的冬季牧场或定居点到夏牧场是每头牛50元、每只羊10元的价格。在非忙季，他们会在疆内其他地区或疆外各省市之间跑运输。运输价格按照里程计算是5~6.5元/公里，按照重量是根据距离远近从100元/吨到600元/吨不等。总的来说，家庭型大货车每年的收入在10万元/辆以上。除此之外，也有一部分农牧民给这些货车主开车，收入为 6000~10000 元/月。不过，因开长途货车的生活十分辛苦且枯燥，习惯了自由生活的农牧民很难坚持下来。

值得一提的是，在交通不便的过去，在出现上门收售的商贩之前，新疆地区的"巴扎"是很重要的场域。巴扎在维吾尔语中是集市的意思，最早主要集中在维吾尔族聚居区，后来发展到其他各民族聚居的村落，变成一种集日用品、牲畜、生鲜、果蔬、服装售卖为一体的农贸集市，内部分为餐饮、农副产品交易、活畜禽交易等。笔者年幼时，家乡的每个村都会将一个星期内的某天定为"巴扎日"，那些摆摊售卖的个体户也就随着每天地点的变换成了"流动的商贩"。下面以伊犁河谷最大的农村集市——伊宁县愉群翁回族乡的黄公巴扎为田野案例，进行补充说明。

> **田野资料：**黄公巴扎位于伊宁县愉群翁回族乡阿勒推村，是附近各族居民从事商贸活动的重要场所。原来的黄公巴扎交易日是每周三，2022 年，新疆生产建设兵团第四师可克达拉市供销合作社成立的新疆创锦黄公农产品交易有限公司接管了黄公市场的运营后，将市场交易日增加至每周 3 个，大幅度提升了交易量。目前，市场平均每个交易日可完成的交易量约为牛 8000 头、羊 4000 只、马 2000 匹，日交易额约 1.1 亿元，成交率 90% 以上，被认为是新疆甚至中亚最大的农村交易市场之一。
>
> 今天的黄公巴扎占地面积达 20 多万平方米，分为活畜交易区、农副产品区、日用品区等多个区域。活畜交易区是最吸引人的地方。每逢巴扎日，来自全疆各地的牛羊贩子和农牧民都会聚集在这里，进行一场声势浩大的"买卖"（在少数民族语言中，农牧民去采购生产生活用品，都会被称为"买卖"）。
>
> 在巴扎可以看到成千上万头牛羊被售卖，也可以见识到新疆早期畜牧业交易中的"牙人"模式，牙人即在活畜交易中起到中介作用的人，伊犁河谷少数民族称之为"dailal"。能够胜任"牙人"的通常是对牛羊价格和品质非常了解的"老手"，他们会在买卖双方之间进行睿智、幽默地沟通和协调，"左手拉着买家的手，右手拉着卖家的手，撮合双方讨价还价"，如果双方都满意，这买卖也就成了，

牙人的"茶钱"也就到了。之所以叫茶钱，是因为在早期的集市交易中，充当牙人的维吾尔人会将骑着马长途跋涉而来的蒙古族、哈萨克族牧民迎进家中喝奶茶，在喝茶的过程中促成交易。新疆的牙人交易模式，在当地人看来更多的是一种传统和信任的象征。

除了活畜交易外，在黄公巴扎还可以买到各种各样的农副产品和日用品。从新鲜的水果蔬菜、干果坚果、奶制品、烤肉、烤包子等美食，到手工艺品、服饰、鞋帽、家具、日用百货等物品，应有尽有，琳琅满目。

新疆巴扎不仅是一个交易场所，更是一个展示新疆农牧区生活和文化的窗口。在这里，你可以看到新疆各民族服饰、语言、风俗、信仰的多样性，也可以感受到新疆人民的勤劳、善良、友好和团结。

2. 草饲料的种植与加工

即使在传统的畜牧业生产背景下，牧民也并非单纯地"逐水草而居"，为了熬过漫长的冬季，需要收割、运输草料进行储备。据牧民会议记载，在20世纪80年代以前，牧民去山谷里挑选长得好的草场进行人工收割后借助畜力运回冬窝子，也时常会因地势险峻，出现滚落等事故。80年代之后，当地开始对河谷的湿草地进行围栏（当地牧民称之为"草科林"），牧民在每年夏天7~8月进行收割、运输、储备。这逐渐发展成为今天的草饲料种植和加工行业。

畜牧业的发展与草料种植、饲料加工行业密切相关，二者的价格波动也会直接相互影响。草饲料加工行业分为天然草场的青草收割加工，苜蓿、青褚等人工种植草料的收割加工，以及成品饲料的出售。

田野资料：正如上文中的访谈对象乔路所分析，相比大型养殖场，草料种植和收售行业是一个资金回报周期较短的行业。他在其父亲原有的草场基础上，通过购买使用权的形式，目前共拥有草场1000余亩，其中一半为天然草场，一半为人工草场。在引进优良草种进行种植、出售给各大农场的同时，他也按照合作企业的标准，收购当地牧民质量优良的草料。收购的价格与草料的 RFV 指数、CP（粗蛋白）指数、是否发生霉变等具体细节相关，通常，符合天津港进出口标准的草料可以达到 4000 多元/吨，符合国内标准的则是 2000 多元/吨。

伊犁河谷的大多数牧民（尤其是草场居多的尼勒克县、昭苏县、特克斯县、新源县牧民）以较小规模的、家庭牧场的方式从事着天然草场或人工草场的种植，他们也是草料收割加工、出售和运输行业的主要客户。

相对而言，天然草场因距离较远、地势较高，收割价格高于平原种植的人工草料：收割价格为 20~25 元/亩，根据面积大小，打捆价格为 1~1.5 元/捆。天然草场的整体收成主要取决于当年的雨水情况，按照目前机械化捆草的重量为 15~20 公斤/捆来看，干旱时每亩只有 10 捆左右，雨水充足情况下会达到 20 捆。草料收割、加工之后，大多牧民会直接将其运输至冬季牧场或定居点，通常能够自给自足，畜群多的情况下需要另处购买。同样，没有从事畜牧业生产的农牧民则会进行草料出售。从草料价格来看，麦秸秆最便宜，售价为 15 元/捆，天然草料 20~25 元/捆，苜蓿 30 元左右/捆。牧民通常会选择综合营养价值较高的后者，认为吃了苜蓿草的畜群会"更有力气"。

在半农半牧和农村地区，农牧民会收割麦秸秆、玉米秸秆，种植苜蓿草，2000 年后，伊犁河谷逐渐开始种植青褚，目前已形成一定的规模。其具体的价格情况分别如下：面积较大且成片作业的苜蓿草收割约 10~15 元/亩，打捆 3 元/亩，运输费用按照距离远近为 1~3 元/捆；麦秸秆是在粮食收割机作业后进行打捆，约 2~3 元/捆，运输价格同上，因此总成本约为 4~5 元/亩，每捆重量在 10~15 公斤，每亩地大概出捆数为 10 捆；新型草料青褚的收割加工成本最高，约为 200 元/亩，其中收割、运输是 120~140 元/亩，下窖、压窖、封顶是 50 元/亩，也有整片承包加工的方式，大致是 1800~2000 元/亩（每亩出产量为 5~8 吨）。除了草料之外，成品精料也是畜牧业的重要投入，据估计会占到 1/5 的比例，包括育肥料，用于孕产和幼崽成长的、季节性驱虫的、摄入微量元素，等等。当然，具体的投入比例也会根据牧民的盈利情况进行适当调整。

（五）蜜蜂养殖业

伊犁不仅被称为"塞外江南"，还有"西域湿岛"的美称。每到春天，漫山遍野百花齐放，为蜜蜂繁衍生存提供了很好的蜜源条件，尤其形成了适应伊犁独特气候的优良黑蜂品系。其中，尼勒克草原上的山花蜜和黑蜂蜂蜜是国内外知名的蜂蜜，因此，它们也被誉为"甜蜜尼勒克"。伊犁蜂业已受到自治区、国家的高度重视，中央财政每年拨付资金5000万元，支持伊犁蜂业的持续健康发展。当地政府还制定"伊犁蜂蜜"地方标准，建设标准化家庭蜂场、蜜源植物种植基地和蜜蜂授粉示范基地，重点发展合作社、企业，"以尼勒克县为中心，向新源县、巩留县、特克斯县、昭苏县辐射"。

据统计，目前伊犁作为全疆最大的蜜蜂养殖基地和蜂产品生产基地，蜂群数已达到20余万群，蜂产品产量达到4500吨。此外，伊犁州每年赴全疆各地为香梨、巴旦木、油葵、打瓜等开展授粉活动的蜂群已达到5万余群，为当地果农增收奠定了基础。[1]

除了扶持建设示范基地、合作社、骨干企业之外，在伊犁河谷深处的山谷间、公路边随处可见头戴翁纱的养蜂人。按照传统的生产方式"分工"，以往的养蜂人多为来自内地的拥有专业技术的汉族，每年4月到10月花开的季节，伊犁河谷会吸引来自全国各地的养蜂人，他们会根据山花、油菜花开放的顺序，从南到北、由西到东，进行一场"追花酿蜜"的行动。

2020年由王琪作词、作曲并演唱的歌曲《可可托海的牧羊人》红遍全国各地，歌中讲述的是一名北疆富蕴县的哈萨克族牧人和来自四川的养蜂女之间的凄美爱情故事：男主角哈萨克牧人以草原为家，养蜂女用驼队驮着蜂箱，花开在哪儿家就在哪里，他们在野花盛开的草原相遇。善良的牧羊人经常送一些羊奶给养蜂女，养蜂女也会将一些蜂蜜放在牧羊人的毡房门口，慢慢地，两人相爱了。根据歌词，在草原上花儿凋谢、大雨滂沱的某个夜晚，养蜂女赶着骆驼不辞而别，牧羊人苦苦等待，却等来养蜂女嫁到开满杏花的伊犁那拉提的消息……关于养蜂人的歌曲还有《伊犁那里提养蜂女》、《伊犁花海的养蜂女》。

民间艺术往往是当地生产方式最好的展现，这充分印证了伊犁河谷

---

[1] 杨佳林：《伊犁州发展蜜蜂授粉产业促农增收》，伊犁新闻网，https://www.ylxw.com.cn/caijing/2023-03-23/1124399.html。

草原得天独厚的养蜂与蜂蜜酿造条件。如今，伊犁哈萨克自治州的养蜂产业发展成果显著，也形成了一定的地域特色——2023年全州蜂群存栏量达12.3万箱，建成了亚洲最大的黑蜂保种场，其"山地—河谷"立体养殖体系更被列入了国家级非物质文化遗产。这也再次印证了伊犁河谷各民族之间经济互嵌、文化互嵌的交流纽带。

2000年来，越来越多的当地各族农牧民开始加入养蜂行业。与移动的汉族养蜂人的区别在于，本地农牧民会在自己的居住地附近养蜂，以畜牧业或农业生产方式与养蜂业互补从而实现收入的增加。而当地农牧民通过养蜂、出售蜂蜜而改善生活，被当地媒体誉为"自然恩赐的甜蜜生活"。

田野资料：巩留县库尔德宁镇阔克塔力村的农民Z，20世纪70年代投靠亲戚来到新疆，当时库尔德宁景区还没有开发，库尔德宁镇还叫一公社，后于1978年更名为莫乎尔公社，1984年改称莫乎尔乡，2013年设立库尔德宁镇。Z一家直到1989年才分得了1亩地的宅基地和12亩地的旱田耕地，自种口粮至今。Z所在的阔克塔力村（以前叫阿勒玛勒村）共有居民2467人，其中哈萨克族居民占68%，汉族居民占32%。因该村是人民公社时期的农业小队，目前也仍以耕种为主要生计方式，且因库尔德宁属于山区，无法耕种早熟的农作物，村民普遍以种小麦和油葵为主。与此同时，哈萨克族居民大多也盖圈舍饲养牛羊。

由于库尔德宁镇位于天山脚下大吉尔格朗河支流库尔德宁河畔，地处大吉尔格朗峡谷南侧山间阔谷，海拔1500米，因此享有"天山最美的绿谷、雪岭云杉的故乡"之美誉。库尔德宁拥有国内最大的原始云杉林，是国家级云杉自然保护区，2012年作为西天山世界自然遗产保护区的有机组成部分，被列入《世界遗产名录》。因此，库尔德宁漫山遍野的杏花和当地农民种植的葵花、油菜花，也成为优质蜜源的产地。

2002年，Z在莫乎尔乡以400元/箱的价格购买了20个蜂箱，开始在农忙之余从事养蜂业。据Z描述，养蜂需要靠近水源，他们选择了在库尔德宁河畔安扎蜂箱。在每年的春天3月中旬出蜂，3月下旬蜜蜂开始采花粉，到了5月需要对蜜蜂进行分群，在6月底就开始流蜜源了。真正的打蜜始于每年7月5日，但量只够自用，随后逐渐增多，过了一个月的黄金期后在8月又逐渐减少，最后在10月第一场雪后就会喂白糖收蜂入冬。据Z估算，一个蜂箱大约可以采蜜40公斤，去掉成本后利润在10元左右/公斤，在后来发展到100个蜂箱时一年会有接近十万的收入。"那时的蜜源很纯、质量很好，但每公斤售价也只在十几元左右，现在的价格已经翻了好几倍，但因为采蜂的人越来越多，蜂蜜就没以前那么好了。"后来，随着库尔德宁景区的开发，购买蜂箱价格的上升（目前是800~1000元/箱），再加上蜜蜂养殖过程中有蜂螨等情况的损失，Z在养蜂十年之后放弃了这项事业，继续从事农业生产，最多的时候承包过150亩地进行耕种。

二 伊犁河谷的农业发展：以特色农业为例

如前文所述，伊犁河谷的农业种植在准噶尔汗国及清代得到全面发展。但实际上，伊犁河谷农业发展的历史渊源可以追溯至更早时期。据《元史·食货志》记载，13世纪成吉思汗西征时期，伊犁河谷已有系统的谷物种植活动，"命伯颜督军屯田于阿力麻里，教种秫、粟"；[①] 丘处机《长春真人西游记》里描述当地棉花"鲜洁细软，可为线为绳，为帛为绵"；[②] 耶律楚材《西游录》则记载伊犁河谷"附庸城邑八九，多蒲桃梨果，播种五谷，一如中原"[③]，反映出当时已形成农牧结合的复合经济形态。

到察合台汗国时期，歪思汗将统治中心迁至伊犁河谷，据《拉失德史》记载，他"每年都到塔里木、吐鲁番狩猎，并亲自浇灌土地，种植庄稼"[④]，推动了游牧文化向农耕文化的过渡。因此，至准噶尔汗国时期，伊犁河流域已经发展成为农业核心区，据傅恒《西域图志》记载，当时

---

① （明）宋濂等：《元史》（卷九十三·食货志一），中华书局，1976，第2357页。
② （金）李志常：《长春真人西游记》卷上，中华书局，1985，第23页。
③ （元）耶律楚材：《西游录》，中华书局，2000，第5页。
④ （叶尔羌汗国）米尔咱·马黑麻·海答儿：《拉失德史》，新疆人民出版社，1985，第112页。

"伊犁一带屯田，约万人耕种地亩"①，形成了规模化的农业生产格局。因此也有"准噶尔人且耕且战，号富强"② 之说。

伊犁河谷农业的发展史是一部各个民族共同开发、共同建设、共同反对外来侵略的历史。③ 笔者在历史叙述的部分，已对伊犁河谷农业发展的悠久历史，尤其是清政府的一系列促进农业发展的政策进行了分析，自那时起，伊犁河谷地区逐渐向半农半牧社会转变，农耕人口空前增加，耕地面积逐渐扩大。尤其到了新中国成立后，伊犁河谷地区的农村和城镇日趋密集繁荣，各民族民众生活得到了极大改善。

目前，伊犁州直共有耕地 1084.14 万亩，其中，伊宁县、察布查尔县、新源县、昭苏县 4 个县的耕地面积占 59.24%。近年来，在中央和自治区、自治州强有力的强农惠农政策支持下，伊犁河谷地区的农业转型呈跨越式发展，亦称为国家级、自治区级重要的粮、油、糖基地，大豆的生产大区，全国最大的甜菜制糖区，新疆三大优质水稻生产区之一。④ 在此，仅就伊犁河谷的几项特色农业进行阐释。

（一）新型农业：以薰衣草种植为例

夏天的伊犁河谷美不胜收，高耸的雪山和连绵的草原，满山满谷的杏花和黄灿灿的油菜花，与紫色的薰衣草花海交相辉映，吸引着国内外游客前来观光。

因伊犁河谷地理条件和气候环境十分适宜种植薰衣草，20 世纪 60 年代，薰衣草原种从法国引入，经过数十年的精心培育，薰衣草在伊犁河谷形成规模，伊犁河谷因此被原农业部命名为"中国薰衣草之乡"。到 2022 年，伊犁河谷的薰衣草种植面积已达到 11.5 万亩，伊犁河谷因此与法国普罗旺斯、日本北海道、俄罗斯高加索地区并称世界四大薰衣草

---

① （清）傅恒等纂修《钦定皇舆西域图志》（卷三十二·屯政二），清乾隆四十七年（1782）武英殿刻本。

② （清）祁韵士：《西陲总统事略》（卷一·初定伊犁纪事），载于《中国西北文献丛书·西北史地文献》第 217 卷，兰州古籍书店，1990，第 8 页。

③ 玉努斯江·艾力：《清代塔兰奇人研究》，博士学位论文，兰州大学，2017。

④ 塔里木、路通、杨佳：《伊犁州直农业发展现状及对策》，《现代农业科技》2016 年第 10 期。

产地。①

在国家大力支持农业创新的背景下，伊犁河谷的薰衣草种植也吸引了来自国内外的青年依靠科技创新，走上致富之路。目前，伊犁哈萨克自治州建有新疆首家自治区级博士后科研工作站和博士后科研创新基地，培育了数十种优良的薰衣草品种，其中部分产品已实现出口。薰衣草产业的发展也带动了当地农民就业，实现了脱贫致富。

> **田野资料**：伊犁河谷的薰衣草种植产业具有显著的规模优势，其中霍城县作为核心种植区，其薰衣草种植面积达 5 万亩，占全国薰衣草种植总面积的 93% 以上（数据来源于《中国香料植物种植业发展报告 2022》）。其中，霍城县芦草沟镇四宫村因薰衣草品质好、出油多，最多能售出精油 30 多吨，产值达到 1700 多万元。四宫村的村民几乎家家户户都以种植薰衣草为主要生计模式，种植面积从几十亩到几百亩不等，每亩净收入在 2000 元以上，市场好的时候能实现 4000 元以上。到每年 7 月，村民便开始收割、加工、出售精油。四宫村的薰衣草种植除了种植、制作干花与提炼精油之外，还吸引了众多大型企业入驻，形成了以薰衣草酿蜜、园林观赏、深度体验、手工 DIY、医疗保健、美容美肤等行业为一体的产业链，提升了薰衣草的附加值。

（二）伊犁河谷林果业的发展

耶律楚材随成吉思汗西征时抵达伊犁河谷地区时，在其著作《西游录》中详细记载了当地的自然与农业景观："既过圆池（今赛里木湖），南下皆林檎木，树荫翳翳，不露日色。既出阴山（今天山），有阿力麻里城，西人目林檎曰阿里马（意为苹果树），附郭皆林檎园圃，由此名焉。附庸城邑八九，多蒲桃梨果，播种五谷，一如中原。"② 此外，《钦定皇舆

---

① 《种草种出"紫色经济"——新疆伊犁河谷薰衣草产业发展调查》，中国经济网，http：//www.ce.cn/xwzx/gnsz/gdxw/202108/24/t20210824_36837036.shtml。

② （元）耶律楚材：《西游录》，中华书局，2000。

西域图志》亦记载了伊犁地区盛产各类果品，包括葡萄、苹果、杏、核桃等。① 如今的伊犁河谷林果业已发展形成以苹果为主，葡萄、树上干杏、西梅、桃、李等时令水果为特色的四大优势产业。

1. 伊犁河谷林果业种植

据统计，截至 2020 年底，伊犁州直各类林果总面积 68 万亩，挂果面积 40 万亩，果品总产量 39 万吨，产值 22.66 亿元。② 按照比例来说，苹果约占 40%，树上干杏占 15%，西梅、桃、李占 6%③，另据 2022 年葡萄产量总值 10.89 万吨，可见葡萄种植约占伊犁河谷林果业面积的 30%。在州直辖县里，伊宁县作为伊犁州直特色林果的主产区，其种植面积在 16.5 万亩，占总面积的 1/3 左右。其中杏 5 万亩，葡萄 4.8 万亩，苹果 2.8 万亩，西梅 2.3 万亩，其他 1.6 万亩。④ 自 2008 年开始，伊宁县制定了一系列林果业发展扶持政策，通过示范园建设，以北山坡为重点区域，推进特色林果业发展，提高了当地农牧民的收入。

2. 伊犁河谷"逆温带"与野果林带

伊犁林果业在当地农业种植业中占据重要地位，主要得益于其独特的地形条件。受天山山脉影响，伊犁河谷形成了中纬度山区特有的"逆温带"气候，总面积约 1500 平方公里。"逆温带"不仅能够在冬季提高温度 2~8℃/100m，避免植物遭受冻害，也能够在秋季推迟早霜，延长零上温度的持续期。因此，目前伊犁河谷的林果业发展除了埋土防寒栽培的葡萄外，90% 的树种都种植在逆温带。与此同时，伊犁河谷的逆温带自古以来孕育着广袤的原始森林，其中在天山山脉海拔 1000 米至 1600 米的区域，分布着 30 多万亩原始野生果林。有野杏、野苹果、野山楂、野樱桃、野核桃等 43 个物种，是世界上罕见的野果林地带，深受国内外科学研究人员和观光者的青睐。

新源县的土尔根杏花沟位于巩乃斯北岸，占地面积 3 万多亩，是目

---

① （清）傅恒等纂修《钦定皇舆西域图志》（卷四十三·土产·果属），清乾隆四十七年（1782）武英殿刻本。
② 《伊犁州直持续提升特色林果品质》，新疆维吾尔自治区人民政府官网，https://www.xinjiang.gov.cn/xinjiang/dzdt/202101/38f18e7285d94802b0bea2a327c1f184.shtml。
③ 徐海鸿、武彬：《伊犁地区林果业近年发展经验简述》，《农技服务》2017 年第 4 期。
④ 《伊宁县特色林果业发展添绿又"生金"》，伊犁新闻网，https://www.xjyn.gov.cn/xjyn/c113635/202206/b665357fe13f49cd940b7b28f9fca18f.shtml。

前国内最大的原始野杏林。土尔根是蒙古语，意为湍急的河流，据说是14世纪遗留下的宝贵自然遗产。杏花沟的杏子除了制作杏仁粉和杏酱之外，每年4月漫山遍野的杏花已使该地成为国内外游客慕名而来的景点，极大地带动了新源县的旅游和经济发展。据统计，2018-2022五年间新源县共接待游客756.43万人次，实现旅游收入19.87亿元，土尔根杏花沟被称为当地农牧民"脱贫致富的聚宝盆"。

3. 伊犁河谷特色野果——"甘德噶尔"

在伊犁河谷生长的数十种特色野果中，野生树莓是其中的佳品，且只生长在尼勒克县、巩留县、特克斯县部分区域海拔1200～2000米的山坡灌木丛中。从全国范围看，我国树莓的人工栽培历史较短，且主要集中在东北地区。伊犁河谷的树莓在早期都是野生的，直到近十几年来才开始成规模的种植和加工。树莓因其独特的生长环境、较高的采摘难度、鲜美的风味和显著的药用价值，被伊犁河谷各族民众视为一种珍贵的自然馈赠。在尼勒克县，有一种治疗肝热类疾病的民间方法，就是用树莓的根茎或枝干煮水喝，这在药学、营养学上也是有迹可循的。[1]

树莓在哈萨克语中被称为"唐古热依"，在卫拉特蒙古语中叫作"甘德噶尔"。伊犁卫拉特蒙古族的一首短调民歌中有关于甘德噶尔的描写："手都够不着的地方，为什么长着甘德噶尔？难以企及的遥远他乡，他（她）为什么会留在那里？"结合歌词来看，"甘德"或是蒙古语中的"gaang"，即陡峭、险峻的地方，加上"噶尔"（生长），显示它可能来自蒙古语中的"长在陡峭的地方"。

树莓呈玛瑙红色，除了直接食用外，还会被加工成果酱、罐头、果酒等，是各族民众逢年过节宴客餐桌上必不可少的角色。从味道上来看，近年来进行大面积人工栽培后，虽然家家户户都能品尝到树莓，但因其味道不如野生的美味，仍然会有许多人在夏天艰难攀爬野生灌木山坡去采摘野树莓。从经济效益上来看，树莓具有一定的抗寒力，适应性强，栽培技术简单，易于繁殖，栽后第二年就能大量结果，产量可稳定在1.5～2吨/亩，因此，大面积栽培树莓不仅为当地农民带来了很大的经济效益，也已成为伊犁河谷的一大特色。

---

[1]　韩加、刘继文：《树莓营养保健功效及开发前景》，《中国食物与营养》2008年第8期。

三　伊犁河谷的其他生产方式：以旅游业为例

在介绍田野点和分析经济生产方式时，笔者对伊犁河谷丰富的自然资源进行了叙述。总体而言，从分类上，伊犁哈萨克自治州的旅游产业可分为如下几类：首先，是以草原、森林、湖泊、河流、温泉等自然资源为依托的自然风光旅游，例如，被列入世界自然遗产的新疆天山脚下的库尔德宁景区、伊犁的 5A 级景区那拉提草原和喀拉峻草原，以及昭苏夏塔草原、巩留恰西草原、尼勒克唐布拉草原等。其次，是人文旅游，包括以历史文化古城为依托的旅游，如霍城县伊犁将军府惠远古城、特克斯八卦城、伊宁市国家历史文化名城等；最后，是以传统村落为依托的民俗类旅游，如察布查尔县锡伯民俗风情园、特克斯琼库什台村、伊宁市喀赞其民俗村等；以口岸、路桥为依托的旅游，如霍尔果斯国门景区、独库公路、果子沟大桥等。

（一）自然风光类

1. "太阳升起的地方"——那拉提草原旅游开发

伊犁的草原以河谷草原为主，宛如一张层次分明的立体画卷——奔腾的河流飞泻成瀑，静谧的山泉蜿蜒如带；巍峨的山峦耸立如屏，皑皑的雪峰直插云霄；无垠的草甸铺展天地，与原始森林交织共生，其间点缀着珍奇的野果——这些元素共同构成了伊犁河谷草原独一无二的生态景观。

那拉提草原地处伊犁河谷东端，是巩乃斯草原的一部分，属新源县那拉提镇行政管辖，也是当地哈萨克牧民重要的夏季牧场。巩乃斯被认为是古代突厥语，由词根"kun"（太阳）与"-es"（表示"多"的后缀）组合而成，可解读为"阳光充沛之地"或"向阳之地"。而那拉提是蒙古语，也指具有太阳或阳光的地方。据当地民间传说，在成吉思汗西征时，有一支蒙古军队由天山深处向伊犁进发。时值春日，山中却是风雪弥漫，饥饿和寒冷使这支军队疲乏不堪。士兵们不想翻过山岭，眼前却是一片繁花织锦的莽莽草原，泉眼密布，流水淙淙，犹如进入了另一个世界。这时云开日出，人们不由地大喊"那拉提！那拉提!"，于是这个地名便流传了下来。

那拉提草原是世界四大河谷草原之一，主要以"空中草原"和"河谷草原"闻名。那拉提旅游风景区于 1999 年成立，2006 年开始呈现出较大规模的游客量，2019 年 9 月，那拉提游客量突破 100 万人，而仅 2023 年一年，那拉提接待的游客数量达 1710.69 万人次，创历史新高。

那拉提草原景区内集草原、沟谷、森林于一体，野生动物资源丰富，自然生态景观和人文景观独具特色，2020 年 12 月被认定为国家级旅游度假区。每逢夏季，会有数百万游客纷至沓来。

2. 唐布拉草原

唐布拉草原位于伊犁尼勒克县东部。"唐布拉"在蒙古语、哈萨克语中皆为"印章"，一说得名于阿吾拉勒山北坡唐布拉沟东侧几处突兀的岩石，因它们酷似玉玺、印章，另一说认为唐布拉草原曾是清朝时期为军马修理马蹄、烙印章的地方，故此得名。

尼勒克县沿着喀什河溯源而上，其中，位于种蜂场以东喀什河两岸的山地草原与河谷草原被称为唐布拉草原。唐布拉草原风景区东西长百余里，以天山山脉、草原、喀什河、温泉四大各具特色的景观构成了一幅幅立体的画卷，并有 113 条沟，沟沟有景，景景相连，互不相同，被誉为"百里长卷、天然画廊"。

笔者成长于唐布拉草原一个叫"bugu-hora"的牧场（见图 3-3），蒙古语意为"鹿聚集的地方"。在唐布拉草原，有很多关于鹿的地名，如，笔者生长地东侧的山沟牧场叫作"ovir-hora"，意为"鹿角的聚集"，继续往东，较远的牧场被称作"etsin-bugu"，意为"瘦鹿"。在卫拉特蒙古族的民间故事里，鹿是十分重要的动物。草原文化对鹿的崇拜似乎最早可以追溯到古西伯利亚的萨满巫术。据称鹿在萨满教中是一种可以通神的动物，表现鹿和武士混合体的鹿石上的鹿纹则象征武士的勇猛善战。进入早期铁器时代，鹿的图案仍被沿用，并在欧亚草原诸民族中广为流传。鹿在当时可能代表一种高贵的地位，象征巫师萨满或军事首领，或者两者兼而有之。

（二）历史与人文类：以历史文化名城为例

截至 2023 年 4 月，我国国家历史文化名城共有 142 座，其中新疆有 5 座，包括喀什市、吐鲁番市、库车县及伊犁河谷的特克斯县（因"八卦城"规划被列入）及伊宁市的喀赞其民俗旅游区与六星街历史文化街区。

图 3-3　夏牧场布谷霍热河谷位于唐布拉草原中部

图片来源：作者提供。

1. 特克斯县八卦城

笔者在田野点介绍中分析过，特克斯县因八卦城而闻名。八卦城呈放射状的圆形，街道布局如迷宫般神奇，路路相通、街街相连。同时，八卦城具有浓郁的民俗风情、厚重的历史文化和秀美的自然风光。八卦城根据《周易》八卦"后天图"方位设计，完整地融合易经 64 卦 384 爻而建成，路路相通，纵横交错，形如一个八卦勘盆，堪称一部凝固的、有形的《周易》。城内还有周文王铜像、乾街回族清真寺、坎街蒙古族喇嘛庙、坤街维吾尔族清真寺、艮街哈萨克族清真寺、坤街巴合吉马提古住宅等一批极具特色的建筑物。全县民俗风情浓郁，境内长期居住着哈萨克族、维吾尔族、柯尔克孜族、蒙古族等 33 个民族，汉文化与草原文化在此相互融合。

2. "伊宁蓝"旅游热带来的六星街网红社区变革

六星街与喀赞其是伊宁市的两个历史名社区。前文已对喀赞其进行过分析，在此，简要阐述六星街的历史与发展变革。

1915 年，1000 多名塔塔尔族人聚集在伊宁，规划了斯大林一巷至八巷的 8 条巷道，作为塔塔尔族人的新居住区，开创了新疆第一个有规划的街区。今天的六星街，就是在这个塔塔尔族社区的基础上，于 1930 年代由伊犁屯垦使公署主导并吸收了当时俄式建筑规划理念建设而成的。

六星街区平面呈圆形，有六条主干道从中心向外辐射，把街区分成六个
扇形地区（见图3-4），中心为学校、商铺、清真寺等公共建筑，外围为
居住区，形成一个独具特色的居住模式。目前，六星街社区以维吾尔族
为主要居住人口，同时还有汉族、哈萨克族、回族、塔塔尔族、乌孜别
克族等多民族人口约12万人。由于当地民族文化丰富多元，各族居民喜
爱五彩缤纷的颜色，尤其是维吾尔族居民通常会将房屋涂刷成喜爱的蓝
色、粉色等颜色。因此，六星街的建筑在成为景点之前就是五颜六色的，
有欧式建筑、俄式建筑、中西亚特色及维吾尔族传统民居等不同风格的
建筑，最突出的是维吾尔族民居的每扇窗户都使用了精湛的木雕等技术，
加上历史的印记，显得各具特色。

图 3-4 伊宁市六星街俯瞰

图片来源：作者提供。

　　近年来，随着这座古城区被开发为当地旅游景点，六星街的蓝色建
筑成为网红拍照打卡之地，并流传着"有一种蓝叫伊宁蓝"的佳话。随
着伊宁市政府对六星街的建设，当地居民也纷纷将自家古宅翻新，使其
外表与内部功能更符合当地旅游业的民宿要求。现在的六星街景区成为
近23平方公里的旅游区，其中有手风琴博物馆和各种伊犁小吃店铺，还
可以吃到有百年历史的维吾尔族特色手工冰淇淋。34岁的赛杜拉·艾比
布拉凭借祖传的冰淇淋制作手艺，经营着古兰丹姆百年古法网红冰淇淋

店，赛杜拉在自己的古宅基础上修建了蓝白相间的大院和 6 间供游客坐享冰淇淋的屋子，当地旅游局还为其建造了加工房供游客参观加工过程。

在原本就是多民族聚居的历史老城的基础上，伊宁市六星街在当地政府的文旅发展建设中，蜕变为了更加多元的文化交融地带——维吾尔族、塔塔尔族、俄罗斯族等多民族民俗文化旅游资源吸引了来自全国各地的游客，进而带来了更多民族的交往交流交融。

四　小结

一致的经济利益追求将各民族凝聚为一个经济命运共同体，有助于加强各民族之间的互动关系，进而推动各民族之间的交往交流交融；共同的经济生活将各民族联结在一张市场经济的大网中，有助于实现经济互嵌；互补的经济互动将各民族嵌入国家与市场之间，各民族经济模式一体化进程加快、经济结构深度融合、经济关系依赖性增强、经济利益互惠性突出。[①]

实际上，嵌入性理论本就源于对经济与政治社会关系的论述，卡尔·波兰尼提出，经济是嵌入并交织在社会与政治制度之中的。[②] 格兰诺维特创造性地发展了波兰尼的嵌入性理论，他认为嵌入就是"人们的行为和制度是处在社会关系网络之中并受其影响和限制，社会行动与社会现象都置于关系、制度、文化场域中，而不能简单归因为原子化的理性选择的结果"[③]。经济社会学将这种相互依存、影响和形塑的关系网络当作一种可以制造产出的社会资本，这种社会资本有助于形成有机团结的共同体和共同价值，增进认同互惠，营造良好的文化氛围。因此，在经济学家看来，文化嵌入同认知嵌入、结构嵌入和政治嵌入都是嵌入性的具体表现，其中文化嵌入是指共同的价值理念在形塑经济策略和目标上的作用。随着经济社会学理论被引入国内，文化嵌入也开始作为一种理论工具和分析框架得到广泛运用。

---

① 沙彦奋、陈燕：《民族互嵌论》，《中南民族大学学报》（人文社会科学版）2023 年第 5 期。
② 〔英〕卡尔·波兰尼：《大转型》，刘阳、冯钢译，浙江人民出版社，2007，第 43 页。
③ 〔美〕马克·格兰诺维特：《镶嵌：社会网与经济行动》，罗家德译，社会科学文献出版社，2007，第 1~3 页。

本节内容仅从伊犁河谷各族民众互嵌的经济生产方式切入，通过分析畜牧业生产方式、农业生产方式以及以新型旅游业为主的其他生产方式，阐释各民族交往交流交融的现状。

第二节 互鉴与共享的文化

交错融居拉近了各族人民的空间距离，大家在生活中潜移默化地受到其他民族文化的影响，相互了解，耳濡目染，兼收并蓄，并逐步达成文化的交融与共生，即文化互嵌。① 前文分析的互嵌共居的物理空间、分工互补的生产方式，不仅是伊犁河谷多民族之间密切交往的必要条件，也为进一步密切地交流提供了条件。本节将分析在共同的历史家园中生活的伊犁河谷各民族，通过长期地文化接触和交流，相互影响，相互吸收，在饮食、语言、服饰、习俗与禁忌等文化上所形成的互嵌、交融与共享。这种文化互嵌与各民族在交往交流交融中形成的文化心理共同体互为前提又彼此促进。

一 "食在一起"

民以食为天，食物作为人类生活最基本的前提，不仅满足人类生存需求，也蕴藏着丰富的文化信息。饮食空间具有浓重的地方属性，是辨别地域饮食文化与特色的重要标志。② 饮食文化空间包含了两种属性：其一，是物质属性，是饮食的物质载体，是饮食生产和饮食消费的活动空间；其二，是文化属性，是体现地方饮食文化内涵，代表地方文化空间的载体。③ 不同地区的人有着不同的饮食习惯，透过食物这面镜子，可以映射出当地的社会文化特征。

新疆自古以来就居住着众多的民族，饮食种类也丰富多样，随着多元文化间的相互影响、逐渐融合，形成了独具特色的新疆饮食文化。其

① 马忠才：《中华民族共同体的多维互嵌结构及其整合逻辑》，《西北民族研究》2021 年第 4 期。
② 王蕊：《全球化背景下边境城市饮食文化空间研究》，硕士学位论文，延边大学，2020。
③ 曾国军、吴炎珂：《饮食文化空间的符号化生产：广州主题餐厅的案例》，《华南师范大学学报》（社会科学版）2015 年第 2 期。

中，新疆各族民众日常食用的烤羊肉、大盘鸡、拌面（当地俗称拉条子）、馕、炒米粉等，早已超越单纯的饮食范畴，成为具有鲜明地域特色的"新疆符号"。这些美食在全国范围内被冠以"新疆"前缀，如"新疆烤肉""新疆大盘鸡""新疆炒米粉"，形成广泛传播的文化标识。由此，也进一步强化了新疆各族民众的家乡认同——尤其对于在外生活的新疆人而言，关于其"新疆胃"的讨论，正是源于对家乡味道的执着眷恋而升华为一种深刻的文化认同。

那么，从属于新疆饮食分类下的伊犁河谷各族民众的饮食结构又有着哪些共通或独有的特色？这些饮食文化又如何发展为当地各民族的地域身份？

早在一千年前，喀喇汗王朝时期撰写的《福乐智慧》① 中记载：

> 除此之外，还有牧民
> 他们是牲畜的主人。
> ……
> 还有马奶酒、毛、油和酸奶疙瘩，
> 还有使你住房舒适的地毯和毛毡。

清朝时期的文献如《西陲要略》中记载："达官贵人，夏日食酪浆酸乳麦饭，冬日食牛羊肉谷饭。贫人饮乳茶，亦足度日。"②

可以看出，伊犁河流域游牧民族的饮食传统具有显著的延续性特征——以牛羊肉和奶制品为主的饮食结构与当代牧民的日常饮食保持了一致性。当然，随着全球化与交通技术的发展，今天的伊犁各族民众饮食结构不再单一，更多地体现了多元交融的特征。

1. 饮食人类学的解读

在用饮食人类学的视角分析伊犁河谷多民族的饮食文化之前，首先应对该领域的相关理论及其发展做一简单的梳理。

---

① （喀喇汗王朝）尤素甫·哈斯·哈吉甫：《福乐智慧》，耿世民、魏萃一译，华文出版社，2018，第 201 页。

② （清）祁韵士：《西陲要略》（刻本），寿阳祁氏筠渌山房（出版者），清道光 17 年（1837）。

　　饮食人类学（Anthropology of Food）作为人类学研究的一个分支学科，主要利用人类学理论与视角对某个族群或某一地区的饮食文化、饮食行为及其相关问题进行研究。饮食人类学的视角也是一种文化视角，即，饮食习惯或行为可以被理解为一种文化的表达，透过饮食可以更好地了解当地的生态、礼仪和习俗等方面，从而进一步研究其文化特征。

　　在西方，饮食人类学研究的历史已逾百年，形成了成熟的理论体系和知识谱系。[①] 最早的饮食人类学研究可追溯至 1888 年由人类学者马勒里（Garrick Mallory）在《美国人类学家》上发表的《礼仪与进餐》一文。[②] 之后，博厄斯等早期人类学家在田野调查中对"异域他者"的饮食文化、食谱做了详尽的记录。而现代饮食人类学则以 20 世纪 50 年代列维－斯特劳斯等人类学者对食物的社会意义研究为开端。列维－斯特劳斯认为，自然物种被选择作为食物，不是因为它们是"好吃的"，而是因为它们是"好想的"，因此被定义为文化唯心主义的解读。[③] 20 世纪 60 年代后，人类学者道格拉斯通过《洁净与危险》一书，认为人类学家研究饮食方式的主要任务是解码它们所包含的神秘信息。20 世纪 80 年代之后，西方人类学对食物的研究延伸至更大的社会领域，比如政治经济价值的创造、象征价值的建立以及社会对记忆的塑造。[④] 相关理论日趋成熟。

　　在我国，饮食人类学尚处于起步与发展阶段。最早将西方饮食人类学理论进行梳理并带入中国饮食文化研究的是 20 世纪 90 年代关注港式茶餐厅与饮食的吴燕和教授等香港人类学家。随后，台湾学者创办的《中国饮食文化刊物》成为中国饮食人类学研究的主要阵地。在大陆，较早的饮食人类学主要以介绍西方饮食人类学理论、翻译相关研究著作与文献为主。2000 年后，有越来越多的学者开始对具体饮食行为进行人类学视角的研究，如中央民族大学庄孔韶教授的《北京"新疆街"食品文化

---

① 彭兆荣、肖坤冰：《饮食人类学研究述评》，《世界民族》2011 年第 3 期。
② 巴贲达、张先清：《回顾与反思：近二十年中国饮食人类学研究评述》，《贵州民族研究》2018 年第 7 期。
③ 〔美〕马文·哈里斯：《好吃：食物与文化之谜》，叶舒宪、户晓辉译，山东画报出版社，2001。
④ Sidney W. Mintzand, Christine M. DuBois, "The Anthropology of Food and Eating", *Annual Review of Anthropology*, vol. 31, 2002, p. 99.

的时空过程》①、中山大学人类学系刘志扬的《饮食、文化传承与流变——一个藏族农村社区的人类学调查》②、清华大学郭于华教授的《透视转基因：一项社会人类学视角的探索》③、中国社会科学院民族学与人类学研究所萧家成研究员的专著《升华的魅力——中华民族酒文化》④，以及其他学者针对土家族饮食、客家饮食、川菜、兰州拉面、沙县小吃等研究对象的专著与论文。2013 年，厦门大学人类学系彭兆荣教授出版了内地第一部饮食人类学著作《饮食人类学》⑤，这标志着中国饮食人类学逐渐形成西方理论结合本土研究实践的体系。

当前，在饮食人类学视角下，我国学者对国内具有地域特色、民族特色的众多饮食及其符号意义进行了研究，关注食物对于不同地域、不同族群的身份界定发挥的重要作用。那么，在具有包容性和互动性的多民族交往交流交融进程中，饮食作为一种符号，又扮演着什么样的角色呢？

如前文所述，伊犁河谷位于天山北麓，属于温带草原气候，湿润多雨，冬冷夏热。这里主要是卫拉特蒙古族及哈萨克族的游牧迁徙地，牧民喜爱奶制品和肉类，与此同时，这里的饮食文化吸收了俄罗斯、中亚以及我国中原、东北等地区的饮食特色，如俄罗斯族人的面包、腌黄瓜，乌孜别克、柯尔克孜族的抓饭，锡伯族人的面食……汉族人的米饭、面条、馒头、炒菜等，回族人的羊肉泡馍、牛肉拉面、羊杂碎等。伊犁各民族的饮食文化是一个多元而丰富的文化现象，它反映了伊犁各族民众对自然环境和社会环境的适应和调节，也反映了伊犁人民对不同文化的尊重和包容。

2. 伊犁维吾尔族的拉条子：碎肉拌面

面食是西北各民族喜爱的食物，尤其在新疆特色饮食中，面食的种类极其丰富，有馕、油香、油塔子、各类面食点心，还有拌面、各类炒面、揪片子，等等。在这些面食里，拌面的地位是毋庸置疑的。在新疆

---

① 庄孔韶：《北京"新疆街"食品文化的时空过程》，《社会学研究》2000 年第 6 期。
② 刘志扬：《饮食、文化传承与流变——一个藏族农村社区的人类学调查》，《开放时代》2004 第 2 期。
③ 郭于华：《透视转基因：一项社会人类学视角的探索》，《中国社会科学》2004 年第 5 期。
④ 萧家成：《升华的魅力——中华民族酒文化》，华龄出版社，2007。
⑤ 彭兆荣：《饮食人类学》，北京大学出版社，2013。

不同的地区，拌面因做法不同而各具特色，如奇台的过油肉拌面、伊犁的碎肉拌面、托克逊拌面等。同样，馕在不同民族中也有不同的做法，如维吾尔族大而薄的馕，尤其以库车大馕最为著名，此外，按照主要原料可以将维吾尔族馕分为皮牙子（洋葱）馕、芝麻馕、玫瑰馕、辣皮子馕、油馕、果西馕（肉馕）、喀特拉玛馕、葡萄干馕、核桃馕等数十个种类；哈萨克族与蒙古族也会在用砖土和陶罐制作的馕坑里烤制馕饼，原料和制作方法与维吾尔族类似，但形状小而厚，易于携带，也不易变干；对经常转场的牧民来说，还有其他更简便的烤馕方法，如哈赞馕，在锅里用温火烤制而成；塔盘馕，在一种平底铁盘里烤制而成；随着家用电器的普及，烤箱馕也成了省时省力的制作方法。可见，同样的食物，结合各民族不同的生活生产方式，就有了不同的制作形式和丰富的种类。

以伊犁碎肉拌面为例，对外地民众而言，这是一道代表伊犁地域特色的拌面种类，但从伊犁河谷各族民众的视角来看，这是一个由原本的维吾尔族食物逐渐演变成伊犁地域特色食物的过程。

拌面被当地人俗称为"拉条子"，在维吾尔语里叫作"来格曼"。拌面的具体做法是用新疆本地的小麦粉掺盐水和面，并用植物油进行充分醒发后，用手掌一根根搓制而成的面条，面条在煮熟后过一遍凉水就变得十分筋道，拌着各种略带汤汁的炒菜吃。伊犁碎肉拌面，就是将肉和青椒、皮牙子、芹菜、西红柿、蒜薹、豇豆等各类蔬菜切成小碎粒，大火爆香炒熟后淋在拉条子上吃。

关于新疆拌面的来历尚无明确考据，有说法认为是中原的汉族带到西北的面食，也有人认为是甘肃、宁夏的民众带到西北的拉面的一种，但在伊犁河谷民众的认同里，拉条子不仅是维吾尔族的传统面食，也是新疆各族民众日常生活中不可缺少的一道食物。

对于拌面的溯源，据若干田野访谈人的描述，至少在20世纪60年代，伊犁的蒙古族、哈萨克族是不会制作拌面的。66岁的普某说，她听母亲说起，在他年幼时（1950年代末），母亲在生产小队做饭期间，来了一名维吾尔族厨师，她母亲便向厨师询问拉条子的制作方法，那位好心的维吾尔族师傅便用了整整一盆面粉做了好多拉条子。她母亲学会后，就回家做，普某长大后就跟着学会了。70岁的彭某

说，他在 1970 年秋天，从新源县牧区来到尼勒克县上学时，凭粮票
在尼勒克县唯一的民族食堂第一次吃到了拉条子，在此之前，他吃
过的面食都是擀面条或揪面片。在 1973 年左右随父母从新源县搬迁
到尼勒克县牧场后，他母亲便开始学着在家里做拉条子，1977 年，
伊宁市等地就已经有了汉族、回族经营的拌面餐馆。

总之，与其讨论拌面究竟是哪个民族发明的食物，不如看一看拌面
在新疆各民族数百年来不断融合、相互借鉴的过程中是如何成为家家户
户餐桌上最普遍又最具特色的一道美食。尤其是伊犁碎肉拌面，从"维
吾尔族的拉条子"变成了回族餐馆最拿手的餐品，最终成为维系伊犁河
谷各族群众乡土记忆的地域美食符号。

3. 伊犁蒙古族的奶茶：兑出来的特色

说起草原，最应景的就是喝一碗蒙古奶茶。而实际上，不单单是蒙
古族，新疆的各民族包括汉族民众都十分热爱喝奶茶。对许多少数民族
来说，奶茶不仅是新疆各族群众日常生活中不可或缺的食物，更是当地
民众健康观念中具有调理功效的"良方"——民间常有"一天不喝就头
疼""热饮奶茶发汗可愈疾"等说法。这种独特的奶茶文化，与西北游牧
民族的历史传统密切相关：其一，砖茶曾作为游牧民族重要的交换媒介；
其二，游牧民族对奶制品物尽其用的智慧；其三，奶茶融合了茶与奶的
双重营养，成为牧区生活中不可替代的必需品。

首先，熬制奶茶的茶叶一般都是砖茶。砖茶的特点是保存时间很长，
在使用时，可以把它放在牛奶中一起煮。牧区的少数民族饮食中，粮食
和蔬果相对缺乏，主要以牛羊肉为主，肉类中含有大量的油脂，不易消
化，茶叶中的茶多酚和生物碱能够促进食物的消化、降血脂、提神抗疲
劳；茶叶也富含维生素和多糖，是大多数水果中含量最丰富的，还具有
抗菌杀病毒的作用，能够对人体口腔和肠道内的细菌具有一定的杀伤力，
可缓解细菌对人的影响。早在公元 5 世纪南北朝时期，我国便出现了茶
马互市雏形，唐朝时逐渐形成了规则，宋朝时进一步完善，设置了"检
举茶监司"来专门管理茶马交易，明朝沿袭宋朝的做法，设置"茶马
司"，制定了"以茶治边"政策。公元 16 世纪，在开通互市的问题上甚
至引发了蒙古人、女真人与明朝之间的战争，明朝政府不得不再次开放

了茶马交易。茶的重要性不止体现在古代，今天的新疆各民族在逢年过节或走访亲友时，砖茶依然是必备的送礼佳品。可见茶叶已从基本的食物原材料变成了一种文化与符号。

其次，在以从事畜牧业为主的伊犁河谷地区，奶制品是必不可少的，且种类丰富。最常见的鲜奶类有牛奶、马奶、羊奶、驼奶。其中，发酵后的马奶是伊犁地区最受欢迎的奶制饮品，其产量多、价格低，营养美味，具有消暑止渴、补充能量的功效。驼奶是奶中佳品，具有很高的保健功效，深受各族民众喜爱。除了鲜奶类，还可以将牛奶制作成奶皮子、奶油、酸奶、酥油、奶疙瘩等数十种奶制品。其中，奶疙瘩是牧民的传统特色奶食品，其制作过程是过滤掉发酵成酸奶时分离出的黄水，往其中加入其他配料，自然风干而成，主要分为哈萨克酸奶疙瘩和其他甜味奶疙瘩。哈萨克酸奶疙瘩通常呈直径为 5 厘米左右的圆球状，一般是咸味或原味，甜味的则是加了白砂糖或杏酱、草莓酱、树莓酱等果酱。

基于悠久的砖茶文化和丰富的奶食传统，伊犁河谷的少数民族民众形成了独特的喝奶茶习惯：无论是家庭的日常三餐，还是在左邻右舍、亲朋好友到访之际，围坐在一起喝一壶热奶茶，已成为当地最具代表性的生活方式。

有趣的是，奶茶这种最为简单的食物也具有很强的地域特色。以伊犁河谷蒙古族的饮茶方式为例，传统意义上的蒙古奶茶是用水、牛奶、盐、茶叶熬制而成的，有些地方会根据口味需求添加奶皮子、酥油、炒米、奶油、奶豆腐、风干肉等。而生活在伊犁的蒙古族制作奶茶的方法通常不是熬制，而是与当地哈萨克族、维吾尔族相似，是调制而成的。具体步骤是：在茶碗里分别调入适量地盐、牛奶、泡好的较浓的砖茶水，再加入开水即可饮用。这样"兑"出来的奶茶，不仅需要非常熟练地掌握盐、牛奶和茶的比例，最重要的是还具有一个十分特别的烧水工具——"samor"（见图 3-5）。有理由认为 samor 这个名称来自俄语中的"Самовар"（由"自己"和"煮"两个词根构成，在俄语中该词的译文即"茶饮"），这种器皿也可能来最初由俄罗斯传入伊犁地区。Samor 的原理是，在中间的烟囱里添加火炭，其热量会将外围水槽里的水烧开，并持续保温，可确保在较长时间段里都能喝到滚烫的开水。因此，上述调制方法的最后一步就是从 samor 的前底部的壶嘴开关处接开水，在接的过程中，碗里的盐、牛奶和茶叶就被充分搅动，一碗兑出来的奶茶就这样完成了。

图 3-5　喀什博物馆中陈列的清朝时期的 samor

图片来源：作者提供。

食物在塑造族群边界与文化认同方面具有重要作用，因此，对于伊犁河谷蒙古族的奶茶与传统炉火熬制的蒙古奶茶之间"谁更正宗"的讨论始终存在。但不可否认的是，相对于熬制的奶茶，兑出来的奶茶较为清淡，对于每天不定时就要喝奶茶的民众来说，随喝随兑更为方便，且不会造成一次熬多了喝不完变凉或浪费的问题，但更值得深思的是，这种兑奶茶的方式恰恰体现了伊犁河谷蒙古族文化的开放性与适应性。它不仅是对哈萨克族、维吾尔族、乌孜别克族等民族文化元素的有机融合，从 samor 这一茶饮器皿在当地的广泛使用来看，也进一步印证了欧亚文明在这片土地上的深度交融，是多元文化共生共荣的生动注脚。

最后，除了熬制的方法不同，一个家庭的茶俗——如客人到访是否以奶茶相待以及奶茶的配餐、斟茶的量，都能反映主人的家境情况与心意。首先，当有人到访时，敬上一碗奶茶是最首要的礼节，无论客人身份是否特殊，是否在用餐时间，主人必先奉上奶茶与馕等面点。而这碗中蕴含的细节往往"暗藏玄机"：没有牛奶的"黑茶"暗示着该家庭牛奶紧缺（鲜奶在非牧区家庭是重要支出与珍贵资源）；漂浮的奶皮子和酥油则彰显着主人的诚意与富足；而温凉的口感，可能意味着这是暖瓶中常备的水而非特意为来客烧开的。其次，从敬茶的过程来看：哈萨克族家庭讲究将茶斟至碗中线，既避免了递接时烫手，又确保奶茶不会过快冷却；对于客人的饮茶量，主人会坚持空碗即续，掌心扣在茶碗上则表示婉拒续茶，通常连喝三碗以上被视为是对主人由衷的尊重与亲近。最后，喝一碗奶茶看似是一件十分简单的日常举动，但在伊犁河谷蒙古族、哈萨克族的文化语境中，它还承载着仪式意义与符号功能：对多数蒙古族家庭而言，清晨的茶有着特殊意义，过而不饮会被视为不吉利；当新人成婚时，"喝茶认门"成为融入家族的重要仪式；日常邀约时，"来家中喝茶"代替了正式的宴请用语；逢年过节之际，"喝新年的茶""喝祖鲁茶"则象征着诚挚与祝愿。

4. 哈萨克族的熏马肠和手抓纳仁

按照目前的考古证据，马的驯化历史大约可以追溯到 5500 年前，在这漫长的历史中，马对人类的贡献极大。在古代，马的驯化提高了人类交通运输、军事作战、农业生产的能力，也为人类的迁徙、文化的传播和民族的融合起到了重要的作用。除了作为生活、生产工具外，蒙古马、伊犁马、汗血宝马等优良品种的驯养、比赛训练、消遣娱乐等，也成为人类重要的精神文化。尤其是产自蒙古高原的蒙古马，严酷的气候条件造就了其不怕严寒酷暑、不畏艰险和坚韧不拔的品质，已成为我国近年来弘扬的"蒙古马精神"① 的标识。蒙古族民间文学《江格尔》中有关于马的颂词：

---

① 2014 年 1 月，习近平总书记在内蒙古考察期间首次提出"蒙古马精神"："蒙古马生命力强、耐力强、体魄健壮。我们干事创业就要像蒙古马那样，有一种吃苦耐劳、一往无前的精神。"后在 2018 年 3 月十三届全国人大一次会议、2020 年 3 月十三届全国人大三次会议的内蒙古代表团审议，以及 2019 年 7 月于考察内蒙古时，习近平总书记都提到弘扬"吃苦耐劳，一往无前，不达目的绝不罢休"的"蒙古马精神"。

"阿兰扎尔四蹄腾空，昼夜疾驰，毫不停息；它使敌人一败涂地，敌国在它脚下踩成烂泥。阿兰扎尔获得荣誉之时，欢腾乱跳，拽得牧人坐立不稳；可它即使在这种时候，也忘不了征途的险阻，艰辛。"①

与此同时，马作为食草性家畜，自古以来就是游牧民族重要的肉食、奶食来源。哈萨克熏马肠是伊犁地域的特色美食之一，是哈萨克民族数百年来在"宰冬肉"的习俗里，为了更好、更久地保存过冬的食物，采用熏制的方式做出来的熏肉和马肠子。熏马肠在哈萨克语中称为"kaz"，是将马的肋条带肉切成条状，用盐和调味料腌制，灌进洗干净的长约1米的马肠子，两头扎紧，再进行熏制（图3-6），食用的时候煮熟即可。因制作方法的独特性，以及马肉本身的特殊味道，熏马肠逐渐成为汉族、维吾尔族等各族民众最喜爱的食物之一。

图 3-6　哈萨克牧民家中的熏肉

图片来源：作者提供。

与此同时，伊犁河谷的蒙古族究竟"该不该"食用熏马肠是一个特别的议题。这与蒙古族忌吃马肉的习俗②有关。在成吉思汗率领大军，南

---

① 仁钦道尔吉：《中国少数民族英雄史诗〈江格尔〉》，浙江教育出版社，1990。
② 在历史记载中，尤其在成吉思汗西征的路途中，因食物短缺，马为蒙古人提供了必要的食物来源。随着蒙古马日益被推崇，蒙古族的传统文化受到重视，部分蒙古族地区的民众忌吃马肉。

征北战扩大蒙古帝国版图的过程中，马不仅是蒙古人交通、运输、作战、打猎的最好工具，也成了他们精神力量的来源。在内蒙古鄂尔多斯成吉思汗陵园的八白宫①中，有一个宫殿专门祭祀溜园白骏，即白马逐渐演变为近似于神的存在，而被供奉。鉴于对蒙古马的尊崇以及对马肉本身的味道、热量构成的挑剔，内蒙古等地区的蒙古族较少吃马肉。但伊犁河谷的蒙古族由于数百年来与当地哈萨克族生活在一起，受哈萨克族酷爱食马肉的影响，多数蒙古族也在家中烹饪、食用马肉。

不过，单从哈萨克族熏制肉类或灌肠等食物的制作方法来看，蒙古族也普遍利用同样的方法制作其他肉类食物。如，用松树枝叶熏牛羊肉，还有一种灌羊肠的做法，即把羊的瘦肉、心肝肺等切碎，拌上盐和调味料，灌进洗干净的羊大肠，两头扎好，晾干或熏制，再煮熟食用。

除了熏马肠之外，还有一种与煮肉类搭配食用的面食——纳仁。这也是伊犁河谷各族民众独特的食物。纳仁的制作方法与日常的擀面条并无二致，只是面条的宽窄、大小、形状因地区不同略有差异，有些是5厘米左右直径的方面片（哈萨克语称为"bes parmakh"），有些是3~5厘米左右的"皮带面"，也可以是日常的长面条。在煮肉的汤锅里煮熟后，面条被捞出来盛在大盘里，再将用洋葱、西红柿等蔬菜熬制的汤汁浇在面条上调味后端上桌，由男主人将煮熟的肉用小刀削割下来，供家庭成员或客人就着面条一起吃肉。在传统的游牧生活中，纳仁都是用手抓着吃，因此也叫手抓纳仁。纳仁这道食物，是伊犁河谷蒙古族区别于其他地区蒙古族的独特饮食方式，这一特点明显受到哈萨克族等周边民族饮食文化的影响。

二　掌握多语言的"天赋"

语言的交流与互融是地方社会文化互嵌的重要维度。多民族聚居的空间环境，也造就了伊犁河谷的少数民族熟练掌握多种语言的能力，他们常被称为"有语言天赋"。在本小节，笔者主要分析伊犁河谷各民族语言互嵌的情况。

语言的主要作用在于表达、传递意义和沟通、交流，在这个过程中，

---

①　成吉思汗八白宫，亦称成吉思汗八白室，是指祭祀成吉思汗及其眷属和圣物的八个白色宫帐。

语言作为一种符号，是有能指的符号形式和所指的符号内容，这两组概念构成的语言符号系统，是语言人类学研究的重要视角。从文化传播的角度来看，语言向来都是双向传播的，既增进主体，也推动客体。而从多民族交往交流交融的历史来看，语言作为沟通工具，在历史上的各个阶段都起着非常重要的作用，尤其在张骞出使西域，连通了中原与西域的交流渠道之后，中原汉文化、西域文化、波斯文化等各种文化相互汇聚、碰撞，奠定了今天新疆多元民族文化的基础。尤其到了元朝时期，在今天的新疆地区同时通行蒙古文、畏兀儿文、突厥文、波斯文、阿拉伯文、察合台文（以波斯文字拼写的突厥语词汇），是西域历史上多元文化并存的典型时期。

正因这样多民族交往交流交融的历史，造就了今天的伊犁河谷各民族语言具有"你中有我、我中有你"的显著特征。这些特征可以分为以下几个方面。

（一）大量汉语借词

在历史上，中原政权的和亲政策、屯田政策使得汉人大规模迁往新疆。公元前 101 年，西汉王朝开始在天山以南的轮台、尉犁一带屯田，公元前 60 年建立西域都护府之后，戍边官吏、屯田士卒、商人和家属等大批来到新疆。《后汉书·西域传》中记载"襄王于道，一辈大者数百人，少者十余人"，一年中"使多者十余辈，少者五六辈"；《魏书》中的《唐和列传》记载，南朝宋永初三年，今甘肃安西人唐和"招集民众二千余家，臣于蠕蠕"；《北史·高昌传》记载，"彼之氓庶，是汉魏遗黎。自晋氏不纲，困难播越，成家立国，世积已久"。① 魏晋南北朝后，高昌、楼兰一带成为西域地区最大的汉人聚居区，这一带的各族民众开始学习汉文经典著作，如在楼兰遗址出土的《战国策·楚策》抄本，鄯善地区出土的我国最早的《三国志》抄本，尼雅河下游遗址中发现的官方文书，以及在出土简牍中发现的九九乘法口诀和土著民族的汉文书信。

汉文的学习和使用逐渐对新疆其他民族的语言产生了深远的影响，如早在公元 8 世纪设立的阙特勤碑、比伽可汗碑上即篆刻了突厥文、汉

---

① 上述文献内容均转引自王莉：《回鹘西迁前夕新疆民—汉、民—民语言文化互动现象探讨》，《贵州民族研究》2015 年第 4 期。

文两种文字，以及在当时的突厥语中出现的如"bit"（笔）、"lü"（龙）、"Sängün"（将军）、"gunçuy"（公主）、"tinsi"（天子）等。到了 1124 年，耶律大石率数万契丹人和汉人西迁至也迷离（今新疆额敏县），建立西辽政权，并于 12 世纪中期进行人口统计，境内的契丹人与汉人总计 8.4 万户，占当时新疆人口的 1/3 以上。① 13 世纪初，长春真人丘处机② 前往西域会见成吉思汗时，翻越天山时看到今赛里木湖附近"守关者皆汉民"。忽必烈灭南宋之后，为抵御西北藩王叛乱，征发大量汉民、新附军以及中原的农民、工匠到新疆，在别失八里（今伊犁）、哈迷里（今哈密）等地屯田。前文中提及，在阿力麻里古城（霍城）的当地民众看到中原人民带来的汲水灌溉技术后，称赞"桃花石（指汉人）诸事皆巧"。近代历史上大量迁入新疆的汉族移民不计其数，包括政治型移民、屯垦型移民和躲避战乱和逃荒的百姓，最为重要的是新中国成立后，1954 年中国人民解放军就地转业，组建生产建设兵团；20 世纪 60 年代开始，内地知青远赴新疆，迁入新疆 295 万人口。③

截至今天，新疆有 1100 万汉族与其他各民族生活在一起，汉语作为国家通用语言，已成为各民族之间的日常交流语言与学校授课语言，并对各民族的语言带来了深远的影响。

有学者分析，维吾尔语中的"bi"（刀具）、"čükä/čökä/čoka /čöki"（筷子）、"jimbil"（蒸笼子）、"čö čürä"（馄饨）等词，为"匕""筴""甑箅儿""煮角儿"等古汉语词源。④ 此外，如维吾尔语、哈萨克语、蒙古语中的"qai/qai/tsai"，都是不同发音的"茶"，等等。这种借用的情况在现代汉语中尤为明显，来自内地的蔬菜水果之名或生活用品、生产工具名称，在新疆各民族语言中都是直接音译的，如白菜、辣子、生姜、醋、酱油，以及"的确良""的卡""尼龙"，等等。

与此同时，新疆使用的汉语也吸收了当地各民族的词汇，有学者统计，在南疆的汉语方言中有多达 300 个维吾尔语借词，有些借词不仅存在

---

① 张志伟：《汉人在新疆历史活动浅析》，《金田》2014 年第 12 期。
② 邱处机，字通密，道号长春子，道教历史上著名的人物之一，被奉为全真道"七真"之一，元世祖时，追尊其为"长春演道主教真人"。
③ 张志伟：《汉人在新疆历史活动浅析》，《金田》2014 年第 12 期。
④ 吾尔开西·阿布力孜：《维吾尔语中的若干汉源词考释》，《民族语文》2022 年第 6 期。

于口语中，而且有不少进入了文学作品。[①] 来自突厥语的"皮牙子"逐渐替代了圆葱或洋葱的名称；铁质农具"坎土曼"、指代集市的"巴扎"、一种野菜"恰玛古"、形容陡峭山丘的"雅丹"都来自维吾尔语；汉语中的"达坂"是蒙古语中形容需要翻越的高山；形容白费力气的"白白地……"来自哈萨克语中的"白坎儿"；"墨迹"来自满语中形容做事拖拉的词汇。除此之外，在新疆的汉语中，会直接使用维吾尔语中的"亚克西"（好）、"阿达西"（朋友）、"巴郎子"（男孩）、"塔希朗"（完蛋了）、"塔咋"（特别……）、"海麦斯"（全部）等词汇。也会直译少数民族语言来形容某种情绪，如"肚子胀"（生气）、"艾来百来"（形容话多、唠叨）、"萨让"（形容不正常的行为）。

（二）大量俄语借词

自 19 世纪下半叶起，随着俄罗斯帝国越过哈萨克草原强占伊犁地区，其开始在伊犁河谷、塔城等地设立中小学，在强势的文化输入及后续近百年的战争移民、军属安置、商贸活动与教育传播过程中，持续的文化接触使得俄语对当地各民族语言产生深远影响，形成了现今伊犁河谷各民族语言中广泛存在俄语借词的语言现象。

总的来看，俄语借词在伊犁河谷的蒙古族、哈萨克族、维吾尔族语言中是共享的，且在各自发音中有所变迁，例如，交通工具类：mashin（汽车，俄语为 машина）、avtobus（公共汽车，俄语为 автобус）、kombain（收割机，俄语为 комбайн）、poyez（火车，俄语为 поезд）、belat（车票，俄语为 билет）等；教育类：gezat（报纸，俄语为 газета）、zhornal（杂志，俄语为 журнал）、aptor（作者，俄语为 автор）等；部门或职务名称类：sot（法院，俄语为 суд）、zavat（工厂，俄语为 завод）、shopor（司机，俄语为 шофёр）、sestira（护士，俄语为 сёстра）；服装类：shavk（帽子，俄语为 шапка）、sharp（围巾，俄语为 шарф）、jobka（裙子，俄语为 юбка）、kalash（套鞋，俄语为 галоши）等；生活用品类：chashka（杯子，俄语为 чашка）、parashyk（洗衣粉，俄语为 порошок）、shotka（刷子，俄语为 щётка）、termes（暖瓶，俄语为 термос）等；食品蔬菜类：kartyshka（土

---

① 欧阳伟：《喀什地区汉语方言词汇所体现的文化特色》，《喀什师范学院学报》2010 年第 1 期。

豆，俄语为 картошка），pamadyr（西红柿，俄语为 помидор），等等。

（三）阿尔泰语系共有的词汇

突厥语支和蒙古语支同属阿尔泰语系，因此在蒙古语和哈萨克语、维吾尔语中有一些相同的词汇（表 3-1）。这些词汇有的是蒙古语借词，有的是突厥语借词，还有的是阿拉伯语、波斯语借词，暂无法一一确切考证，但足以证明在历史的某一时期，这些民族之间必然是有一定程度的语言接触和文化交流。

表 3-1　蒙古语、哈萨克语、维吾尔语相同词汇举例

汉语	蒙古语	哈萨克语	维吾尔语
哥哥	aqa	aga	aka
亲家	quda	kuda	
舅	naɣаču	nagaashi	
猎人	angčin	angchi	auchi
永远	möngke	mang	mengu
天	tengri	tenger	
帽子	malaɣai	malakhai	
井	qudduɣ	kudukh	kudukh
鹰	bürküd	burkud	burkud
看	qara	karau	kara
香烟	tamaqi	tamaka	tamaka
酒	ariqi	arakh	arakh
盛器	saba	saba	
网	toor	tor	tor
黄色	šira	sar	serik
黑色	qara	kar	kar
蓝色	köke	kok	kok
泥巴	balčiɣ	balshyk	
长绳	arɣamji	arkhan	argamj
马笼头	noɣtu	nokta	noxta
套马索	čalma	salma	salma
印记	tamaɣa	tanba	tamga
畜棚	qoruɣa	khora	khotan
围栏	qašiya	khasha	

汉语	蒙古语	哈萨克语	维吾尔语
梯子	šatu		xota
葡萄	üǰüm	uzim	uzum
冰	mösü	muz	muz

资料来源：作者整理。

（四）伊犁河谷蒙古语中的哈萨克语、维吾尔语借词

伊犁河谷的卫拉特蒙古语作为蒙古语的一支方言，因地方性发音的区别以及俄语、哈萨克语、维吾尔语借词的存在，有时与内蒙古等地的蒙古语略有差别。以下是伊犁河谷蒙古语中明显的哈萨克语、维吾尔语借词（表3-2）。

表3-2　伊犁河谷蒙古语中的哈萨克语、维吾尔语借词举例

汉语	蒙古语	卫拉特蒙古语	哈萨克语	维吾尔语
猫	muur	mishi	misik	mushuk
锅	toguɣa	haisyn	kazan	kazan
电	čaqilɣan	tog	tog	tog
输液	ǰegüü tariqu	okyl		okul
聊天	yarilčaqu	pairang	parang	parang
警察	čaɣdaɣa	sahchi	sahchi	sahchi
管理	qamiyarulta	baskarna	baskaru	baxkurux
连衣裙	bangǰal	koilag	koilek	koinek
裤子	ömüdü	shalvir	shalvar	
桌布	širegen bütegelege	dastarhan	dastarkhan	dastykhan
褥子	debisger	korpa	korpa	korpa
沏茶壶		qainag	shainek	chainag
水壶		chugun	shaugyn	chugun
胡萝卜	šira luubang	savza	sabiz	savza
邻居	körši	koshna	korsh/khoshna	hoshna
街道	ǰegeli	koche	koshe	kocha
窗帘	köšige	perda	perde	pairdai
会计		bugaltir	bugalter	bugalter
放心的	sanaɣa amur	hatirzhan	khatirzhank	hatirzham
最小的		kenz	kenje	kanji

续表

汉语	蒙古语	卫拉特蒙古语	哈萨克语	维吾尔语
平等的	tengčeγüü	tentsi	ten	tan
邪恶的		aram	aram	haram
公鸡/母鸡		goranz/mekyan		goraz/mekyan

资料来源：作者整理。

三　具有地域特色的服饰文化

正如"我们正如我们所吃"（we are what we eat）那样，我们所穿的服装也是经由一系列生产、消费过程而产生的社会建构物，尤其是那些富有民族特色、地域特色的服装，承载着与自然空间、文化空间密不可分的关联性。本小节主要以有着相似游牧历史文化的额鲁特蒙古族与哈萨克族为例，分析从传统服饰到现代服饰的变迁过程中，这两个民族之间的文化互嵌。

（一）　额鲁特蒙古族与哈萨克族的传统服饰

研究早期游牧民族神话和艺术的哈萨克斯坦考古学家 K. 阿基舍夫认为，任何游牧民族的物品只有从实用的角度来看才是令人感兴趣的，因为游牧民族物品的装饰感也是服从于他们的实际目的。[1] 这显示了服装作为人造物品在游牧民族日常生活中的便利性、合理性及流动性。此外，服饰和首饰除了美的展示、与自然环境或社会环境之间的实际联系之外，还具有能够在一定程度上揭示家庭和社会组织的财力或权力的功能。

1. 伊犁河谷额鲁特蒙古族传统服饰

关于蒙古族服饰的以往研究，大多以内蒙古各地区的服饰为主，对于新疆地区卫拉特蒙古族服饰的研究相对较少。在现有的卫拉特蒙古族服饰研究中，能找到关于巴音郭楞蒙古自治州、博尔塔拉蒙古自治州、塔城地区和布克赛尔蒙古族自治县的传统服饰研究。由于准噶尔汗国时期诸多的历史原因，留存下来的伊犁河谷额鲁特蒙古族服饰寥寥无几，依据现有的文献资料，可找到以下几个时期的历史图片。

---

[1]　Нұрсан Алимбай, "Қазақтық дәстүрлі тіршілікқамы мәдениетінің типологиялық сипаттамасы ҰЛЫ. ДАЛАНЫҢ ТАРИХИ-МӘДЕНИ КЕЛБЕТІ", Алматы-Стамбул: Intellservice, 2018.

　　第一个文献是 1734 年由瑞典军官约翰·古斯塔夫·雷纳特带回去的准噶尔汗国时期的额鲁特蒙古服饰图片资料（图 3-7）。根据文献，雷纳特是在 1706 年发生的沙俄与瑞典的波尔塔瓦会战中被俘后，被沙俄流放到西伯利亚从事搜寻金砂，转而在准噶尔军民激烈反抗俄罗斯入侵的战争中再次被俘，后被准噶尔人押往伊宁从事了长达十余年的兵器生产类技术性工作，至 1733 年才获准回国。在其回国时，得到了丰厚的赏赐，包括准噶尔汗国用托忒蒙古文绘制的地图、绣金衣物、玉石等物品。1743 年雷纳特将这些物品赠送给乌普萨拉大学图书馆收藏。雷纳特保存下来的这份地图对研究准噶尔汗国时期的疆域、地名、山水等具有重要的学术价值，但深入研究当时准噶尔人服饰的学者较少。由图 3-7 可见，那时的女性服饰由长坎肩和特尔勒格（长袍）构成，领子是"⌐"型立领，不系扣，肩处有耸肩式做工，衣身边缘、袖口、领口都有胡德日格。值得注意的是，在传统游牧社会中，贫富差距明显，服装及配饰的穿戴方式也有差异，这一点将在下文中论及。

图 3-7　瑞典军官雷纳特 1734 年带回瑞典的准噶尔汗国时期的额鲁特蒙古族服饰

图片来源：作者提供。

　　第二个文献是 1751 年乾隆皇帝下令编撰的管辖境内不同民族的衣冠形貌等内容的史籍《皇清职贡图》，该书共有九卷，其中卷二绘有伊犁等处台吉、伊犁等处台吉妇、伊犁等处宰桑、伊犁等处宰桑妇、伊犁等处民人、伊犁等处民人妇。① 其中，台吉的服饰是"戴红缨高顶平边毯帽，左耳饰以珠环，锦衣锦带，腰插小刀，佩帨巾，穿红牛革鞮"，台吉的妻子"辫发双垂，约以红帛双珠，两耳珠环，衣以锦绣，其冠履俱与台吉同"；准噶尔部的宰桑"男戴红缨高顶卷边皮帽，左耳亦饰珠环，衣长领衣，或以锦绣或以亡丝褐氇，腰插小刀，佩帨巾，穿红牛革鞮"，"其妇人服饰亦俱与台吉之妇相似，盖亦无甚区别也"；准噶尔部民人"男带黄顶白羊皮帽，左耳饰以铜环，着无面羊皮衣，腰系布带，穿黄黑革鞮"，"妇辫发双垂，两耳俱贯铜环，其冠服革鞮亦与男子同"。

可以看出，进入清代官方文献的服饰发生了很大的变化，如，从"⬛"字型立领和直角开襟变成了"y"字型和尚领、台吉的妻子系上了腰带。但也能从长袍的长度过脚踝、领口与袖口的重工装饰及两组发辫等细节上看出额鲁特服饰的共性。

第三个文献是《马达汗西域考察日记（1906-1908）》，记录的是20世纪初特克斯河谷、巩乃斯河谷蒙古族的传统服饰。例如，马达汉行至今天的伊犁境内，快到沙图村（Shatoo，今昭苏）时遇见一个正在迁移毡包的沙图十苏木的女性："她身穿一件新奇的连衣裙，上身套一件马甲，样子像汗衫，四周绣着花边。她头戴黑色圆顶帽，白色的顶扣系了一束流苏般的缨子。"过了特克斯河，在哈尔干特（Khargontu，今昭苏县）较为富有的卡尔梅克牧民毡包里，他看到了"女主人身穿缎带镶边的玄色服装。这种服饰是沿路看到的卡尔梅克妇女爱穿的。她的两个女儿分别穿绿色和黑色宽绰的袍裙，两人都有一颗镶银边的宝石，从头发上或帽顶垂下来挂在前额。她们头戴尖顶珊瑚状圆帽，帽顶饰有传统的中国式顶尖，也是珊瑚石做的。妈妈的头饰是披在胸前的两缕蓬松的头发，发端各挂着一个下垂的车铃似的金属装饰品，几乎触及地面。她的裙子镶着花边，前后都分成两半，其中一半裙角稍稍盖住另一半裙角。裙下方有一大串钥匙叮铃作响，这串钥匙也是挂着的，几乎垂到地面。姑娘们浓密的发辫梳得松松地垂在两肩。她们仨人脚上都穿着皮靴，尽管做工

---

① 任梦楠：《〈皇清职贡图〉中的蒙古族服饰》，《民族史研究》2018 年第 1 期，第 379 页。

粗糙，但不失灵巧；她们的手指上几乎都戴着闪闪发光的银戒指，还有银色的手镯，从而增加了服装的光彩"。①

在马达汉的日记里还有许多珍贵的照片，可以见证当时伊犁河谷蒙古族男女性的传统服饰。此外，在马达汉的日记中，距离库热（今昭苏县）12.8公里（12俄里）的柯尔克孜人营地上，有几个正在缝补衣服的柯尔克孜族妇女的照片，从服饰来看，与卡尔梅克妇女是很相似的。这与后来马达汉到达巴音布鲁克草原所拍摄的土尔扈特蒙古族妇女的服饰有着明显的区别。从这方面来看，就不难理解伊犁河谷各民族在语言、服饰等方面有着较大的相似性了。

《马达汉日记》是很重要的民族志资料，很多学者以此为基础总结特克斯河谷、巩乃斯河谷的额鲁特民族服饰的特点为：已婚女性戴"阿巴嘎加贺"（意为妇人领子）；未婚女性额头上的"东珠发饰"及已婚女性不系腰带的习俗；特尔勒格（袍子）的前襟从衣领一直开到腹部，裁出一条右前横向襟，边缘是编织结格的立领、袖口上有胡德尔格（可参考图3-8）；配饰有箍巫、"阿巴噶耳坠"（已婚妇女佩戴的三角大环、下有挂坠的耳饰）、发端上系的陶克阁（50岁以上的妇女会编两条辫子，然后将发端用此连接起来）。② 遗憾的是，这些传统习俗在如今的额鲁特服饰中已经不复存在了。

第四是目前关于生活在内蒙古呼伦贝尔地区的额鲁特蒙古部落传统服饰的研究。根据文献记载，额鲁特部落最早于1729年因戍边而迁往呼伦贝尔。目前，额鲁特部落主要聚居在鄂温克族自治旗伊敏苏木，约有160户600多人。③ 在额鲁特部落迁至呼伦贝尔地区的三百多年间，通过与当地各民族、蒙古族各部落的交往交流交融，其文化发生了一些变迁，但在现有的一些研究中，仍然能够看出额鲁特传统服饰文化的保留与传承。相较而言，额鲁特部落服饰以华丽的色彩与精致的手工技艺为特色，叠绳边装饰，突出领口和袖口的工艺。其中，马甲长扣袢样式，双肩呈

---

① 〔芬〕马达汉：《马达汉西域考察日记（1906-1908）》，王家骥译，中国民族摄影艺术出版社，2004，第167～170页。
② 巴·策干：《马达汉西部考察日记中记载的厄鲁特女性服饰考》，《寻根》2019年第2期。
③ 郭娜：《呼伦贝尔厄鲁特蒙古族音乐生活考察与研究》，硕士学位论文，内蒙古师范大学，2021。

图 3-8　呼伦贝尔额鲁特已婚女性的长坎肩与长袍

图片来源：作者提供。

捏褶翘肩，侧腰五彩巾通过腰贴底部的五个专用挂套进行固定和展示。额鲁特蒙古族的五彩腰巾不仅作为核心装饰元素，更是其信仰体系和社会身份的载体：五色对应五行——由蓝、绿、红、白、黄五种颜色组成，与藏传佛教的五行（水、风、火、空、地）及蒙古萨满教的自然崇拜（长生天、草原、灶火、乳汁、土地）紧密关联。作为婚姻与性别标识——未婚女性的五彩巾末端常缀有小铃铛或流苏，行走时发出清脆声响，象征青春活力；已婚妇女则改用银饰或珊瑚珠装饰，体现稳重与家庭责任；寡妇在某些部落传统中会暂时改用素色腰巾。作为社会身份——不同部落、不同身份的五彩巾在色彩组合与纹样上存在差异，《皇清职贡图》中提及彩巾的"长短示贵贱"，说明其曾是社会等级的视觉符号。①

　　总而言之，关于额鲁特蒙古族传统服饰的参考文献较少，且在 20 世纪 60 年代前后，长袍等服装退出了日常生活的舞台，变成了一种节日、婚宴等仪式上的服饰。据田野访谈中的许多老人回忆，他们年幼时（四五十年代）每天穿着长袍，尤其冬季的长袍，是用整张羊羔皮制作的，非常保暖但也十分厚重；未婚的女孩不系腰带会被长辈训斥，头发会被编成 21 根麻花辫；女孩结婚后，会系腰带，头发扎成两个麻花辫且发尾

①　闫茹：《蒙古族服饰色彩分析对比——巴尔虎、布里亚特、厄鲁特三部落》，《纺织报告》2021 年第 5 期。

连接在一起。1960 年代后，即使在日常生活中不再穿着传统长袍，额鲁特蒙古族仍保留着诸多鲜明的服饰特征：女性延续着双股相连的麻花辫发式，男女都保持着戴帽的习惯，穿皮靴、毡靴以及佩戴大环耳坠等细节也得以普遍保留。图 3-9 展示了 1966 年时扎着传统双辫的笔者外祖母（1931 年出生，2006 年逝世）与外祖父（1933 年出生，1994 年逝世）的影像；图 3-10 则记录了 1989 年时二老（居中者）的风貌。

图 3-9　1966 年秋尼勒克县蒙古族牧民巴生与奥勒达一家
图片来源：作者提供。

图 3-10　1989 年春尼勒克县蒙古族牧民巴生、奥勒达与邻居
图片来源：作者提供。

2. 哈萨克族传统服饰与配饰

对哈萨克族传统服饰的研究相对较多，功能、分类、色彩与图案是主要研究的重点，以下针对上衣、帽子、靴子等配饰的分类进行分析。

哈萨克族服饰中的上衣种类较多，普遍的一种对襟式长外套叫恰袢，用家畜的皮制成的无布面纯皮衣叫"ton"，带有动物皮毛的缎面大衣统称为"ishik"，根据使用的不同动物的皮毛，又分为浣熊皮大衣（zhanat ishik）、狐狸皮大衣（tulki ishik）、驼羔皮大衣（bota ishik）、马驹皮大衣（kulyn ishik），这些大衣通常会在婚礼仪式中被作为礼物赠送。有些哈萨克谚语是关于牲畜皮毛衣服的，如，谚语"两根捎绳能保住皮衣，一件皮衣能保护人身""穿上皮衣，挨不了冻；抢掠为生，难卜吉凶"。此外，服饰作为社会身份的重要象征，在哈萨克谚语中有着生动的体现："过节是有马之人的事，赴宴是穿袍之人的份""熟地靠脸面，生地靠衣袍"。[①]

在哈萨克人的传统服饰里，有一套被称为"萨勒赛里（sal-seri）的服装"——一件花布衬衫与一条羊皮阔腿裤，颇有研究价值。萨勒赛里的本意是指"阔少爷；衣着华丽的小伙子、善于歌舞娱乐的人"。[②] 实际上，萨勒赛里在哈萨克社会类似于一个民间艺术家的职位，这个人必须是一个同时掌握哈萨克民间口传故事、弹唱，集诗人、音乐家和歌手身份于一身的全能艺人，他们在不同部落间巡回表演传播哈萨克传统的文化娱乐项目，形成了一个特殊的社会类别，也在哈萨克社会中享有很高的荣誉，所到之处都会受到很高规格的招待，还会得到皮大衣、马匹、畜群等赠礼。萨勒赛里的表演并不仅仅是供各个部落的牧民娱乐欣赏，也起到如下几点作用：可以在不同的地域、不同的部落之间传播有差异的文化内容，比如不同风格的唱调、诗词等，有利于哈萨克传统文化的传播和保存；他们以弹唱、说诗的方式，将某些部落内不公正的现象和牧民贫苦的生活公之于众并传播到其他的部落，这样就造成了舆论压力和价值评判，对相关部落起到一定的督促和改善作用；同时，由于不同部落的招待水平和赠礼不同，如果萨勒赛里没有得到足够的重视，也会通过娱乐项目的内容传播出来，使其遭受嘲笑和指指点点，这也造成了

---

① 许普、乔希：《哈萨克族服饰谚语的文化特色》，《语文学刊》2017 年第 5 期。

② Нұрбек Әбікенұлы. Қазақша Қытайша Сөздік . Қайнар университеті. 2010.

各部落为了显示经济实力，将接待萨勒赛里作为本部落至高的荣耀和使命，创作一种类似于"夸富宴"①的场面。

哈萨克族的帽饰也十分有讲究。哈萨克男性佩戴的帽子首先有"tumak"，这种帽子的里子用动物皮制作，面子用绸缎制作，尖顶，顶部插有猫头鹰羽毛，左右两侧有耳扇，这种帽子一般在冬春佩戴，可以遮风避寒；"tahiya"是帽子内的里衬，用来居家佩戴，出门会在上面再戴上帽子；"shapk"是最为普遍的鸭舌帽，有棉质和皮质的，出门一定会佩戴不离身。哈萨克女性头饰也分很多种，有方头巾、白色的包巾（kiyimshek）、盖巾（chilaushi）、非常华丽的高耸新娘帽（saukele）。其中，最具特色的是"kiyimshek"与"saukele"。前者可以包裹住女性除了脸部以外的整个头部、肩膀以及胸部和背部，脸部周围与包巾的底部通常带有靓丽的刺绣装饰。而后者作为新娘最具象征意义的嫁妆，由娘家人制作得尽可能高贵和华丽。

Saukele 是哈萨克斯坦 20 世纪早期的一顶新娘帽②。帽子从额头以上的高度为 70 厘米，帽顶为圆锥形，布满银饰、珊瑚和刺绣装饰的帽子，带有可长至垂地的头巾和披肩。一般来说，这种帽子的基底为白色毛毡，外层用天鹅绒布料或缎面进行包裹，帽子封口处使用水獭或其他动物毛皮。帽子的前部装饰着成排的珊瑚、银匾、银珠。帽子侧面的两个长条可垂至女孩腰带，由珊瑚、松石、银盘（有时还有金盘）构成。这两条吊坠的数量和长度都与女孩父母及部落的财产有关。帽子的后下方是一个大的正方形或菱形的披风，上面用彩色或银色的线缝绣了各种漂亮的图案，边缘饰有流苏。这种头饰除了出嫁时佩戴，在第一个孩子出生期间的重大节日、接待重要客人时也都能够佩戴。鞋类有皮草靴（muikh）、过膝长筒皮靴（saptama）、可以穿在皮靴里的毡袜（baipak）以及套穿的一种皮靴+套鞋（kalash），其功能是保暖又易于穿脱。

---

① "夸富宴"（potlatch）由美国人类学家博厄斯（Franz Boas）最初给以细致的描述，后来由鲁斯·本尼迪克特（Ruth Benedict）再度对夸克特人的夸富宴仪式进行解释。"夸富宴"的词义是"散尽"（give-away），是指为获取声望而慷慨馈赠，这种声望与慷慨的程度成正比。

② 照片引自：Қартаева Тәттігүл, "Музейлік затын пәнаралық байланыста зерттеу және музейлік далалық экспедицияның маңызы", 2020。

最后是哈萨克人的传统首饰部分。传统首饰主要以银饰为主，且带有珊瑚等宝石镶嵌。一是戒指类，其中较为特别的是一种形状类似于鸟嘴的图章戒指，有保佑平安的寓意，这种鸟类和鸟喙的风格化描绘在哈萨克人的艺术装饰中非常普遍，他们认为鸟象征着自由、幸福和善意；还有一种叫"亲家母戒指"（kudagan zhuzik），是戴在两个手指上的一个大戒指，象征着结亲的两个家庭的关系以及新婚夫妇的幸福，新娘的母亲把这枚戒指交给新郎的母亲，希望这个未来的婆婆可以很好地对待她的新儿媳妇；还有一种戒指与手镯连在一起的首饰，即一个手镯连着三个带细链的戒指（bes blezik）。二是耳饰类（syrga），主要以带有长耳坠的银饰与镶嵌宝石的银耳饰为主。三是项链和发辫类饰品，是哈萨克女孩挂在胸口及发辫上的饰品，包括各种胸前佩戴的首饰"alkha""tumarsha""boitumar"，发饰"onirzhiek""sholpy""shashbau"，以及带有镶边和吊坠装饰的腰带"kemer beldik"。总的来说，这些配饰通常是都带着数个长长的挂坠或银质的硬币，在女孩们走路时会叮当作响，这样可以保护穿戴者免受邪恶、诅咒和阴谋的侵害。其中，有一个挂在胸前的配饰带有银质的掏耳勺和剔牙签，是实用性的功能体现，另有一些带有鸟嘴等形式的装饰，也具有辟邪护佑的象征意义。

（二）额鲁特蒙古族与哈萨克族的现代服饰

随着现代服装的普及和人们审美观的改变，厚重烦琐的民族服装不再是各族民众生活中的首选，而变成了节假日的一种仪式感。同时，出于舒适度、穿脱简便与时尚美学的需求，许多民族服装几经"改造"，成了带有一些传统元素的现代时尚服饰。

就生活装而言，伊犁河谷的额鲁特蒙古族与哈萨克族呈现出趋同化，只有一些个别的细节讲究与色彩喜好略有差异。

伊犁河谷的哈萨克族与蒙古族在服装上的相似性可以概括为以下几方面：一是坎肩，因伊犁河谷的天气早晚温差较大，蒙古族牧民与哈萨克族牧民最常见的服装是各类坎肩，有动物毛皮的、棉里子的、毛线编织的，各式各样，可以穿在连衣裙上，毛衣上，也可以穿在衣服内，既保暖又不妨碍做家务。二是头巾、帽类，伊犁河谷信仰伊斯兰教的维吾尔族、哈萨克族、乌孜别克族、柯尔克孜族女性，尤其是已婚女性，都会佩戴头巾。额鲁特蒙古族妇女在婚礼仪式、做家务、外出时也会佩戴不同的包头巾，因此各类方巾、丝巾是伊犁河谷少数民族妇女之间最常见的伴手礼。男士多佩戴帽子，尤其是卫拉特男性的帽子通常为带帽檐的短舌棉麻料。三是裙装，伊犁河谷的少数民族妇女十分喜爱着裙装，尤其是哈萨克族、维吾尔族，可以说裙装是她们最为日常性地装扮，有连衣裙，也有半身裙，质地偏厚。有趣的是，哈萨克族、维吾尔族妇女的半身裙是可以穿在裤子上的，而不是只搭配较为紧身的打底裤或连裤袜，甚至也有穿在外裤上作为装饰的。四是鞋类，也有同样的叠穿方式，如上文中的"klasha"，多由维吾尔族皮匠制作，里面是一种被称之为"maisi"的薄底软皮的筒靴，在家时当地板袜穿，保暖且耐脏，出门时套上用皮制或牛筋材质定做的浅口套鞋。这样的风格十分独特，就像维吾尔族女性偏爱的艾蒂莱丝式花色，已变成一种身份化的象征。因此，伊犁河谷民众之间在讨论装扮时，对于花色大胆或叠穿衣服的风格，会称之为穿得"很维吾尔族"或"很哈萨克"。

四　习俗与禁忌

每个民族都在各自源远流长的历史文化中，形成了许多约定俗成、代代相传的礼节与禁忌。伊犁河谷的哈萨克族和额鲁特蒙古族在数百年的文化接触中，相互影响，相互渗透，其习俗与禁忌有相似之处，也保留了各自独特的内容。

（一）相似的生活习俗

1. 家屋装饰与餐桌礼仪方面

哈萨克民族十分擅长木雕、刺绣、皮质加工等，牧民家里的陈设精致美观。木雕制品与用毛毡、花毡、刺绣和其他元素制成的民间应用艺术紧密相连，是毡房装饰、生活器具装饰和艺术装饰的重要组成部分。而皮革则用来缝制大衣、鞋子、腰带、马具、奶制品存放袋及便携式生活用品。伊犁、塔城、阿勒泰地区的蒙古族家庭里也都会有很多精美的雕刻木箱、刺绣制品。即使在现代的定居房或楼房里，仍然会铺满精美的地毯、五颜六色的挂毯，再用华丽的布料做成很多坐垫、靠垫围绕正中间的长条形餐桌，放置在炕上。

可以说，占据整个客房三分之二的大炕与丰富的餐桌礼仪，是伊犁河谷的哈萨克族与蒙古族显著的特色文化之一。他们的炕与东北地区的火炕不同，在早期季节轮牧的生活中出于隔断草地的湿气以及容纳全家人生活的卧室功能（在前文论及毡房内部空间时已分析）的考虑，通常就地取材使用木桩与木板钉做而成，不仅具有隔潮、通风、防蛇虫的作用，炕底还能收纳杂物。伊犁河谷少数民族在这样的大炕上放置的餐桌礼仪更具有研究意义，尤其在节假日期间以及有尊贵客人拜访之际，桌子上更是琳琅满目的点心、奶食、糖果、干果、果酱等，并且会按照奶茶、炒菜、肉食、面食、酒水、祝酒歌、伴手礼等不同顺序招待客人，这是当地普遍的待客方式。在某种程度上，餐桌上的餐具、待客食物的种类等，象征着其家庭的经济实力和身份地位。

在待客礼仪方面，除了餐桌之外，对主人倒茶与递碗的姿势和顺序，以及为不同客人准备牛羊不同部位的肉等细节都十分有讲究。据老人回忆，在 2000 年前，只要有人来到牧民家做客，主人都会煮肉招待，如果是尤其尊贵的客人，则会宰杀羔羊进行礼待。如在客人到来时只有茶水和蔬菜，就显得不够重视，反之，到别人家只喝茶就离开，要么是非常赶时间，要么就是亲近的客人。此外，从人生礼仪上来看，哈萨克族和蒙古族长辈通常会在近亲的女儿出嫁后第一次携夫家拜访、儿媳妇第一次上门跪拜（蒙古语直译）、新生儿出生后第一次到家里时，进行隆重招待，并在餐桌上进行送礼的仪式。其中，对新生儿"指"牛、马、羊的仪式，即按照幼儿随机指向的意愿赠送小马驹、小牛犊或小羊羔作为礼物，是十分传统的习俗，即使主人没有畜群，也会用现金、金银来代替。

2. 男女分工与饲养牲畜方面

从传统的牧民家庭中的男女分工来看，在哈萨克族与蒙古族家庭中，挤奶、制作奶食、烧茶做饭、负责家务管理都是妇人的工作，而外出照看牛羊、剪羊毛、买卖牲畜等是男人的工作。在住房内的空间安排上，因上座空间、女性空间、男性空间的建构，产生了男女性分座的习俗，尤其在公公与儿媳、女婿与姑嫂等辈分与身份划分的情况下，更加明显。这在伊犁河谷哈萨克族与蒙古族的现代婚礼宴请中也有体现，即使在酒店举办的婚礼，也通常是男性和女性沿左右两侧分开入座，即使是一家人去参加婚宴，男主人也会坐到男性桌，而女主人坐女性桌。

在饲养牲畜方面，同样作为游牧民族，哈萨克族与蒙古族的地方知识系统是一致的。首先是从种类来看，相对于蒙古族常说的"五畜"

（牛、马、绵羊、骆驼、山羊），哈萨克族称为"四种"（牛、马、羊、驼）。据老人回忆，在20世纪70年代以前，伊犁河谷地区的牧民养骆驼用来驮载重物进行迁徙，但目前骆驼较为少见。此外，山羊也只在一些有山岩的地方饲养，多数河谷草原的牧民也没有饲养山羊。

哈萨克族与蒙古族牧民对牛、马、羊等牲畜的情感是非常深厚的，具体体现在一些民间谚语中："与其向神祈祷，不如养好牲畜""人依靠牲畜来繁荣""养只羊羔能吃肉，养只豺狼害自己""马是人的双翼"等。此外，关于畜群的智慧性谚语也很多："坐骑的好坏，越岭的时候才能看出；朋友的好坏，遇难的时候才能看出""着急的马容易失蹄，慌张的人容易出错""好马不在鞍，好人不在衫""骑马要备鞍、学习要坚持""无角的牛爱打架，无才的人好挑剔"等。在饲养畜群的过程中，关于如何选择水草好的迁徙地、如何选择避风的定居地、如何应对冬季的严寒和春季接羔的时节，牧民们都有自己独特的判断方法和系统。尤其在过去交通不便、医疗匮乏的时代，畜群的繁衍、接生、阉割、治疗等都靠牧民的"土方法"，其中一些方法，如"劝奶歌"（用牧民的歌曲感化刚生下小羊羔的母羊或母驼进行喂奶）、驯马术、雄性种畜的挑选、钉马掌等智慧与技术源远流长。

3. 婚礼仪式方面

在婚礼仪式方面，哈萨克族与蒙古族都有说亲、定亲、嫁娶前一天、送亲等几个环节。

根据伊犁河谷蒙古族老人讲述，传统的牧民婚礼从说亲到迎娶时间长达一年之久。首先，男方有意愿与女方结亲时，会委托非近亲的人员先去"传话"，在女方得到消息且未表达明确反对时，男方近亲（非父母）择日按照传统习俗带着砖茶、布料、酒等礼物前往女方家，如女方也同意，就收下礼物，款待来客。接着，男方父母才会正式前往女方家，双方认识后，初步达成一致。女方会挑选数十家近亲，一一告诉男方，让其去登门拜访，献德吉（一般为一瓶酒和一块砖茶等常规伴手礼），喝了德吉酒的人就要准备在婚礼上献德吉礼物给出嫁的姑娘。拜访的人不必是男方父母，可以委托年轻的亲戚，因过去两家牧民之间路途遥远，这个环节甚至需要一年的时间进行。第三步，才是真正的定亲仪式，男女方会进行彩礼、嫁妆、婚期的商定。传统的牧民婚礼都是以牛、马、羊为彩礼，不同的是蒙古族为双数，哈萨克族为单数，此外还有专门送给女方母亲的"慈母伴手礼"，会是一头牛或一匹马，现在通常为一件金饰。而女方的嫁妆同样除了一定数量的牛、马、羊之外，还有一些家具及一定数量的精致工艺的被褥、服饰，等等。第四步，蒙古族、哈萨克族女孩出嫁或男孩娶亲前一天，都有"帮忙"日，这一天，亲朋好友会牵着要赠送的牛、马、羊或礼物、礼金前往主家，年轻的男性和女性会被分配具体任务，如负责搭建毡房、迎客并安排就座、负责上菜、登记礼账等，长辈则会进行祝福词诵念。到了当夜，会有欢送姑娘的环节。上述受到德吉的亲属，会依次亲吻即将出嫁的姑娘表达不舍之情并赠送礼物，这时姑娘通常会放声痛哭，在传统婚礼中哭得越大声说明对娘家越依恋。第五步，即出嫁当日，女方的母亲不送亲，其他的亲朋好友唱着歌送亲或男方进行迎亲的仪式。新娘在出嫁路途中也会放声哭泣，直到抵达男方家，男方会为新娘准备一个富有寓意的"媳妇名"，还会跪拜男方已故和在世的长辈。最后，在婚礼仪式结束后还有邀请出嫁的姑娘回门和迎娶的儿媳——拜访长辈的仪式。按照以前的传统，"通过"这种仪式出嫁的姑娘和迎娶的儿媳才能上门，否则不能擅自拜访。

哈萨克族的出嫁"托依"仪式也与蒙古族相似，不同的是，哈萨克族的男方举办两个仪式，一个是"吉尔特斯"，是邀请自己的亲朋好友前来见证和观看将要送给女方的彩礼物品，一个则是接亲。

随着现代婚礼仪式的发展，目前伊犁河谷各民族的婚礼通常都在饭店举行，但依然保留着一些传统婚礼仪式，如请宗教人士或长者"看日子"；在女方举办的婚礼上，近亲赠送姑娘牛羊、金饰、服装等礼物；邀请长辈在婚礼仪式上进行颂词；宰杀牛、马，让餐厅加工后，为每桌宾客按照辈分上肉盘等。在隆重的传统仪式结束后，弹奏陶布秀尔、马头琴、冬不拉等乐器，跳起萨乌尔登、黑走马，歌声不断，载歌载舞，宴会时间持续很久且热闹非凡。

（二）互嵌的禁忌文化

1. 对自然的敬畏

新疆少数民族的传统文化中蕴含着丰富的生态保护理念。以蒙古族和哈萨克族为例，他们将天、地、草原、水、动物等自然元素视为神圣珍贵的存在。这种生态伦理不仅体现在对自然环境的敬畏上，更渗透于日常生活之中——尊崇白食和红食，对火种、炉灰等生活要素持虔诚态度。

对于生活在草原上的游牧民族来说，动物才是草原上的"主人"，有些动物可能让他们惶恐而避之不及，有些动物则被视为信仰（图腾崇拜）。以蒙古族和哈萨克族为例，狼虽然被视为羊群的威胁，但由于其在维持草原生态平衡中的关键作用，因此形成了"不可打狼"的禁忌传统。人们甚至将狼牙、拐骨等制成护身符悬挂于婴儿摇篮边，既表达敬畏又祈求庇佑。游牧民族的生态智慧更体现在严格的狩猎伦理中：禁止捕杀怀孕、哺乳期或尚处幼崽期的动物，认为这种行为会招致天谴；春季禁猎以保障野生动物繁衍；通过"伤害青蛙会致人脸生黑斑"（哈萨克族谚语）、"偷麻雀蛋者将满脸麻点"（卫拉特蒙古族训言）等生动的地方性知识，将生态保护理念代代相传。这些传统规约不仅反映了游牧民族对自然规律的深刻认知，更构建了一套人与自然和谐共处的文化机制。

蒙古族、哈萨克族、维吾尔族都认为水是纯洁之神，因此有许多关于水的禁忌，不能弄脏水源，不能往湖泊、河流、水渠里倒入垃圾和吐痰，不能在流水中洗手、洗脚、洗衣服、大小便等。长辈在教育孩子们时通常会说："往水里撒尿，嘴脸便会长满脓疮。"在日常生活中，不能洗完手甩水，不能朝别人身上泼水，尤其忌讳在别人进门或者出门时朝他人行走的方向泼水，被认为是不吉利的行为，也是对他人极大的不尊重。

对水的敬畏源于"逐水草而居"的游牧生活。到了后来，游牧转向定居，水源依然非常重要。在冬天，牧民会将山上的雪挑回来，待其化成水后饮用，春天就饮用山顶积雪融水形成的溪水或河水，因自然融雪时携带着高山黑土，水质十分浑浊，牧民便将其倒入水桶中静置数小时后取顶部的清澈部分煮沸后饮用。后来，为了灌溉农田，伊犁河谷修建了很多水渠。这些水渠源于山泉或湖泊，例如，尼勒克县乌兰布鲁克村中的水渠，从"乔路哈夏"起，沿"米克拉""博合塔""果吉尔""萨拉""乌兰布鲁格"等山泉而下，流至乌兰布鲁克村的农田灌溉地，后来根据印发的《新疆维吾尔自治区农牧业现代化建设规划纲要（2011－2020年）》，尼勒克县修筑防渗渠道98公里，在乌兰布鲁克村的防渗渠由"陶瓷厂"开始，一直修到了该村的五千亩农田灌溉地。这些防渗渠流经街道、院舍，夏季方便各家各户引流灌溉农作物。偶遇自来水停水，也可从水渠中取水饮用。因此，在村民建房选址、修建旱厕时，都会讲究水流的方向，避免污染水源。

2. 饮食禁忌

因为信仰不同，伊犁河谷的维吾尔族、哈萨克族、回族与蒙古族在饮食上的禁忌稍有不同，信奉伊斯兰教的民族忌吃猪肉和死亡的动物肉，不吃非穆斯林家中烹饪的菜肴，但可以喝茶、吃糖果点心等。不过，随着互嵌共居中的交往交流交融，伊犁河谷的穆斯林民众与非穆斯林民众之间的禁忌习俗也相互转换。例如，伊犁河谷的蒙古族虽然本身没有禁食猪肉的宗教习俗，但在与维吾尔族、哈萨克族等穆斯林民族长期密切交往的过程中，逐渐形成了一种独特的饮食文化调适。为尊重穆斯林邻居或朋友的饮食习惯，确保其厨具餐具"清真"以便招待客人，当地蒙古族避免在家中烹饪猪肉。这种文化适应经过代际传承，最终演变为群体性的饮食选择——不吃猪肉。即使吃猪肉的民族，在面对穆斯林时，也会称呼猪肉为"大肉"，年轻人则俏皮地称之为"佩奇肉"，就是在很大程度上给予对猪肉禁忌的兄弟民族最大的尊重。再如，蒙古族普遍不吃马肉，据说是因为马是蒙古族文化中最为重要的动物，且与历史上蒙古社会的存在与发展有直接关系。但伊犁河谷的多数蒙古族受哈萨克族吃熏马肉、熏马肠的饮食文化影响，也会食用马肉制品，甚至在冬天会宰杀马匹进行冬肉储备。

除了对某些特定食物的禁忌之外，在少数民族传统饮食中，还有一些关于饮食过程与食物搭配的本土知识和习惯。例如，少数民族吃饭前都有"洗手"的仪式，主人会拿着水盆、洗手壶及擦手毛巾依次走到就座的客人前，洗完手后方可开餐；在吃饭过程中，馕不可扣放，碗筷要双手传递，不能用筷子指向别人，按照客人的辈分和年龄的顺序盛饭，客人从盘中取走的食物不能再放回去，饭碗中不能有剩饭，不能跨过食物与餐盘，等等。对于食物搭配，新疆各民族在吃清炖牛羊肉时通常搭配洋葱；吃肉时忌喝凉水，尤其山羊肉须趁热食用，避免因吃了变凉"凝固"的肉而生病；新生儿洗澡用骨头汤，以增强抵抗力；儿童生病时用加热的羊尾油抚摸全身；吃杏子后忌喝青茶，会引起食物相克，等等。

3. 其他禁忌与习俗

维吾尔族、哈萨克族、蒙古族民众都非常注重维护长者的威严，除了在上文中关于餐桌礼仪中对"上座"的讲究，在婚姻习俗中，尤其在晚辈媳妇与婆家长辈之间，尊卑有序也特别突出。例如，伊犁河谷的卫拉特蒙古族女性在成婚后，为避免直呼婆家长辈的名字，往往都由其他近义词或某某的父母亲之类的称呼代替。在笔者的记忆中，笔者母亲因笔者父亲长辈中有人名为"查干"（蒙古语意为白色），婚后便再也没有说过这个字，在描述颜色时用"给连"来替代；也因笔者父亲的二嫂与母亲的妹妹同名，母亲改称其为"代青的妈妈"（代青为笔者表弟之名），诸如此类现象在过去非常普遍。随着现代化进程，这些传统的习俗逐渐被忽略了。

在日常生活中，还有一些禁忌与讲究。如不能提着空的容器迎面走向别人；不能朝别人行进或离开的方向洒水；从坐着的客人面前经过时要绕过或从身后经过；日落后不可以在床上使用指甲刀、剪刀等剪指甲或剪头发，不可以扫地、倒垃圾，不能照镜子；家里有人出远门或归来时不能同时扔垃圾；不能踩踏或站在门槛上，要迈过去，等等。

游牧时期以及在农村定居时期，各民族会在野外生火，或者在土灶中架火取暖和烧水煮饭，这里的禁忌是不允许用火钳或者木柴去胡乱的翻腾火苗和正在燃烧的木柴，如果有人执意这样做会被认为在捣乱，有意拆散家庭，因为柴火对于游牧家庭来说非常重要，是取暖和烧制饮用水、烹制食物的重要元素，而且正在燃烧的柴火就像生活一样有声音，有亮光，反复去捣鼓柴火可能会使火势减弱甚至熄灭。更不能用水浇灭炉火，禁忌用"扣翻你灶火""浇灭你灶火"等词语谩骂别人，这是非常严重的咒骂。

五　小结

饮食、语言、服饰、习俗与禁忌是民族文化、地域文化重要的内容与体现。伊犁河谷多民族与多元文化的共生格局，不仅体现在各民族对自身传统文化的坚守，更展现在彼此文化间的深度交融与互鉴。从饮食习俗到生态禁忌，这些看似差异的规范背后，实则蕴含着相似的生命敬畏与生态智慧。在长期互动中，各民族既尊重彼此的信仰边界，又通过柔性的文化调适，使禁忌从外在约束内化为共同的生活伦理。这种动态的互嵌过程，不仅是文化适应的结果，更是中华文明"和而不同"理念的生动实践——它让差异成为对话的契机，让传统在交流中焕发新的生命力，最终铸就了新疆各民族和谐共生的文化底色。

文化认同是最深层次的认同，是民族团结之根、民族和睦之魂，文化互嵌是民族互嵌的核心内容。丰富文化交流互动场域，深化各民族的价值共识，促进各民族在文化上相互尊重、相互欣赏，相互学习、相互借鉴，构筑中华民族共有精神家园，是增进中华文化认同从而铸牢中华民族共同体意识的重要抓手。

第四章 交融结果——互嵌与多元共生

我国民族互嵌理论中的"互嵌"是作为加强民族交往交流交融的具体途径提出来的。在本书中，如第二章所分析的，互嵌首先是物质层面的空间距离提供了交往的前提，时间层面的长期交往历史；第三章所分析的相互交叉的经济生产方式与相互影响的文化，促进了文化上的相互接纳；而本章将要讨论的"交融"，相较于交往与交流，是超越表层互动的深度整合，是各民族在长期共处中实现的深层次的心理认同重构与文化内核的创造性融合。它表现为三个维度的深刻变革：在认知层面形成跨越族际的价值观共识，在情感层面培育"我们感"的共同体意识，在文化实践层面催生兼具多元特质的新传统。这种交融不是文化的简单叠加，而是通过精神世界的互嵌实现的文化基因重组，最终使多样性成为共同体发展的内在动力，正所谓"民心相通是铸牢中华民族共同体意识之本"①。因此，精神互嵌是民族交融的必需途径，民族交融是精神互嵌的自然结果。

本章将从互嵌与交融、多元与共生两个维度对伊犁河谷多民族交往交流交融的结果进行分析。第一节"互嵌与交融"，包括精神互嵌，即对"家园"与"山水"的精神认同；制度互嵌，通过新疆维吾尔自治区"中华民族一家亲"活动，形成了民族团结新局面；社会互嵌，通过将民间口述故事与体质人类学研究相结合的方式，呈现伊犁河谷哈萨克族与蒙古族之间深度的民族交融现状。第二节"多元与共生"，则从尊重差异、包容多样性的角度，关注伊犁河谷各民族的文化多元化，在"中华

---

① 《习近平在中央民族工作会议上强调：以铸牢中华民族共同体意识为主线　推动新时代党的民族工作高质量发展》，《人民日报》，2021年8月29日，第1版。

民族多元一体格局"理论之下，传承费孝通先生所提出的"各美其美，美人之美，美美与共，天下大同"的理想。

第一节　互嵌与交融

一　精神互嵌：伊犁河谷各民族的"家园"观与"山水"观

各民族对于共同家园的认同，是互嵌共居的地方社会图景背后特定的文化心理积淀——共居一地的人们因为对地方社会共有家园的情感依赖，从而消除了族群、文化、经济等方面的差异与隔膜，获得相互的精神认同。

（一）"家园"观

海德格尔曾提出，"'家园'意指这样一个空间，它赋予一个处所，人唯在其中才能有'在家'之感，因而才能在其命运的本己要素中存在"。① 海德格尔倡导的"人，诗意地栖居"这一存在的哲学境界，可以理解为："人，劳作地居住在大地上"，即"人，技术（巧）地居住在大地上"，"人自由地居住在大地上"，以及"以审美的人生态度居住在大地上"。中国生态美学家曾繁仁教授认为家园意识"不仅包含着人与自然生态的关系，而且蕴含着更为深刻的、本真的人之诗意地栖居的存在真意"。② 可以说，在家园中获得最本己的存在，就是人们常说的"归属感"。"归属感"更多的是情感归属，是一种与物质层面的家园合二为一的精神契合，只有归属感，才能实现身心和谐，并感到幸福。

从概念上来看，"家园"作为从"家"衍生出来的词，不仅仅是一种物质性的空间活动，更是一种充满情感、认同意识的精神空间。③ 这种精神空间的筑造基于千百年来祖先安息在此、我们生长在此的一种"根"联系，也基于在成长过程中关于家园及与其相关联的人、事、物的记忆。

---

① 〔德〕马丁·海德格尔：《荷尔德林诗的阐释》，孙周兴译，商务印书馆，2000，第15页。
② 曾繁仁：《生态美学导论》，商务印书馆，2010，第325页。
③ 万光侠：《精神家园：关注当代中国文化建设的终极目的》，济南出版社，2013，第57页。

因此，家园的含义可以分为物质空间与文化空间两个层面。

首先，作为物质空间的家园，是地理概念的生活空间。包括人类赖以生存的土地、山河、空气等环境资源，是与每个家庭休戚相关的牧场、耕地，是每个民族繁荣发展的村落、乡镇等地域，甚至是一个国家所包含的疆土。对于世代居住在伊犁河谷的各族民众而言，家园就是那个地处中国新疆西北部、天山北部的伊犁河谷，因山脉环绕、河道交错、松林茂密、气候湿润而有着"塞外江南"之称的美丽故乡；也是千百年来汉族、哈萨克族、蒙古族、维吾尔族、锡伯族等47个民族聚居的地方。

其次，作为文化空间的家园，是我们常说的精神家园。关于"家园"的认同并不是天生的，而是在一定的时间积累和沉淀之下的一种感受，如概念中分析的从祖辈的生活延展而来的记忆。有时也是在特定情况下的一种建构，如我们应是谁或我们应如何热爱我们的家园，这是一种社会习得。这些习得与建构的目的是"在物质上、心理上维持那些将自己视为受其文化束缚的群体具有义务和团结的集体意识，对于特定身份认同的构建和差异的消除至关重要"。① "家园"的概念，不仅体现在"统一化"，也表现在"排他化"，即"我们的家园"与"你们的家园"。因此，强化伊犁河谷各族民众共同的精神家园认同，可以培养各民族手足相亲、守望相助的认知理念和"共同团结奋斗、共同繁荣发展"的切身体会。

当然，精神家园的概念并不仅仅局限于物理空间范围内最小的那个家园——伊犁。根据空间的变换，"家园"的概念范围亦是变换的。例如，在新疆，家园是伊犁；在新疆之外的地方，家园是新疆；在中国之外，祖国是中华人民共和国。因此，文化空间的"家园"可以升华为中华民族共有的精神家园。

建设中华民族共有精神家园是习近平总书记关于加强和改进民族工作重要思想的关键内容之一，旨在从精神层面推进中华民族共同体建设，铸牢中华民族共同体意识，为推动新时代党的民族工作高质量发展指明了方向。

---

① Alexander C. Diener, *One Homeland or Two? The Nationalization and Transnationalization of Mongolia's Kazakhs*, Stanford University Press, 2009.

自党的十八大以来，以习近平同志为核心的党中央高度重视构筑中华民族共有精神家园。2014 年，习近平总书记在中央民族工作会议上指出："加强中华民族大团结，长远和根本的是增强文化认同，建设各民族共有精神家园，积极培养中华民族共同体意识。"明确要把建设各民族共有精神家园作为战略任务来抓。2019 年，习近平总书记在全国民族团结进步表彰大会上的讲话中强调："要以社会主义核心价值观为引领，构建各民族共有精神家园。"2021 年，习近平总书记在中央民族工作会议上的讲话中把"必须构筑中华民族共有精神家园"概括为中国共产党百年民族工作的十二条基本经验之一，明确了中华民族共有精神家园是我国各民族人心凝聚、团结奋进的强大纽带，同时，强调"要全面推进中华民族共有精神家园建设"。党的二十大报告将"丰富人民精神世界"明确为中国式现代化的本质要求之一。习近平总书记指出："一个民族的复兴需要强大的物质力量，也需要强大的精神力量。"用丰厚的文化资源构筑中华民族共有精神家园在增强中华民族伟大复兴强大精神力量方面有着重要地位和作用。这一系列论述彰显了构建中华民族共有精神家园的必然性。

精神家园指建立在社会实践和理性思维基础之上产生的情感认同，是人们对生存观念、生活意义和生命价值的精神依靠和归宿。相较于物质世界，精神家园作为比喻概念，把抽象意义的思想感情、心理活动、行为习惯和文化传统等转化为具体有形、与人民群众生活息息相关的"家"的概念，更易于人们理解和接受。① 伊犁河谷各民族在千百年来共饮伊犁河水，不断克服自然环境的限制，逐水草而居，开垦疆土，发展壮大。近代以来，在反对列强侵略和封建压迫的过程中，血肉相连、团结奋斗，共同守护着家园和山水，实现了精神互嵌。对于伊犁河谷的民众而言，"伊犁"不仅是作为家园的自然山水环境，也是具有地域特色的生活场景和具有风土人情的生活家园，更是充满着文化底蕴和精神慰藉的文化家园。

（二）"山水"观

山水不仅是人类生活空间与生活实践的重要组成部分，也是连接物

---

① 乌小花、白晓艳、李安然：《中华民族共有精神家园：概念内涵、核心要素与实践指向》，《新疆师范大学学报》（哲学社会科学版）2023 年第 5 期。

质与精神世界的桥梁与载体，对于塑造各个层面的文化图谱具有重要的价值。① "山水" 观是人类与自然的有机融合，从早期的人类畏惧山水、敬畏山水，到后来的认识山水，到现在的利用山水、改造山水……人类对于山水的理解逐渐清晰，亦变得丰富。这样的发展并不是后者替代前者，而是与敬畏并存的。例如，在当今伊犁河谷各族民众的观念里，依然遵循着顺应自然、尊重自然的原则，尤其在哈萨克族、蒙古族民众的生活与信仰中，仍然有崇拜自然、敬畏自然的仪式与祭拜环节。同时，随着对自然环境的不断认识，山水也拥有了象征意义与审美功能。前文已涉及禁忌与审美功能（旅游产业），在此主要对山水的象征意义展开叙述，以展示伊犁河谷各族人民的山水观。

在伊犁河谷各民族的文学、歌曲当中，充满了对山水的书写。在这些书写中，山水所代表的家园不仅是 "居住之地"，是 "祖先安居之地"，也是离开后魂牵梦绕 "思念的方向"，是疲倦后想要的 "归宿"。对家园的情感和歌颂，指向了具有指代意义的 "家乡的山和水"。因此，山水便成为带有诗学意义的象征符号。

海德格尔在《诗·语言·思》及《在通向语言的途中》等著作里，探讨了 "诗" 的本质，认为 "诗" 与 "存在" 及 "真理" 的关系，即 "诗意的本性是存在的创立和真理的创立……艺术不过是诗意活动的方式之一，它的本质是存在着的真理自行投入作品"。② 因此，艺术作为社会文化的表征符号，是分类和秩序的表达。具体而言，文化总是体现为各种各样的符号，其方式除了语言，还包括图片、绘画、书写、通过技术和绘图生成的图像。人们通过这些符号来表征或再现世界上存在的一切有意义的概念、观念或思想。

关于符号的指代与被指代，语言学家费尔迪南·德·索绪尔的符号理论将其解释为：有一个能指的形式（实际的词、形象、相片等），头脑中还有一个与形式相连的观念或概念即所指。按照符号理论，意义有两个层次，直接意指涉及意义的第一个层次，它来自能指和所指间的一种

---

① 袁剑：《西域山水：理解中国边疆—内地关联性的一种广义要素》，《西北民族研究》2023 年第 2 期。
② 〔德〕马丁·海德格尔：《诗·语言·思》，彭富春译，文化艺术出版社，1991。

描绘关系，与一物意味着另一物这种最明显和一致的层次相符合。含蓄意指涉及的是意义的第二个层次，它引导人注意物的形象在一个较为宽泛的、较多联想性的意义水平上被理解的方式。并且，意义在不同时期和不同语境中得到不同的解释。依靠意义在不同情境中被给予、获得、建构和解释的方式，我们的热衷、幻想、欲望、抑制、反抗以及矛盾的情愫，都介入其中。

天山作为亚洲中部最大的山系，对西域各族人民具有十分重要的意义。被称为"天山斯基"[①] 的 19 世纪俄罗斯地理学会远征探险家谢苗诺夫（Петр Петрович СемсновТяншанский）曾这样描述天山："宏伟的腾格里塔格群山，从头至尾都清晰可见，萨雷扎斯河在我们脚下沿着它的山麓流过。萨雷扎斯河真像我们的向导所说的一样，它属于中央亚细亚塔里木水系，塔里木河与天山平行，流入天山南面的罗布淖尔。……我们在山口上待了三个来小时，不仅是为了尽情地欣赏世界上少有的壮丽风景，也是为了弄清楚天山最高峰的山志学问题。关于这些山峰，当地居民恰如其分地赋予它一个富有诗意的名字'腾格里塔格'（灵山），把这些雪峰比作天之'精灵'，而把那座凌驾于群峰之上，威镇群山的巨峰，称为'汗腾格里'峰，意即天灵之王。中国人把整个这条山系称为'天山'（天之山），即来源于此。"[②] 天山名称中的"天"在蒙古语、哈萨克语、维吾尔语中都是一个相同的词汇"腾格里"（蒙古语为"tenger"，哈萨克语为"tengir"，维吾尔语为"tangir"）。不仅天山的名称跨越了汉族、蒙古族、哈萨克族、维吾尔族之间的界限，天山本身所象征的意义，也成为天山南北新疆各族人民的一种具有普遍价值与道德意义的共享符号。而对于"天山脚下"的伊犁河谷各族民众，家园的书写更是离不开与天山相关的歌曲、诗词、民间故事与神话传说。

首先，以关于天山的汉语歌曲、维吾尔歌曲与哈萨克文诗集节选为例。

---

① 由于其对中亚尤其是当时"无人所及"的天山进行了研究，并以维度山脊系统的形式绘制了关于天山的第一幅图，且收集了大量的岩石和植物标本，因此被沙皇俄国赐名为"天山斯基"，后他在自己的姓名中加入了此名称。

② 〔俄〕彼·彼·谢苗诺夫：《天山游记》，李步月译，新疆人民出版社，1989，第219页。

啊天山①

你是天上的大山

你迈步在云端

你从喀什噶尔

走向伊犁河

……

啊天山

我们在你的怀抱里

你是各民族儿女

母亲生生的摇篮

……

啊天山

你在我们的祝福中

你是祖国的边疆

不可逾越的雄关

天山雄鹰 啊 天山雄鹰②

冰峰给我彪悍的体魄

戈壁给我顽强的性格

雪山给我宁静的梦想

草原给我美丽的景色

我扑进天山怀抱

肩负着神圣的使命

……

天山雄鹰 啊

谱写生命的赞歌

---

① 歌曲《啊天山》，作词：瞿琮，作曲：孙海倪，演唱：石倚洁。
② 民歌《天山雄鹰》，演唱：肉孜·阿木提。

我爱雄伟的天山①，

爱那山峦亲吻着蓝天，

我在这悠扬的乐声中长大，

这里是我生长的家园。

我爱山，

乡亲们也爱山，

看呵，看那起伏的山峦，

我也要像山一般挺拔向上，

像山一样勇于肩挑重担。

其次，以伊犁河谷哈萨克族、蒙古族民众的两则神话传说为例。

民间故事一《天山绿林》②

很久以前，在天山深处的一条峡谷里，住着一位老人。老头是一位百发百中的神箭手。有一天，老猎人在一个异常炎热的夏天里出去打猎，走到一片浓密的白桦林里，看到了一只雪白的公鹿，这只鹿头上长着一对有十二个杈的鹿角。老猎人急忙拉满弓射出利箭，白鹿被射中了，不顾身上流着血拼死拼活地逃跑。老猎人紧追不舍。就这样，老猎人整整追了一天，鹿也整整跑了一天。

白鹿因为受了伤，实在累得跑不动了。老猎人也累得上气不接下气。此时，他忽然看见日落的方向，有一片碧绿的草滩，草滩上开满了像锦缎一般的鲜花，一股晶莹的泉水从草滩上流过。只见那只受伤的白鹿跑到了泉边，喝了几口泉水，然后用舌头舔了舔伤口，顿时伤口不流血了，伤口痊愈了，白鹿精神百倍地跑走了。

老猎人看得目瞪口呆，于是干渴的老猎人喝了又甜又凉的泉水，浑身上下好像增添了无穷的力量，向水中照了一下，仿佛脸上的皱纹消退了，花白的头发也变成乌黑的了。于是猎人高高兴兴地回家

---

① 哈萨克文诗集《天山之歌》，作者是库尔班·阿里（1924~ ），尼勒克人，创作于1980年。

② 刘万庆、吴雅芝编《中国少数民族风物传说选》，中央民族学院出版社，1986，第70页。

去了。

　　正在家中用纺锤纺线的老太太看见猎人，甚至没有认出来这个看似二十五岁的俊俏小伙子是自己暮年垂老的丈夫呀。老头把变得年轻的经过从头到尾叙述了一遍，老太太听完之后，慌忙出去喝泉水去了。可是过去了一天一夜，还不见其回来。猎人一路寻找跑到泉边时，听到一个婴儿哇哇啼哭，走近一看，只见一个好像刚生下来的小孩在泉边躺着。原来老太太来到泉边后，多喝了泉水，结果就变成这副模样。猎人只好给乡亲们带了一皮袋水，用衣襟包上变成婴儿的老太婆，小心地抱着她回家去了。

　　走着，走着，猎人遇到了漫天大雾，迷路了。忽然碰到一个怪人，只见这个人脸朝下躺在山坡上，从前胸到后背扎着一棵大树，树尖一直伸向天空，树叶还在迎风摇动。这个奇怪的人向猎人问道："喂！你抱着小孩，背着皮袋上哪去？"猎人只好从头到尾把自己的经过又讲了一遍，然后问那个怪人："你呢，你怎么弄成这个样子了？"

　　怪人长叹了一口气说："既然你问我，我就都告诉你吧，你们喝的那眼使你们变得年轻的泉水叫作长命水，也就是说喝了那眼泉水的人，不仅会变得更加年轻，而且是永远不会死的。我就是在上个世纪喝了那眼倒霉的长命水，又活了一个世纪也没有死。世界上再也没有比失去一切亲人和朋友更坏的事了。我只能像一段既没有根又没有叶的木头，像一只既没有灵魂又没有思想的动物，只好这样无精打采地活着。后来，我产生了自杀的念头，我横下一条心，用自己的身体扑向一棵干枯的树枝，让树枝把我的胸膛刺穿。可是结果呢？却像你现在看到的一样，虽然我的身上长满了青苔，但还是没有死，相反的，因为我胸中有长命水，却把这已经干枯的树枝滋润得复活了，这棵树的树叶变得春夏秋冬四季常青了。"

　　猎人亲自看到并听到怪人的经历之后，心中异常害怕，随即问道，"那我该怎么处理这袋可怕的水呢？"

　　怪人说："依我看，与其让人们喝了这水受罪，还不如把这袋水洒遍这高高低低的树木，让森林四季常绿，为人们乘凉、挡风，不是更好吗？"

猎人听到怪人的话后，便把那一皮袋水洒向塔松，洒向塔松旁的杉树、柏树和那矮矮的爬地松。霎时间，这些森林和灌木变得郁郁葱葱。从那以后，多少年来，这些树木经得住狂风暴雨的袭击，顶得住三九严寒的冰封雪盖，长得欣欣向荣，造福于人类，就连生活在这些树木附近的人们也都变得益寿延年了。

民间故事二　伊犁河谷神奇的金果树①

很久很久以前，这里是一个繁荣昌盛的国家，国王和王后治理得当，百姓安居乐业。然而，有一天，邪恶的巫师为了夺取王位，将国王变成了狮子。王后为了拯救国王，决定寻找传说中的神秘力量，于是踏上了漫长的旅程，遇到了各种困难险阻，但从未放弃。历尽千辛万苦，王后终于来到了神秘的山谷，看到了那棵古老的树，树上结满了金色的果实。王后摘下一颗果实喂给国王，奇迹般地，国王恢复了原来的模样。他们感激地向神树许下诺言，要永远保护这片土地和这里的百姓。从此以后，伊犁河谷人民过上了幸福的生活，每年都会举行盛大的庆典，感谢神树的护佑，那颗神奇的树成了伊犁河谷的象征。

此外，在卫拉特蒙古族民间故事中，关于天山的故事较多的是围绕森林而叙述，这大概与《蒙古秘史》《史集》中关于斡亦剌惕（卫拉特）属于"林木中百姓"的记载有关。以下是几段关于卫拉特民众将其族源历史或英雄崇拜与天山相关联的传说。

传说一　被山林哺养的绰罗斯姓氏部落

---

① 在伊犁河谷东端有一片叫萨哈野果林的地方，每到春天，这万亩野果林繁花似锦，犹如仙境。其中不乏树龄上百岁的野苹果树，尤其有一颗已有 600 多岁树龄的苹果树，树高 13 米，直径 2.4 米，树根分出了 5 个树干，绿叶如盖，犹如一位睿智沉稳的老者。2013 年被世界吉尼斯纪录评为"树龄最长的野生苹果树"。在其对面不远处，还有一颗树龄在 500 年以上的野苹果树，当地民众称这两棵树为"夫妻树"，它们互相守望，共同分担风雷霹雳，共享雾霭流岚，因此有许多关于树神的传说。笔者认为文中《神奇果树》的传说由此而来。

很早以前，传说有名叫阿木尼和多木尼的两个人住在杳无人迹的野外。阿木尼的 10 个儿子成了准噶尔的部众，多木尼的 4 个儿子成了杜尔伯特的部众。他们每人有 10 个儿子，以后人口滋长，他们中一个猎人在森林中狩猎时发现一个婴儿躺在一棵树下，那棵树的形状像一个弓形管子，从中流出树汁哺养婴儿，旁边有一只鸦在守护。传说弓形的树是这孩子的母亲，鸦是他的父亲。猎人将孩子抢回，起名叫 Chorgo。他们认为这孩子是天的外甥，长大后就推举他为准噶尔和杜尔伯特的汗。Chorgo 的复数是 Chorqos，以后辅音 q 脱落，变成了 Choros（绰罗斯），于是绰罗斯就成了准噶尔和杜尔伯特诺颜的姓氏。

传说二 "姚布根梅尔根" 翻越天山

传说在古老的准噶尔蒙古人部落里流传着一个被称为姚布根梅尔根（巨足英雄）的先祖。他的一步可以从一座山跨越到另一座山，今天的尼勒克县喀什河谷有一座形似足印的巨石，据说就是姚布根梅尔根当年来到尼勒克时留下的（"尼勒克"这个地名就是他来到喀什河谷听到疑似婴童的哭声而命名的，有着"初生"之寓意）。有一年，京城因一群阴魂不散的杭嘎日泰鸟群遮住太阳变得暗无天日，会神卦之人告诉帝王说准噶尔部落有一位神箭手，即姚布根梅尔根，可以将这些鸟群射下来，随即派人前去将其请来。姚布根梅尔根到来后果真成功射下鸟群，让天下百姓得以重见天日。

传说三 嘎勒登巴英雄与《天山石林》①

17 世纪卫拉特蒙古族领袖中有一个名叫嘎勒登巴的英雄。传说他骑着爱马鸿呼祖尔，翻越天山。有一天，在今巩乃斯山林里穿行

---

① 天山石林位于巴音郭楞蒙古自治州和静县与伊犁哈萨克自治州交界处的独库公路边上，又称奎克乌苏石林，因位于天山山脉西段、那拉提山北麓的奎克乌苏达坂之下而得名。天山石林在天山雪峰环抱中，像一片原始森林散落在天山峡谷两面的山坡上，近看才发现不是松柏，而是一片千姿百态、栩栩如生的石林，其间布满大窟小洞，通幽径曲径。

时，他不小心被一棵松树挂住，险些摔下马滚落山下，幸好其爱马用身体护住了他。看到为了救他而肩胛骨受伤的爱马，心疼之余，十分生气的嘎勒登巴念下咒语，把漫山遍野的松树化成了石头，即今天的"天山石林"景点。此外，相传，嘎勒登巴带着勇士们在这里休养，巩乃斯温泉疗愈了他的伤口（今天的温泉景点石碑上写着关于嘎勒登巴的这段故事）；巩乃斯山沟有硫黄味的泉水是因为嘎勒登巴在此洗过枪支；天山石林中还有嘎勒登巴拴过马的石桩和煮肉熬汤的支锅石（三块石柱）。据说有一年巩乃斯民众遭遇了罕见的雪灾，产羔率极低，民不聊生，后来有长者认为是有人擅自挪动了支锅石，遭到了天谴，此后当地民众就将嘎勒登巴经过的遗迹都保护了起来，并在每年定期进行祭火仪式，祈求天山神灵般的英雄祖先护佑。

除了上述几则较为古老的民间传说之外，随着伊犁河谷旅游业的发展，越来越多地流传着关于山水的近现代版民间故事。列举几则如下。

故事一　特克斯阿克塔斯草原景区山顶的"姑娘坟"

在阿克塔斯草原上，竖立着一个墓碑，当地民众会说这是为了纪念一位勇敢追求爱情的汉族姑娘。这位姑娘名叫绍琦凯，出生于20世纪20年代，她幼年丧父，由母亲抚养长大，绍琦凯天赋聪明，能说会唱，创作了许多令人传颂的诗歌。长大后，她和村庄里的哈萨克青年哈孜依坠入了爱河。但由于哈孜依家境贫寒，他们的爱情遭到了绍琦凯家族的反对。无奈之下，两个年轻人决意逃走。在逃亡的路上，绍琦凯的哥哥率领一众人马将他们抓回，哈孜依被打入大牢，绍琦凯也被严格看管。绍琦凯将自己的苦闷写在歌里，其中一首以爱人的名字命名的歌曲《哈孜依》流传后世。绍琦凯被迫离开了爱人，受尽了亲人的指责和折磨，在绝望之中，服毒自杀。那一年，她才18岁。因当时当地的宗教长老们认为"非正常死亡不得送葬、不得葬入村庄的墓地"。无奈之下，绍琦凯的遗体被送到远处的山坡下葬，下葬时身上还穿着生前的旧衣。阿克塔斯山上的那座孤独的墓碑也被人们称为姑娘坟，成为坚贞爱情的象征。随着阿克塔斯草原成为当地重要的旅游景点之一，姑娘坟及这段爱情故事广为人知。

故事二　那拉提草原景区山顶的"养蜂女"

版本 1　在美丽的那拉提草原，有一位名叫阿依古丽的哈萨克族养蜂女，她自幼跟随父亲学习养蜂技术，长大后继承了父亲的养蜂事业。虽然辛苦，她却兢兢业业，乐此不疲，面临各种困境仍旧坚持不懈地学习和研究养蜂技术，不断改进养蜂方法，最终成了当地的养蜂专家。阿依古丽的成就和影响不仅体现在养蜂事业上，她还积极参与社会公益活动，帮助当地的贫困家庭，她的善举让她成为当地的榜样。

版本 2　一个失去丈夫的四川养蜂女带着孩子和几十箱蜜蜂来到可可托海（阿勒泰地区），受到当地蜂农的欺负、排挤，幸运的是哈萨克牧羊人在关键时候保护了她们母子二人，也温暖了养蜂女孤独的心，由于世俗偏见和当地人的闲言碎语，养蜂女最终为了牧羊人不受牵连，在一个夜晚悄悄地离开了牧羊人，来到了伊犁那拉提草原。

故事三　维吾尔族关于伊犁河的传说

相传某王朝可汗的独生女儿叫阿依古丽，她看到宰相专权，父王不理朝政，生母又被杀害，便在奶娘帮助下，装扮成男子逃出京城，准备为母报仇。在大草原上，她遇到孤儿巴哈提，两人结为夫妻，过着幸福的放牧生活。后来，宰相发现了阿依古丽，派人来抢她，巴哈提奋起反抗，杀死了宰相，阿依古丽也被宰相派来的人杀死。临死时，她请求将自己埋在清泉边，以便变成一条大河灌溉草原。此后，在大草原果然出现了一条大河，人们便把这条大河叫作"伊犁河"。

故事四　蒙古族关于赛里木湖的民间故事

在很久很久以前，还没有赛里木湖，那里是一个鲜花盛开的美丽草原。草原上，有一位叫切丹的姑娘与叫学德克的蒙古族青年彼此相爱。可是，凶恶的魔鬼们贪求姑娘的美色，将其抓入魔宫，切丹誓死不从，并伺机逃出魔宫，但在魔鬼们的追赶下，切丹被迫跳进一个深潭。当学德克奋勇与魔鬼搏斗后赶来相救时，切丹已经死了，万分悲痛中，他也跳入了深潭中殉情而死。霎时，深潭里涌出滚滚涛水，原来是这对恋人真诚挚爱的悲痛泪水，最后化成了赛里木湖。

在上述列举的歌曲、诗词及民间故事与神话传说中，有关于神圣的山水及保护神的内容，如守护边疆、赋予力量的天山，养育绰罗斯的树神，疗养嘎勒登巴伤口和护佑当地百姓的温泉和石林；也有关于山水见证人类情感的内容，如王后拯救国王的勇气、智慧和信念，神奇果树对伊犁河谷各族民众的护佑，不同民族青年男女间忠贞的爱情。可见，民间故事作为各民族精神文化的重要组成部分，表达了各族人民对家园、山水的情感及对美好生活的向往和坚持不懈的追求，至今仍具有积极的意义和独特的文化价值。

二 制度互嵌：以伊犁河谷"民族团结一家亲"活动为例

"民族团结一家亲"是贯彻落实习近平总书记重要讲话精神，尤其是总书记关于我国民族团结工作的重要指示，全面贯彻落实党的民族政策，紧紧围绕新疆社会稳定和长治久安总目标，不断增进各民族之间的感情，加强各民族交往交流交融，促进各民族和睦相处、和衷共济、和谐发展的一项重要举措。

2014年4月27日下午，习近平总书记到新疆军区驻喀什某部看望官兵时说，民族连真是"民族团结一家亲"，希望相互关心、相互帮助、相互学习，维护民族团结，守好祖国边疆。① 同年9月，习近平总书记在中央民族工作会议上指出，做好民族工作，最关键的是搞好民族团结，最管用的是争取人心。② 基于此，新疆维吾尔自治区同步启动"访民情、惠

---

① 《习近平看望慰问驻新疆部队时强调：忠实履行维护国家安全和社会稳定神圣使命》，《人民日报》，2014年4月29日，第1版。

② 习近平：《最关键最管用的是搞好民族团结争取人心》，中华人民共和国国家民族事务委员会官网，https://www.neac.gov.cn/seac/c100518/201412/1086909.shtml。

民生、聚民心"（"访惠聚"）活动，强化基层民族团结根基。

2015 年 9 月 30 日，习近平在会见基层民族团结优秀代表时，首次提出"中华民族一家亲，同心共筑中国梦"的战略命题。① 这标志着民族工作从"民族团结一家亲"的实战探索向"中华民族一家亲"的理论建构跃升。

时隔 4 年，2019 年国庆节前夕，习近平总书记在全国民族团结进步表彰大会的重要讲话中指出："中华民族一家亲，同心共筑中国梦，这是新时代我国民族团结进步事业的生动写照，也是新时代民族工作创新推进的鲜明特征。"中华民族一家亲，同心共筑中国梦。这一重要论断的演进，深刻体现了我国新时代民族工作与时俱进的时代步伐，指明了新时代民族团结进步事业全新的历史方位，指出了全国各族人民共同的奋斗目标，为开创我国民族团结进步事业新局面提供了强大的思想指引。

为深入贯彻落实习近平讲话精神与重要决策部署，2016 年 10 月 16 日，新疆维吾尔自治区党委召开"民族团结一家亲"活动动员大会，自治区党委动员全疆上下开展"民族团结一家亲"和民族团结联谊活动。通过各级干部下沉和各族群众结对认亲，进一步加深党员干部同各种群众的交往交流交融，使党群关系更加密切，民族团结的思想基础和情感基础更加稳固。

"民族团结一家亲"要求各级行政事业单位干部职工与基层群众"一对一"结对认亲，要求"九做到"：做到每位党员领导干部讲一次"民族团结一家亲"主题党课，带着正能量"心换心"；做到党员干部至少一月一走动、两月一互动，带着真感情"求实效"；做到起名、婚礼、葬礼、割礼、升学、乔迁、就业、患病住院、遇到困难及重要节日"九见面"；做到一人带动全家人，两家人合照"全家福"，弘扬民族团结好家风；做到相互学习语言，从一句句亲切的问候语开始，让语言承载更多的情感力量；做到相互学习经验、相互学习精神，携手创造更加美好的生活；做到电话、微信、QQ 通话聊天谈心经常化；做到人手一本总目标、惠民政策明白册，入户走访必宣讲；做到积极帮助一对一结对认亲户解决生

<hr>

① 《习近平会见基层民族团结优秀代表时强调：中华民族一家亲，同心共筑中国梦》，《人民日报》，2015 年 10 月 1 日，第 1 版。

产生活中的实际困难；做到及时发现和掌握苗头性问题和不良倾向。

2016 年 11 月 9 日，自治区人大常委会主任乃依木·亚森来到温宿县托乎拉乡托万克苏布拉克村，看望走访唐鸿一家，并与之结对认亲，和他及家人拉家常、聊未来生活的规划。11 月 11 日，自治区党委副书记、自治区主席雪克来提·扎克尔前往喀什地区，走访与他结对认亲的阿卜杜胡普尔·吾买尔和龙基军两家，并送上用他自己的工资准备的慰问品和慰问金。2017 年 1 月 21 日上午，在新春佳节即将来临之际，自治区政协党组书记、主席努尔兰·阿不都满金再次来到阿图什市松他克乡园艺场村，看望慰问牵挂于心的结对认亲户王庚长一家，送去节日的美好祝愿。自治区领导以身作则，结对认亲，为全疆各级干部在当年年底前完成结对走访工作起到了激励作用。伊犁哈萨克自治州更是成为新疆民族团结进步创建工作的先锋。

2021 年，伊犁州荣获"全国民族团结进步示范州"称号，这标志着伊犁州在 2015 年首次被国家民委命名为"全国民族团结进步示范州"称号后，继续拥有这一荣誉。2013 年，国家民委决定以新疆伊犁哈萨克自治州等 13 个州（市、盟）作为开展全国民族团结示范州创建试点。此后，伊犁哈萨克自治州于 2015 年、2021 年获得全国民族团结进步创建示范州荣誉，2021 年伊宁市、尼勒克县、霍城县、巩留县被命名为"全国民族团结进步示范区示范单位"。

伊犁州在创建过程中积累了丰富的实践经验，民族团结"细胞工程"就是伊犁州的创新举措之一。

伊犁州从 1998 年成立民族团结创建办公室开始，就不断创新民族团结创建活动以提升实效，全州从家庭团结、班组团结、邻里团结扩大到社会团结、民族团结，以"细胞"的裂变和聚合效应激活民族团结的末梢神经。截至 2021 年 9 月，自治州创建全国民族团结进步示范单位 9 个、全国民族团结进步教育基地 3 个、全国民族团结进步模范集体 18 个、全国民族团结进步模范个人 39 名；自治区示范区（示范单位）14 个、自治区模范集体 62 个、自治区模范个人 132 名。[①] 打造多个互嵌式示范小区、

---

① 袁仪、邓娟：《新时代新疆民族团结进步创建的实践与创新》，《边疆经济与文化》2023 年第 12 期。

示范村（队）、嵌入式市场，推动各族学生共同学习、共同进步，营造出各族人民群众团结向上的良好氛围。"细胞工程"得到了国家民委的充分肯定后，开始从伊犁州向全疆各地逐渐推广开来。各级人民政府推动民族团结进步创建活动进机关、进学校、进企业、进乡镇（街道）、进村（社区）、进军营、进团场连队、进宗教活动场所、进景区、进窗口单位、进其他社会组织。

在百姓的日常生活中，"民族团结一家亲"带来的是不同民族、不同职业的群众之间的交往交流，能够通过"走亲戚"的方式，加深对不同民族生活方式、饮食习惯、风俗礼仪的了解，彼此建立基于日常生活的深厚情感。而在单位、企业结对帮扶的过程中，农村、牧区、社区民众通过义诊、慰问、参加文娱活动等方式，感受到来自社会各界的关爱和帮助，从而实现全社会、各民族的守望互助，真正形成"民族团结一家亲"的和谐氛围。

三　社会互嵌：基于田野口述故事与体质人类学研究

中华各民族在历经迁徙、贸易、婚嫁以及碰撞、冲突的过程中，交往范围不断扩大，交融程度不断加深，形成了多元一体的中华民族。同样，伊犁河谷多民族在漫长的交往交流交融历史中，社会交往深度和广度不断增加，共同构成各民族交往交流交融网状社会结构的同时，各民族互嵌的社会关系愈发紧密。互嵌的社会结构与互嵌的社会关系一同成为推进中华民族共同体建设的社会条件。

笔者在前文中对伊犁河谷多民族社会结构互嵌、社会关系互嵌进行了不同角度的分析和论证。本节关注的是长期交往交流基础上的交融关系——融合（作为一个结果亦是一种现状），将着眼于田野调查中的一些民间口述故事，以及笔者于2019年随厦门大学体质人类学领域的杰出学者王传超教授团队进行的一项研究，对伊犁河谷的多民族融合进行阐释。

值得强调的是，"融合"与"交融"的含义是有区别的，"融合"是一个使用广泛的概念，意在关注不同事物融为一体的结果，而"交融"强调的是相互接纳、吸收、包容和认同，是"融合"的进行时态或过程。因此，在民族学界，"民族融合"一词的使用大致有两种情况：一种是指不同的民族在长期交往过程中相互吸收对方的文化，逐渐生成新的特征和认同，最终形成另外一种民族的现象和过程；另一种是指作为历史过程的民族消亡。通常，民族融合被认为是很久远的事，属于历史范畴，但同时也承认现实生活中存在着融合现象。实际上，民族融合在当前的中国和世界都是一种普遍的存在，表现为民族之间的共性增多，界限淡化。这种现象是规律性的表现，也被马克思主义经典民族理论所肯定。同样一致的看法是这种民族融合不宜用政策来强力推动，因为自然发生是民族融合的一个基本特征和前提。

（一）古代遗迹中发现的多民族、多文化融合现象

地处欧亚大陆中心且有着独特自然地理条件的新疆，自古以来就有着多样性的经济文化形态和人类社会文明。"三山夹两盆"的特殊地形一方面通过连绵的山脉山峰将地理空间分割，成为生活生产方式各异的天然屏障，另一方面，高山融雪充足的水源保障和山间自然形成的垭口和谷地，又成为古代人群迁徙、交流的重要通道。位于准噶尔盆地北缘的旧石器时代中晚期洞穴遗存——通天洞遗址（距今 4.5 万年之前）中出土的大量勒瓦娄哇技术生产的石制品，就证实了在旧石器时代晚期，该区域就是欧亚大陆东西方人群迁徙和文化交流的节点。[1] 伊犁河谷尼勒克县吉仁台沟口遗址为代表的遗存表明，到青铜时代晚期，这里的人群迁徙与交流更加频繁；甘青地区新石器时代繁盛的彩陶文化广泛传播，影响至天山南北两麓，大型聚落形态逐渐完善；东亚起源的黍、粟等农作物与西亚地区起源的大小麦等禾本作物在新疆多个遗址中有所发现；高等级墓葬开始出现，反映了那时新疆社会结构的逐渐复杂化。进入铁器时代之后，随着秦国的崛起与统一历史进程的发展，东亚游牧人群逐渐西迁，同时，新疆与中亚地区的联系更为密切。窥斑见豹，由此可以看出古代中国各地文化交流交融的广泛以及新疆地区的桥梁纽带作用。至西汉时期，这种交流交融已有确切地文献记载，前文中笔者已做分析，此处不再赘述，仅以伊犁河谷若干考古遗址为例进行阐释。

1. 古代宗教遗迹

1980 年，新疆生产建设兵团农四师六十一团二连（位于伊犁哈萨克

---

① 徐锐军、李文瑛、党志豪：《文物考古实证中华文明是新疆各民族文化的根脉所在》，《中国民族》2023 年第 5 期。

自治州霍尔果斯市境内）职工在耕作时，发现了一枚奇特的石块，石块上不仅刻有文字，还刻着一个十字架的图案。经过专家解读，石碑上所刻的文字是古叙利亚文，记录的是景教教徒的姓名和籍贯：阿力麻里。1983 年，在察布查尔锡伯自治县出土了人面兽足青铜方盘，有学者推测是祆教教徒的祭台。这些古代宗教遗物的相关考古出土，印证了古代宗教随丝绸之路东传的传播路线，与陆上丝绸之路基本吻合，也成为新疆历史上多元宗教文化交融、多民族融合的可靠例证。

2. 塞种人遗迹

巩乃斯大草原出土的青铜武士人像右腿跪地，头戴圆顶毡帽，高鼻大眼，神情肃穆，兼具欧罗巴人种和蒙古人种特征，被认为是伊犁河谷最早的主人——塞种人。伊犁河谷地区的铁木里克墓葬、黑山头墓葬、71 团 1 连鱼塘遗址、特克斯一牧场墓葬、索敦布拉克墓葬出土的塞人遗物众多，包括陶器、高足承兽方盘、兽足四耳大斧、对虎圆环、双飞兽圆环等大型铜器。

3. 乌孙王国遗址

自 1988 年以来，在伊犁地区各县先后发现了上万座古墓，经过考古工作者的考证，大部分被确认为是乌孙古墓。根据《汉书·西域传》，乌孙人"不田作种树，随畜逐水草"，游牧于伊犁河、特克斯河与裕勒都斯河流域，牧场优良，"地莽平，多雨，寒；山多松满"。由此推断，整个伊犁草原曾经可能是乌孙国的夏草场。之后，特克斯县认为该县境内的"姑娘坟"更像细君公主墓；新源县认为矗立在新源县巩乃斯种羊场附近的高 20 米、直径 350 米的特大土墩最像细君公主墓；昭苏县则认为该县夏特柯尔克孜族乡的古墓最像细君公主墓。2005 年 6 月 21 日，昭苏县在夏特柯尔克孜族乡高十几米、直径 40 多米的乌孙古墓前，为细君公主墓举行了揭碑仪式。值得一提的是，据《汉书·西域·乌孙传》记载，乌孙国"治赤谷城"，不同于其他城邦，是基于商业要道上的重要地点而自然形成的集市。在乌孙人的墓葬中，也能够看出居住环境出现了一些固定的居处和居住设施。

4. 古突厥石人遗迹

在昭苏县城近郊是连绵的小洪纳海草原，草原深处矗立着十几尊 1~2 米高的花岗岩雕刻石人像，石人像脸部的线条非常清晰，可以辨认出五官，并且这些石人像的造型都各不相同，有的头戴帽子，有的披着辫子，有的双手抱胸，还有的似手握器具。虽然这些石人像形态各异，却有一个共同之处，就是石人像的脸一律都面向东方。人们以这片草原的名字，将其称为"小洪纳海石人"。这样的石人像在新疆的北到阿尔泰山、西到伊犁河谷、东至天山东部的峡谷草原、戈壁荒滩有数百尊。关于这些石人的身份，有学者认为他们是突厥人，还有专家根据部分石人像上的符号认为这是曾经流行于丝绸之路上的粟特文字。

（二）民间口述故事中的伊犁河谷多民族融合

既然民族融合属于一个跨越时空的历史概念范畴，那么可以根据世居在此的各民族的历史记忆来还原其交融的过程，在这个过程中，收集口述故事是重要的途径。

口述在人类学、历史学、民族学、民俗学等学科领域是一个重要的学术话题，也是一个不可缺少的研究方法。按照传统人类学学科的观念，人类学者在田野过程中不可避免地要面对封闭的、小规模的、无文字的民族或族群，于是，"口述/书写"便成为首先需要面对的表述、记忆和传承的方式和分类。[①] 王明珂将口述史定义为"就是将储存在当事人记忆中的各个时期、各个历史事件、自己或他人的各种经历，用口头表达的方式，采取记录、录音、录像等手段，经过整理形成文字材料"。他也提出基于文献与口述史的"历史记忆"应注意"社会情境"及"历史心性"，社会情境是指社会人群的资源共享与竞争关系，历史心性指此历史记忆所循的选材与述事模式。[②] 集体记忆（collective memory）理论的开创者莫里斯·哈布瓦赫（Maurice Halbwachs）指出，一向被我们认为是相当"个人的"记忆事实上是一种集体的社会行为。[③] 从含义上来看，历史记忆的范围比社会记忆、集体记忆更小，是一个社会的"集体记忆"中有一部分以该社会所认定的"历史"形态呈现与流传。人们以此来追溯社会群体的共同起源及其历史流变，以诠释当前该社会人群各层次的认同与区分——诠释"我们"是什么样的一个民族；"我们"中哪些人是被征

① 彭兆荣等：《口述/书写：历史的叙述与叙述的历史》，《广西民族研究》2004年第1期。
② 王明珂：《历史事实、历史记忆与历史心性》，《历史研究》2001年第5期。
③ Lewis A. Coser, *Introduction: Maurice Halbwachs, On Collective Memoried*, Chicago: The University of Chicago Press, 1992.

服者的后裔，哪些人是征服者的后裔；"我们"中哪些人是老居民，是正统、核心人群，哪些人是外来者或新移民。因此，"历史记忆"可诠释或合理化当前的族群认同与相对应的资源分配、分享关系。①

以下是笔者在田野中收集的几则关于伊犁河谷额鲁特蒙古族和哈萨克族之间相互融合的口述故事，故事的细节内容也得到了当地长期从事民间文学研究、部落谱系研究的民间学者的肯定。

故事一

18 世纪中叶，准噶尔汗国灭亡之后，准噶尔部落属下的牧民丢下大量草场和牲畜四处逃亡，大多躲进了周边的山林之中。这些无人看管的牲畜便陆续被远近而来的哈萨克部落收入囊中。有一天，七八人同行的哈萨克队伍在一个山沟里的大石头后面看到一个人影。他们过去之后发现是一个衣衫褴褛、瑟瑟发抖的女孩，一行人便将她捕获，返回部落后将其嫁给了本部落的哈萨克牧民。女孩的名字叫作 Norzen。数年之后的一个春天，Norzen 家中来了客人，她便问起年月，这位哈萨克人回复说："蒙古人的新年（和汉族的春节在同一时间）已经过去了，现在快到哈萨克人过年（时间为每年 3 月）了。"女孩听完黯然神伤，想起过去在家时，每到蒙古族新年时会做的食物——"Kots"（一种麦粥）。因思乡心切，她开始凭借记忆，熬制发酵的麦子与干肉，并加入酸奶、葡萄干等，做成了无比美味的蒙古族新年食物。哈萨克部落的人吃了后赞不绝口，赶忙问这种食物的名字，Norzen 回复其蒙古语名称为"阔次"，听者便按照哈萨克语发音念成了"阔接"，并称之为"Norzen 的阔接"。因 Norzen 在发音上与哈萨克语中的"纳乌鲁兹"（3 月，即哈萨克的新年）相似，并且这道食物目前是哈萨克族纳乌鲁族节必吃的传统美食，因此可以推测该食物是蒙古族、哈萨克族交往交流交融的结果。这样的推测是有根据的，因为这道食物需要发酵麦子，而从词根上来看，蒙古语中的"ko"就有发酵、泡发之意，反观哈萨克语中并没有 ko 的词根。此外，据说关于"norzen 的阔接"的说法，在哈萨克族民

---

① 王明珂：《历史事实、历史记忆与历史心性》，《历史研究》2001 年第 5 期。

间口述史中亦有迹可循。

故事二

1885 年左右,在裕勒都斯河流域游牧(今巴州)的五十四苏木土尔扈特部落的确吉博硕忽(职位)因其妹妹遭遇家暴,盛怒之下打死了妹夫。杀了人后因惧怕被惩戒,他带着妹妹从裕勒都斯逃往巩乃斯,通过现在的巩乃斯大坂后进入了喀什河流域地区。他在途中看到当地的额鲁特蒙古部落在举行祭拜山神的仪式,可以按照当地祭拜山神的季节推算,当时正值 7 月左右。不过他在看到蒙古人后害怕被抓住送回土尔扈特部落,于是赶紧藏身于克令托海森林。他在这里被托里哈萨克部落抓住了,部落首领在听闻具体的事情经过后,看到他有首领的面相后,便将他们收留在哈萨克部落,并与其妹妹结婚。经过一个半世纪的子孙繁衍,目前已有了 200 多户后裔,被称为 "torgaud 阿吾勒"(torgaud 是哈萨克语发音中的 "土尔扈特")。妹妹的后裔成了 "sergeli 阿吾勒",也近 200 户。"Sergeli" 译自蒙古语中的 "guurstai"(卫拉特蒙古语意为有跳蚤的,据说其妹妹在逃亡中无法清洁长发,到达哈萨克部落时满头都是跳蚤)。这两个部落目前生活在尼勒克县克令乡一带。

故事三

19 世纪末期,在巩乃斯河流域有一对姐妹,姐姐叫诺雅(Noya),妹妹叫祖拉(Zula),具有部落首领血统,但父母在战争中双亡,留下了大量畜群。有一天,姐妹俩被附近一个较为强大的哈萨克部落抓住,要将她们分别嫁给两个部落的哈萨克首领。姐妹俩顽强抵抗,宁死不从。后来达成妥协,但出嫁的条件是两姐妹不能分开,且她们的畜群印章不能改变(每个游牧部落的印章作为独特的身份标识,各不相同,如图 4-1 所示)。哈萨克人同意了,因此两姐妹同时嫁给了部落名叫 Jimanka 的哈萨克人,目前这个部落仍然存在,生活在新源县土尔根乡,有 400 户后裔。他们的印章被称为

"hosh bu"。鉴于这个民间流传的故事，当地哈萨克族见到蒙古族会戏称是他们的 "nagaashi"（舅亲）。

（三）体质人类学研究中伊犁河谷多民族融合现象

2018-2019 年，笔者参与了厦门大学社会与人类学院王传超教授团队开展的一项研究，并基于笔者采集的伊犁河谷额鲁特蒙古族与哈萨克族、塔城地区的额鲁特蒙古族、博尔塔拉自治州察哈尔蒙古族、内蒙古鄂尔多斯地区、锡林郭勒地区、东部地区（通辽、兴安盟等地）人群的 DNA 样本，进行基因分析和体质人类学的解读，最终在国际知名期刊 *Annals of Human Biology* 上发表了一篇题为 "Population Substructure and Genetic Admixture of Mongolians in Northern China Inferred from Genome-wide Array Genotyping"（《从全基因组基因分型推断中国北方蒙古人的群体子结构和遗传混合》）的文章。

在研究文章中，上述群体的基因型初步分析图显示，蒙古族群体中存在三种不同的遗传亚结构：第一个子结构由来自新疆伊犁河谷地区和塔城地区的个体组成，与一些西伯利亚群体如卡尔梅克人紧密的聚集在一起，此外还有样本中的哈萨克族个体，与其相似；第二个是新疆博尔塔拉蒙古族和内蒙古锡林郭勒蒙古族（同为察哈尔部落），分别分布在东亚和新疆西部；第三个子结构群的组成样本来自内蒙古中部和东部地区（鄂尔多斯、包头、赤峰、通辽），聚集了一些通古斯和蒙古族人群。

进一步分析的结果表明，样本中，内蒙古的蒙古族与东亚的亲缘关系最为密切，其次是察哈尔蒙古族。额鲁特蒙古族与中国哈萨克族的亲缘关系较近，比其他两个蒙古群体更接近西方人，不过，相较而言，哈萨克族与西方人共享的等位基因明显多于所有的蒙古族。总之，东亚人口的四个样本组之间存在明确的基因分层，其原因可能是与其他不同人群的融合程度各有差异。

此外，为了更深入地研究数据中蒙古亚群之间的微妙变化，研究者制作了一个更复杂的 "Han + Devilscave + Yamnaya"（汉、鬼门洞、颜那亚）三元模型。模型分析表明，在内蒙古、察哈尔蒙古族和额鲁特蒙古族三个群体中分别发现了一个遗传梯度。其中，汉的混合比例依次从 50.6% 下降到 9.8%，相反，鬼门洞和颜那亚的相关比例分别从 41.8% 和

7.6%增加到了 63.5% 和 26.6%。此外，中国哈萨克族的鬼门洞比例最高为 45.8%，其次是颜那亚的 38.4%，汉为 15.8%。

　　然后，本研究还用 Sintashta 和 Srubnaya（辛塔石塔、斯鲁巴那亚）取代了 Yamnaya，作为另一个三元模型的分析，并发现在蒙古亚结构和中国哈萨克结构中，与 Yamnaya 相关源的混合比例没有明显差异。这意味着额鲁特蒙古族和中国哈萨克族的西方来源不仅来自颜那亚，而且与欧洲草原有关。

　　这些结果反映了"Han+Devilscave+Yamnaya"三个来源的蒙古族和哈萨克族的亚结构之间存在显著的异质性：内蒙古地区蒙古族的祖先主要来源于 Devilsvave 亲缘关系和汉族亲缘关系之间的中间地带，尤其是北方汉族亲缘关系，很少有来自欧洲草原的亲缘关系；额鲁特蒙古族主要来源于与 Devilscave 和欧洲草原有关的地区，很少来自汉族；察哈尔蒙古族的祖先既有汉族血统，也有 Devilsvave 血统，还有一些与颜那亚人有关的混血；中国哈萨克族是 Devilsvave、Yamnaya 和汉族三种来源的混合体，但 Devilsvove 和 Yamnaya 的亲缘关系占大多数。可见，依据地理分布的不同，上述亚群体的形成和发展可能涉及周围人群的遗传同化。

　　综上所述，作为数百年来共同在伊犁河谷游牧的额鲁特蒙古族和哈萨克族，虽然民族不同，但他们在外貌、语言、饮食、习俗等许多方面都有相似之处。据史料记载，额鲁特蒙古人和哈萨克族过去经常争夺草原，尤其是在准噶尔汗国时期[1]，抢劫妇女和儿童的案件甚至更多，这可能造成了这两个民族之间的融合。[2] 关于二者之间的融合情况，本研究的分析结果表明，额鲁特蒙古族和哈萨克族之间的遗传距离比其他两个蒙古亚结构更近，有高达 69.2% 的遗传相似性。通过将遗传结果与史料记载相结合，额鲁特蒙古族和中国哈萨克族之间的遗传相互作用也反映了两个民族共同的文化相似性。

---

[1]　Qi J, "A Brief Account of the Relations between Jungar and Kazakh", *Journal of Northwest MinzuUniversity*, 1996; 1: pp. 72–77.

[2]　Nabitjian M, "A Preliminary Study of the Relationship between Kazakhstan and the Junggar Tribe of Western Mongolia in the 15th to Mid–18th Century", *Xinjiang Social Science*, 1990; 3: pp. 69–74.

四 小结

本节首先关注了伊犁河谷多民族之间相似的"家园"与"山水"认同，对精神互嵌进行分析；接着，基于党中央和新疆维吾尔自治区全面推行的"民族团结一家亲"活动，分析了制度互嵌——即国家民族政策制度、民族地区非正式规范等对不同民族居民产生的影响、形成的民族团结新局面；最后，按照历史的远近，对伊犁河谷多民族的融合情况进行了追溯，包括昭苏等地现有的一些考古遗迹和相关传说，还有蒙古族和哈萨克族相互融合的几则口述故事，以及基于伊犁河谷蒙古族与哈萨克族遗传学方面的一项研究，呈现了二者之间深度的民族融合现状。

第二节 多元与共生

中华文明自古就以开放包容闻名于世。在文化传承发展座谈会上，习近平总书记指出："中华文明具有突出的包容性，从根本上决定了中华民族交往交流交融的历史取向，决定了中国各宗教信仰多元并存的和谐格局，决定了中华文化对世界文明兼收并蓄的开放胸怀。"中华文化源远流长，中华文明博大精深，得益于中华文明具有突出的包容性。中华文明突出的包容性，体现为求同存异、和合共生、兼收并蓄的文化品格，表现在我国各民族交往交流交融的历史中、中外文明交流互鉴的历史中。

伊犁河谷作为自古以来多民族共同生活的家园，由汉族、哈萨克族、维吾尔族、回族、蒙古族、锡伯族、俄罗斯族、塔塔尔族等 47 个民族共同构成了石榴籽一样的大家庭，并在长期的交往和交流中，形成了各自独特的语言、习俗、宗教信仰等民族特色，也在民族交往交流交融过程中，形成了多元一体的中华民族共同体。因此，伊犁河谷的民族文化既有各民族的独特性，又有中华民族的共同性，既是各民族的共同创造，也是中华民族的共同财富。

本节将从伊犁河谷民族文化的多元性与共生性两个方面，进一步探讨各民族文化的特点及其独特互动与交融关系。

一　多元：差异存在的合理性

物之不齐，物之情也，和羹之美，在于合异。尊重差异、包容多样正在成为当代世界文明的重要特征，也为我们党和国家所提倡。

费孝通认为，文化自觉是一个艰巨的过程，首先要认识自己的文化，其次是理解所接触的文化，取其精华，去其糟粕，加以吸收。在各种文化都自觉之后，这个文化多元的世界才能在相互融合中出现一个具有共同认可的基本秩序和形成一套各种文化的和平共处、各抒所长、联手发展的共同守则。因此，一方面要承认差异存在的合理性，维护多样性和各民族的应有权益，一方面又要承认民族融合的规律性和共性增多的进步性，维护国家统一和民族团结。

在前文中，笔者对民族交往交流交融的意义和重要性进行了详细论述，这是我国社会主义民族关系的发展方向，促进"三交"是实现中华民族伟大复兴中国梦的战略举措。上一节也对促进"三交"的关键问题之一——正确认识交融与融合的概念进行了例证。可以说，切实尊重差异，相互学习吸收对方的生产方式、生活习惯和文化精髓，学习吸收对方的优点和长处，逐步缩小差距是"三交"的有效途径。在这个过程中，多样性是有益的资源，人类文明的发展不能没有多样性。可见，民族的差异性是必要的、有益的，中央民族工作会议也一再强调，交融不是要取消民族之间的差异性，而是在政策实践中把握好界限、拿捏好尺寸，避免多样性或差异性催生的"认同政治"或"差异政治"，形成不同群体之间的隔阂。在此，需要引用民族学理论中族群与边界的概念予以阐释。

王明珂在《华夏边缘：历史记忆与族群认同》[①] 中认为，决定一个族群概念的，并不在于过往一直强调的客观文化特征，而在于其周边的"边缘族群"，同样，造成族群内涵延展的动因，正是这些"边缘族群"的历史变化进程。于是，他针对民族史的研究，提出了用边缘研究来替代溯源研究的观点，采用了一个形象生动的比喻："当我们在一张纸上画一个圆形时，事实上是它的'边缘'让它看来像个圆形"。从而提出"边缘理论"：需要强调族群身份的人，经常是处于族群边缘而有认同危机的

---

① 　王明珂：《华夏边缘：历史记忆与族群认同》，浙江人民出版社，2013。

人；每种认同、称号，都使他与不同范畴的人群结合在一起，而族群是以自我认同来界定的人群单位。族群的形成与人群之间的资源竞争有关，具体由集体祖源记忆来凝聚，并以改变、创造新的集体祖源记忆来达成认同变迁。由于族群本质由"共同的族源记忆"来界定和维持，族群关系中两个互动密切的族群经常相互"关怀"，甚至干涉对方的族源记忆。

弗雷德里克·巴斯在《族群与边界——文化差异下的社会组织》①中，首先对族群概念做了界定，认为族群并不是在共同文化基础上形成的群体，而是在文化差异基础上的群体的建构过程。一个族群的组织特征是成员的自我归属和由族群认同给自己和其他人分类。造成族群边界的原因是族群个体主观上对外的异己感和对内的情感联系，而不是单纯的像大多数人那样从血缘、语言、宗教、风俗习惯等的"内涵"方面来分别一个族群。族群边界的形成与维持是人们在特定的资源竞争关系中为了维护共同资源而产生的。资源竞争背景和集体历史记忆作为研究出发点，来考究边缘的人群是如何去维持、传递他们的身份认同，又是如何假借、扭曲、遗忘历史记忆（即结构性失忆）达到族群认同或者族群变迁的目的。值得注意的是，文化的变迁和涵化不会导致族群消失，反而会越发导致边界的明显。

以伊犁河谷的哈萨克族和蒙古族为例，二者有着极其相似的生产生活方式，可以说在某种程度上边界较为模糊，但有时竖立在二者中间的有形或无形的边界又显得较为清晰。

首先，边界模糊。这一点在前文中的空间互嵌、经济互嵌、文化互嵌的部分都进行过多次叙述。伊犁河谷的哈萨克族和蒙古族除了在语言、生活习惯、禁忌风俗等方面没有太大差异之外，其深层的相互融合、相互转化也体现在遗传学上的亲缘关系，除了体质人类学的样本检测之外，笔者在田野点对被称或自称为蒙古人的哈萨克族（乌兰布鲁克村有一个叫 Jolinbet 的家族，据说其先祖是一名叫 jikai 的蒙古女人）以及具有奈曼、克烈、bahten 等姓氏的蒙古族的相关故事时有耳闻。

其次，边界清晰。伊犁河谷的哈萨克族和蒙古族生活在相同的自然

---

① 〔挪威〕弗雷德里克·巴斯主编《族群与边界——文化差异下的社会组织》，商务印书馆，2014。

资源空间之中，具有高度相似的生活模式和文化习俗，却因各自的生计利益，以"结群"的方式来分配、争夺与保护资源领域，形成了一种边界。这个边界的基础是近代民族概念的发展和我国民族识别工作中对民族身份的界定，表现在不相同的族别、宗教信仰和语言文字中：族别是由中国共产党根据民族语言、地域、族源历史等具体情况，将马列主义民族理论和中国民族问题实际相结合而识别确定的；哈萨克族普遍信仰伊斯兰教，蒙古族信仰佛教中的格鲁派；哈萨克族的语言为哈萨克语，属阿尔泰语系突厥语族，卫拉特蒙古语属于蒙古族分支，属阿尔泰语系蒙古语族。

最后，这种明确界定的哈萨克族和蒙古族的边界，引申出更多"看不见"的边界，如牧场的行政区域划分，公共资源的民间分配，非物质文化遗产的申报等。在两个族群的民间交往中，有一种无形的边界竖立在两者中间。一旦形成这种看得见或看不见的边界，就会更加注重意识形态领域的"边界"，就会各自不断利用历史记忆、传统文化来建构或强化边界，从而区分谁是社会主流，谁是社会边缘，归根结底也是为了保护有限的资源领域，维护各自的生计利益。然而游牧者的不断"移动"，使许多人突破种种"边界"，使"边界"成为"边缘"。这种边界的模糊，反而使得人群认同与区分在此变得十分重要，导致原本十分亲近的人群之间相互排斥又不断竞争、模仿。

二　从"蒙古族萨吾尔登"与"哈萨克族黑走马"说开来

上文中的"边界的游移"十分形象地体现在伊犁河谷民间较有争议的两项民族艺术——卫拉特蒙古族萨吾尔登舞蹈与哈萨克族黑走马舞蹈——之间。从某种程度上而言，二者之间的关系就是多元与共生的完美体现。

（一）关于蒙古族萨吾尔登

萨吾尔登是我国新疆、阿拉善等地的卫拉特蒙古族民间及蒙古国西部流传的一种地方舞蹈形式。关于萨吾尔登一词的由来，有很多种说法。一说是形容一种马步；一说是指弹奏托布秀尔（卫拉特蒙古族的传统乐器）时，手的来回甩动；一说是由土尔扈特蒙古语"萨吾那"而来，意为马的头上下不停地弹动，"登"是托布秀尔弹奏时发出的"登登"声，两词合二为一，就是萨吾尔登；一说与蒙古语"萨吾尔""萨吾尔登"有联系，蒙古族看到小孩玩耍时常说"萨吾尔、萨吾尔登"地玩儿，看到小孩高兴地蹦跳时说"萨吾尔登、萨吾尔登"地跳，意指逗人喜爱的小孩动作。①

我国"蒙古族萨吾尔登"作为非物质文化遗产最早于 2008 年 6 月 7 日由新疆巴音郭楞蒙古自治州和静县东归文化馆申报，经国务院批准列入第二批国家级非物质文化遗产名录（编号Ⅲ-94）。在申报单位的解释中，蒙古族萨吾尔登舞蹈有 12 种动作及与之相适应的 12 种乐曲，表演时以民族乐器伴奏，其中担任主奏的托布秀尔是卫拉特蒙古族特有的弹拨弦鸣乐器。② 2021 年 6 月 10 日，由内蒙古额济纳旗非物质文化遗产保护中心申报的"萨吾尔登"再次被收录为第五批国家级非物质文化遗产代表性项目名录扩展性名录（编号Ⅲ-94）。在此次申报中，萨吾尔登舞蹈被认为在阿拉善地区已流传三百多年，且被认为"集中体现了土尔扈特人勤劳质朴、热爱生活、崇尚自然的审美意识和价值观；具有民间舞蹈的传承性、普及性和群众性的特点，其蕴涵的价值是突出的和多元的，具有历史、艺术等价值"。③

关于萨吾尔登舞蹈的历史文献记载，最早可见于 13 世纪 40 年代的《柏朗嘉宾蒙古行纪》④ 以及约于 13 世纪之前产生于卫拉特蒙古部落中的《江格尔》史诗中。例如，圣主江格尔可汗举行盛大的酒宴八十天，摆设丰盛的酒席七十天的时候，有这样一段描写："江格尔故土的十二名曲/将十二支歌子伴奏，引吭高歌/翩翩起舞，/双双对对/磨肩蹭袖，叉腰抖肩"，这个描写正与萨吾尔登舞蹈撑腰、灵活运用肩膀、上身动作自由、脚步动作少等特点相吻合。此外，据历史记载，在 18 世纪的不同时期，西蒙古的额鲁特蒙古部落先后被清朝迁往海拉尔河流域、伊敏河东等地。今天的呼伦贝尔地区额鲁特蒙古族传统习俗中，就有区别于当地其他族群和部落的萨吾尔登舞蹈，因此，可以推测，在呼伦贝尔

---

① 《耐德曼的萨吾尔登非遗"传承梦"》，中国新闻网，https：//www.chinanews.com/cul/2015/11-11/7618192.shtml。

② 《蒙古族萨吾尔登》，国家级非物质文化遗产网，https：//www.ihchina.cn/art/detail/id/13086.html。

③ 《内蒙古自治区第五批国家级非遗代表性项目巡礼（九）——萨吾尔登》，内蒙古自治区人民政府官网，https：//www.nmg.gov.cn/asnmg/yxnmg/tcms/ms/fwzwhyc/202108/t20210804_1796271.html。

④ 〔法〕贝凯：《柏朗嘉宾蒙古行纪 鲁布鲁克东行纪》，中华书局，2013。

地区的额鲁特部落被迁出西域之前，在西蒙古部落中就已经有萨吾尔登舞蹈的流传了。

萨吾尔登舞蹈没有固定的场合和时间，在卫拉特蒙古族的大小节日、婚礼、聚会上都可以跳，参加者也不限性别和年龄，舞姿古朴优美，多出现摇摆肩膀、前后弯腰、手腕运动、前后运转等舞蹈动作。从舞台表演形式来看，通常是一人或多人弹奏陶布秀尔现场伴奏，其旋律简明欢快、节奏鲜明厚重而多变；表演时不像其他舞蹈那样，要求音乐的节奏旋律与舞蹈动作整齐划一，可以在同一首舞蹈音乐中，根据个人掌握的舞蹈套路和技能，自由组合即兴表演。表现方式多种多样，有独舞、对舞、群舞、领舞，队形自由变化，有表现劳动和日常生活的挤奶、捣奶、套马、敬酒、擀毡等；有表现妇女生活的照镜、描眉、梳辫等；有模拟动物，如马、鹰、羊、田鼠及鸟类的各种动作等。

与萨吾尔登舞蹈有着紧密的关联、几乎被认为是同一种舞蹈形式的，是蒙古国西部的蒙古传统舞蹈"biy biyelge"，汉语译为贝勒格。这个舞蹈通常被认为是由科布多省和乌布苏省内不同部落的舞者所演出①，2009 年，由蒙古国申报的该舞蹈被联合国列为人类非物质文化遗产。

在卫拉特蒙古语中，"Bii biyeleh"是"跳舞"的意思，但在其他蒙古族地区，"跳舞"被称为"bojig bojigelehu"。可见，卫拉特蒙古语中的"跳舞"是一个包含"身体"词根的词汇，强调的是腿部以上肢体的动作，这与 biy biyelge 最早只在蒙古包内表演（遇到贵族和喇嘛举行重大节日庆祝时才会在蒙古包的外面跳），且以半坐和盘腿的姿势展示的说法十分符合。

从动作来看，biy biyelge 形象地体现了源自游牧的生活方式，空间上的限制让舞蹈主要以上半身的肢体动作来表达，重点以手、肩和腿的动作表现蒙古人的日常生活，包括家务劳动（挤奶、做饭、打羊毛等）、民族传统（骑马、摔跤、射箭等）和风俗习惯。这种舞蹈在家庭与部落的

---

① 《蒙古比耶尔基：蒙古族传统民间舞蹈》，丝绸之路项目网站（UNESCO），https：//zh. unesco. org/silkroad/silk-road-themes/intangible-cultural-heritage/menggubiyeerjimengguzuc-huantongminjianwudao。

活动里扮演着重要角色，反映了蒙古人自古以来与自然和谐相处的生存状态和对美好生活的向往。节日、庆典、婚礼等重要日子中的展演，不仅促进了家族和部落的团结，也因不同部落独特的表演形式（如表 4-1），促进了不同蒙古部落之间的相互了解。

表 4-1　蒙古国不同部落 biy biyelge 舞蹈的乐器伴奏与表现形式

乐器伴奏	托布秀尔；马头琴；ikhel；人声伴奏（布里亚特 Yohor）等
表现形式	杜尔布特和土尔扈特部落用舞曲伴奏舞蹈； 头顶或手捧装满酸马奶的碗保持身体平衡
	Bayid 部落膝盖向外弯曲； 膝盖上放置装满酸马奶的碗保持身体平衡
	扎赫钦部落跳舞时蹲下，身体向前倾斜，两只手臂伸展着，手心朝下
	阿尔泰乌梁海部落模仿用牛奶祭祀的动作
	布里亚特人围成一圈跳舞，始终朝着太阳的方向移动

注：此表为笔者自制，内容参考：Marsh, Peter K, *Horse-Head Fiddle and the Cosmopolitan Reimagination of Mongolia*, 2004（ISBN 0-415-97156-X）；Pegg Carole, *Mongolian Music, Dance, and Oral Narrative: Recovering Performance Traditions (with audio CD)*, 2003（ISBN 978-0-295-98112-3）。

（二）关于哈萨克族黑走马

"黑走马"翻译自哈萨克文"卡拉角勒哈"（Kharaa Jorgaa），意为黑色的走马，黑走马舞蹈是新疆哈萨克族具有代表性的民间舞蹈。2011 年 5 月，哈萨克族卡拉角勒哈经国务院批准列入第三批国家级非物质文化遗产名录（编号Ⅲ-111）。2011 年 11 月、2023 年 10 月，申报"哈萨克族卡拉角勒哈"非物质文化遗产保护的伊犁哈萨克自治州文化艺术研究所被评估合格，获得该项目保护单位资格。2013 年 1 月 26 日，"伊犁州国家级非物质文化遗产代表性项目卡拉角勒哈"研讨会在伊宁市召开并对"卡拉角勒哈"的传承和发展做了研讨。2017 年 10 月，在毕业于新疆艺术学院、现工作于甘肃省阿克塞哈萨克族自治县民族歌舞团的哈萨克族舞蹈演员库丽木剑等人的努力之下，由阿克塞县文化馆申报的"哈萨克族舞蹈黑走马"被批准纳入第四批甘肃省非物质文化遗产代表性项目名录。大致在 2010 年前后，黑走马舞蹈的影响力开始扩展到哈萨克斯坦，引起了海外哈萨克人的关注。

与蒙古族舞蹈一致，哈萨克族的舞蹈动作也来源于游牧生活。黑走马舞蹈的背景描述的就是游牧生活中不可缺少的交通工具和伙伴——马匹，而黑走马更被认为是马中尤物，"它形象剽悍雄壮，通体黑亮，走路时步伐平稳有力，姿势优美，蹄声犹如铿锵的鼓点。骑上黑走马，犹如进入一种艺术境界，人在舞，马亦在舞"。[①] 卡拉角勒哈伴奏乐曲明快活泼、节奏感极强，通常由哈萨克族传统乐器冬不拉弹奏，其"叮咚叮咚"的旋律宛如骏马在草原上驰骋；男性动作轻快有力，刚健苍劲，以夸张而又艺术化的舞蹈语言，模仿黑走马的走、跑、跳、跃等姿态，在全身一张一弛的律动中表现狙犷、剽悍和豪放的风格；女性动作优美舒展、活泼含蓄，如显示姑娘美丽而自豪的"花儿赞"，窥视恋人的"羞窥"，前俯后仰的"展裙吊花"等。"黑走马舞蹈"把劳动和生活中具有浓厚特色的各种动态揉进舞蹈之中，并由此衍化出如"擀毡舞""挤奶舞""绣花舞""拉条子舞"等舞蹈。在正规的民俗活动和节庆表演时，舞者需要戴毡帽、穿衬衫和带彩色图案的坎肩、穿长裤和靴子、扎牛皮腰带等。

近年来，随着黑走马舞蹈的走红，伊犁哈萨克族民间出现了不少关于黑走马及黑走马舞蹈的故事，列举如下。[②]

故事一

　　相传蒙古部落强大之后，与哈萨克部落发生了很多次战争。战争迫使哈萨克人逐步向伊犁河流域迁徙。在逃难中，有一个哈萨克牧人的马群被抢走，其中有匹黑色走马特别通人性，能听懂牧马人的斯布孜笛声。失去爱马的牧人在焦急无奈之际，就坐在山头上，拿起心爱的斯布孜一遍遍地吹了起来。婉转悲凄的笛声随着风儿从山头慢慢地飘到了山下，传到了那匹很有灵性的黑走马耳中。黑走马从笛声中听出了主人的忧愁、伤感和思念，听到了主人的呼唤。只见它扬起前腿仰天一声长嘶，便奋起四蹄像一阵旋风一般连奔带跑地冲向马群，将被抢的马群赶回到了主人的身旁。黑走马的举动使牧马人感动万分。想到黑走马不仅带回了被抢走的马群，还同时

---

① 《哈萨克族卡拉角勒哈》，伊犁哈萨克自治州人民政府官网，https：//www.xjyl.gov.cn/xjylz/c112411/201507/eff4b99d2ea3477fa376ee83f72daac3.shtml。

② 三则故事均引自伊犁哈萨克自治州文化艺术研究所编《伊犁哈萨克自治州非物质文化遗产代表作》，伊犁人民出版社，2014，第126~128页。

避免了两族之间为争夺马群而可能发生的一场更残酷的战争，他内心的激动便如潮水一般翻涌。情之所至，激情澎湃的牧马人就即兴吹奏了一曲赞颂黑走马的曲子，这首曲子在族人中广为流传。后来哈萨克民间艺人又按照这支曲子的旋律将这个故事编排成"黑走马"舞。在整个舞蹈中，表演者随着音乐的起伏和快慢，用肢体语言完整地讲述了"黑走马"的故事。

故事二

在很久以前，一位哈萨克小伙子发现了一群野马，他挥动套马杆套住了其中一匹非常剽悍的黑色野马。小伙子历经种种艰辛，克服重重困难，终于将它驯化成一匹上好的走马。当他骑着黑走马回到阿吾勒（家乡）时，乡亲们闻讯纷纷前来祝贺。小伙子在马上和马下，用各种动作自豪而诙谐地表演了他捕捉和驯化黑走马的整个过程，后来这套动作就被编为"黑走马舞蹈"。

故事三

很久以前，在新疆赛里木湖畔生活着一对老夫妇，以放牧为生。他们有一个像月亮一样美丽的女儿，夫妇俩对她视若珍宝。赛里木草原有一个放马的小伙子看上了这个姑娘，多次向姑娘的父母提亲，姑娘的父母都没有答应。这一天，小伙子骑着一匹黑色的走马又来到老夫妇的毡房前，再次恳求。姑娘的母亲正在毡房前缝衣服，她说："如果你能在我打好一个扣眼的时间内，骑着你的马绕赛里木湖一圈，我就将女儿嫁给你。"赛里木湖的周长有90公里。小伙子骑上马就走，走马通体黑亮，步伐矫健，小伙子的骑术也很高超，老妈妈一看就着迷了，她随着走马的步幅动作跳了起来，这就形成了流传至今的"黑走马舞蹈"，老夫妇也将女儿嫁给了这个草原上的骑马能手。

（三）关于"蒙古族萨吾尔登"与"哈萨克族黑走马"正统性的争论

在蒙古族与哈萨克族之外的观众来看，萨吾尔登舞蹈与黑走马舞蹈没有太多的差异，都是深刻体现游牧生活的民间舞蹈，甚至在伴奏乐曲、舞蹈动作上都有很多的相似性。但在伊犁河谷内部，关于"蒙古族萨吾尔登"与"哈萨克族黑走马"谁才是正统的争论从未停止。

实际上，上文提到的蒙古族萨吾尔登舞蹈的 12 种乐曲中，第二个就是"交拉哈尔"。"交拉哈尔"在蒙语中也有走马的意思，但不同的是，萨吾尔登舞蹈中的"交拉哈尔"舞曲形容的是马儿左两脚跨步、右两脚缓慢走的姿态，而不是指骏马本身。另外，哈萨克族的黑走马舞蹈虽然名字是黑走马，但实际上使用的乐曲与萨吾尔登舞蹈的 12 乐曲中的第一个——"萨乌尔丁"相似。这种相似性就引发了上述关于正统性问题的讨论。笔者认为，在允许多样性存在的视野下，"谁才是正统"并不重要，重要的是这个舞蹈分别成为哈萨克族和蒙古族的"民族传统"的过程，以及这两个民族在长期的交往交流交融中，相互学习，相互吸收，相互设立边界（但实际上又边界模糊）的一种现状。

从国内来看，在 20 世纪 50 年代的民间艺术研究文献中，有"'黑走马'曲原是蒙古曲，后传至哈萨克族，并普遍流行在哈族人民中间"[①] 的记载。而对于蒙古族"交拉哈尔"旋律的舞蹈被误说成哈萨克族传统舞蹈的过程，笔者在田野中多次听说其中缘由：伊犁哈萨克自治州文工团的著名舞蹈家、舞蹈编导阿加尔（女，蒙古族，丈夫为哈萨克族）因演出需要，把蒙古族交拉哈尔舞蹈改编成"黑走马舞蹈"，并教给了哈萨克族演员。这支舞蹈上演之后，受到了广大观众的喜爱，并迅速在哈萨克民间流传。

笔者在哈萨克斯坦阿里法拉比国立大学进行博士访学期间，也曾关注哈萨克民族传统舞蹈。经查阅资料，收集到以下几点信息。

哈萨克斯坦卡拉角勒哈舞蹈的"复兴者"（或引进者）被认为是来自中国的哈萨克族移民阿里斯坦·沙德图利，他于 1995 年返回哈萨克斯坦。[②] 哈萨克斯坦官方称，这种舞蹈于 2010 年代初开始在哈萨克斯坦传播，并通过互联网和媒体广泛传播。最引起关注的是，在 2011 年 12 月 16 日哈萨克斯坦独立日当天，四百名哈萨克斯坦人在阿斯塔纳表演黑走

---

① 徐辉才：《哈萨克民间歌曲集》，音乐出版社，1956，第 54 页。

② Гульмира Камзиева, *Благодаря репатрианту в Казахстане возрождают редкий танец степных мужчин—Радио Азаттык*, 02.10.2009. Архивировано 2 апреля 2015 года. 报道题目为：《由于一名回归移民的帮助，一种罕见的草原男子舞蹈在哈萨克斯坦得以复兴》。

马舞蹈被列入吉尼斯世界纪录。①

在俄罗斯、中亚国家关于黑走马舞蹈的记载中，1937 年莫斯科编舞家伊戈尔·莫伊谢耶夫使用卡拉角勒哈旋律表演了舞蹈 Kokpar。该舞蹈被列入苏联国家民间舞蹈团（现伊戈尔·莫伊谢耶夫民间舞蹈团）的保留剧目。在 1953 年和 1958 年，由达吾然·阿布来和莉迪亚·切尔尼谢娃分别更新了该舞蹈的内容。关于吉尔吉斯斯坦的黑走马舞蹈，据舞蹈复兴运动的积极分子波拉提·迪坎巴耶夫称，他于 2002 年在中国柯尔克孜族中首次看到这种舞蹈，他拍摄了舞蹈视频，并组织了快闪活动。据吉尔吉斯斯坦介绍，"黑走马舞并非哈萨克族舞蹈，而是吉尔吉斯族具有千年历史的民间舞蹈，是中国吉尔吉斯族人民保存下来的"。②

对于黑走马舞蹈的起源，哈萨克斯坦数位著名学者声明，该舞蹈并不是哈萨克民族的传统舞蹈。例如，哈萨克斯坦历史学家博士古尔纳拉·门迪库洛娃认为"卡拉角勒哈"是从中国的哈萨克族那里沿袭过来的。据她介绍，没有任何文献记载可以表明哈萨克民族传统中有男性舞蹈，而她本人第一次看到这种舞蹈是在土耳其，正由来自中国的哈萨克族表演。③

也有学者认为这项舞蹈是基于哈萨克其他民间舞蹈"改良"而成的。例如，哈萨克斯坦国立大学的塔戈坚·依兹木认为"卡拉角勒哈"舞蹈其实是哈萨克民间舞蹈"buyn bi"（意为关节之舞），其名称是依据 1934 年的戏剧《艾曼—肖尔潘》（Айман-Шолпан）而修改的。④ 哈萨克斯坦历史学家和民族学家扎戈达指出，现代舞蹈"卡拉角勒哈"并不是根据传统的旋律，而是根据另一个名为"Salkuren"的旋律来表演的。根据他的说法，"卡拉角勒哈"舞蹈快速而激烈的旋律和动作与原来的旋律并不相符。⑤ 哈萨克斯坦历史学者阿里木嘎兹·达吾列提汗指出，卡拉角勒哈

① Айжан Тугельбаева, Танец «Кара жорга» в исполнении 400 человек вошёл в Книгу рекордов Гиннесса, tengrinews. kz, 1 марта 2012. Архивировано 6 апреля 2015 года.

② 10-кылымдык таарыхы бар кыргыздын кара жорго бийи. Взгляд (27 января 2014), Дата обращения: 22 марта 2015. Архивировано из оригинала 3 апреля 2015 года. (киргиз.).

③ Танец «Кара жорга» зомбирует людей, tengrinews. kz, 4 мая2011. Архивировано 5 апреля 2015 года.

④ Әсемгүл Қасенова, Министрге «Қара жорга» биі туралы сұрақ қойылды (казах.). Tengrinews, 12 сентября 2014. Архивировано 25 декабря 2015 года.

⑤ Жағда Бабалықұлы, Қазіргі «Қара жорга» биі «Салкүреңнің» әуеніне биленіп жүр (казах.) // Арғымақ. — 9 июня 2014. Архивировано 26 декабря 2015 года.

舞蹈演奏的现代旋律只不过是修改后的旋律"Salkuren",并添加了为庆祝活动和节日创作的"Zhar-Zhar"节选。[①]

此外,也有学者从哈萨克族的宗教信仰出发进行分析,认为在自哈萨克民族形成以来所信仰的伊斯兰教教义中,男人和女人跳舞是不被认可的。另一方面,从哈萨克传统风俗来看,部落、家庭内部长者为尊,鲜有年轻人(尤其媳妇辈的已婚女性)当着夫家长辈的面跳舞、背臀对着长辈。因此,遑论有"男女老少皆可舞"之说。

当然,人类文明在追求多样性时,重要的是从多样性中寻找共性——即"合"的部分,而不是一味地强调差异性——即"分"的部分。在关于"蒙古族萨吾尔登"与"哈萨克族黑走马"的民间纷争中,也有学者从"源于与卫拉特蒙古部落同源的哈萨克克烈部""萨吾尔登或黑走马的舞蹈形式在影视艺术中首次出现是在准噶尔汗和阿布莱汗举办的一个草原庆典中"等方面进行分析。

笔者认为,根据史料记载,萨吾尔登舞蹈显然早于哈萨克族的黑走马舞蹈,后者属于近几十年创造并迅速兴起的现代艺术。笔者也同样认为,更为重要的不是为"谁更传统"正名,而是看到在伊犁河谷民族交往交流交融中必然发生的文化交融现象,以及各民族积极发展自身文化以及争夺文化主权的过程,即使在许多时候,文化是在特定的环境当中习得的。

三 共生:共同谱写中华文化的博大精深

"共生"(Symbiosis)最早是由德国真菌学家德贝里(Antonde Bary)于1897年提出的生物学概念,原指自然系统中不同生命体紧密生活、互补共存的状态。近年来,共生的议题已突破了生物学范畴,被广泛应用于社会科学领域。"传统生物学者真切体会到群落之间相互关系的复杂性,发现个体或群体胜利或成功的奥秘,在于它们密切联合的能力,而非强者压倒一切的本领,自然界如此,人类社会亦是如此。"[②] 因此,共生既是事物之间相互依赖、相互制约、互利互惠的关系,又是自然界和

---

① Алимгазы Даулетхан, *Құлды бәрекелде өлтіреді немесе «қара жорға» биі хақында (казах.)* // Жас Алаш. — 2 декабря 2010. — Нөм. 96 (15554). Архивировано 25 декабря 2015 года.

② 胡守钧:《社会共生论》,复旦大学出版社,2006,第3页。

人类社会可持续发展与整体进化的动态过程。

文化的共生性是中华民族共同体意识形成的渊源与根基。自古以来，各族先民胼手胝足、披荆斩棘，共同创造了悠久灿烂的中华文明。不同民族之间的相互冲突、相互补充和依存关系，决定了多元一体格局的历史方向。在漫长的历史长河中，多样性的民族文化经过相互接触、混杂、联结与融合，发展形成了既千差万别又完整统一的中华文明共同体。尤其在近代百年抗争中，各族人民血流到了一起，心聚在了一起，共同体意识空前增强，中华民族实现了从自在到自觉的伟大转变，由"文明共同体"跃升为"民族共同体"①。依托多元一体格局，不同文化互鉴、包容、和美，中华文化与中华各民族文化内在的一致性塑造了多民族文化共生的模式。因此，可以认为，中华民族共同体意识根植于多民族文化的共生性，其形成可以理解为以中华文化认同为核心，由民族认同拓展为构筑各民族共有精神家园的圈层化迭代过程。②

中华民族是一个兼收并蓄、海纳百川的民族。中华文明具有强大的生命力、凝聚力和创造力，是由其突出的包容性等特质所决定的。在长期的历史演进中，中华文明与其他文明不断碰撞、交流、融合，取长补短、多元发展。

作为中华文化的重要组成部分，伊犁河谷各民族在历史的长河中共同进步，共同克服了一系列来自自然资源的限制、外来殖民扩张的威胁，以及近代以来面临的各类发展过程中的挑战和困难，并在团结协作的过程中，实现了各民族文化彼此交织、互相渗透，成为丰富中华文化的瑰宝。

（一）多民族与多元文化的共生

伊犁河是流动的，伊犁河谷的民族和文化也是流动的。伊犁河谷多民族之间的多元融合、开放包容正是伊犁河的精神魅力所在。

首先，以伊犁河谷的世居民族之一——汉族的流动为例，仅从 18 世纪以来的近代历史来看，清政府除了迁移东北的锡伯族和满族以及南疆的维吾尔族实行军事屯垦、垦田之外，还从甘肃、陕西等地迁来部分汉族农民

---

① 习近平：《在全国民族团结进步表彰大会上的讲话》，新华网，http：//www. xinhuanet. com/politics/leaders/2019-09/27/c_1125049000. htm。

② 方堃、明珠：《多民族文化共生与铸牢中华民族共同体意识》，《河南师范大学学报》（哲学社会科学版）2020 年第 5 期。

进行农业开发；自光绪元年开始的 70 年间，"赶大营"的天津杨柳青人赶着骆驼来伊犁行商坐贾，在当时盛极一时的伊宁"汉人街"，杨柳青人就有约 3000 人、店铺 400 余家；新疆解放后，王震率 359 旅进疆、设立兵团军垦；"文革"时期，内地青年"上山下乡"支边；随着国家启动西部大开发战略，全国各地涌入"援疆""援建"人群；"一带一路"倡议下川流不息的跨境货物与比肩接踵的生意人，以及那些任何时期都从未停止的来疆奋斗创业的家庭与务工流动人员……这一代代汉族人融入伊犁河谷多民族与多元文化的共生进程之中，这种流动性与共生性，不仅展现了各族人民追求美好生活的真实景象，也凸显了伊犁河谷包容开放的精神气质。

其次，以伊犁河谷多语种地名为例，展现多民族与多元文化的和睦共生（见表 4-2）。

1. 蒙古语地名

伊犁，在蒙古语中读作"伊勒"，有宽阔、光明显达之意；

塔城，塔尔巴哈台城的简称，"塔尔巴哈台"意为多旱獭的地方；

奎屯，意为冷的；

霍尔果斯，意为骆驼或羊的干粪；

察布查尔，意为凹陷的隘口；

尼勒克，意为初生的、幼小的；

特克斯，意为平原旷野；

那拉提，意为太阳升起的地方，据说成吉思汗西征到此处看到草原上升起太阳时一览无余的美景，起名为出太阳的地方；

巩乃斯，意为阳坡的草场；

查干乌苏，意为白色的水；

唐布拉，意为印章，据说这里曾是准噶尔蒙古人为清政府骑兵的马匹钉铁掌的地方；

则克台，意为有香蒲草的地方；

库尔德宁，意为横亘的山脉。

喀什河，意为有玉石的河，形容富饶的河流或富饶的流域；

格登山，格登为后脑骨；

阿尔斯郎，意为狮子，形容像狮子的石头；

吉尔尕郎，意为幸福，形容安适之地。

表 4-2　伊犁河谷多语种地名示例

蒙古语地名	及释义	哈萨克语地名	及释义	维吾尔语地名	及释义	汉语地名	锡伯语地名	及释义	双语地名	
伊犁	宽阔、光明	乌赞	河	买里	村	清水河	蒙布奎尔	粮仓	伊宁	固勒扎
尼勒克	幼小的	喀拉苏	黑水	圩孜	百户	三道河	伊车	新	新源	巩乃斯
特克斯	平原旷野	木斯	铜矿	托乎提	养鸡者	惠远	牛录	箭捆	昭苏	蒙古库热
霍尔果斯	骆驼干粪	喀拉托别	黑山包	麻扎	陵墓	芦草沟	嘎善	村	巩留	托古斯特拉
那拉提	有太阳的	木扎尔特	冰达坂	阔洪其	种瓜者	宁远	索伦	射手	塔城	塔尔巴克太
巩乃斯	绿色谷地	阔斯托别	双山包	兰干	驿站	绥定	海努克	犏牛		
可克达拉	蓝色海或原野	阿克塔斯	白色石	英亚提	新生	大营盘	爱新舍里	金泉		
唐布拉	印章	塔亚苏	浅水	玉其温	三个十户	汉宾	堆齐	第四		
库尔德宁	横亘的	坎苏	宽河	温亚尔	十个悬崖	果子沟	孙扎奇	第五		
格登	似后脑骨	琼库什台	宽大的	布力开	角落里的	三宫	纳达齐	第七		
吉尔朗郎	幸福安适	铁木尔勒克	有铁的	喀尔墩	黑土梁	良繁场	扎库齐	第八		

资料来源：作者整理。

2. 哈萨克语地名

在伊犁河谷尼勒克县、新源县、特克斯县、昭苏县、巩留县的哈萨克族聚居区，有很多哈萨克语地名（其中有些是根据蒙古语地名翻译或音译的）。

尼勒克县有：乌赞乡（河）、喀拉托别乡（黑山包）、喀拉苏乡（黑色河或大河）、木斯乡（铜矿）等。

昭苏县有：喀因德布拉克（有桦树的河）、木扎尔特（冰达坂）、阔斯托别（双山包）、阿克塔斯（白色的石头）等。

新源县有：塔亚苏（浅水）、坎苏（宽河）、阿萨阿吾孜（大山洞）等。

特克斯县有：铁尔斯开依套（阴山）、皮夹克萨勒玛（流速特别急的河）、琼库什台（宽大的平台）、提克卓勒（直路）等。

巩留县有：提克阿热克（直渠），铁木尔勒克（有铁的地方）等。

3. 汉语地名

在伊宁市、霍城县等历史上汉族聚居的地方，以汉语地名为主。如：清水河、芦草沟、三道河、惠远、宁远、绥定、大营盘、汉宾（因驻扎汉族兵而得名）、果子沟、解放路、红旗路、伊犁河路、汉人街、大世界、西大桥等。此外，伊犁8县2市的汉语名称多是在建县（市）时重新命名的，如伊宁、巩留、昭苏、新源、霍城等都是新命名的。

4. 维吾尔语地名

买里，指村，伊犁有数不清的以××买里命名的村镇；

麻扎，指伊斯兰教宗教人士的陵墓，如墩麻扎、麻扎村等；

圩孜，一般也指村，是基于清代伊犁维吾尔农民实行的千户、百户、十户长管理制中的百户演变而来的，成为村的代名词，通常在前附加一些专名，这些专名有些是人名演变来的，如克伯克圩孜、莫洛托乎提圩孜、沙迪克圩孜；有些是由原籍名称乔迁过来的，如吐鲁番圩孜、多浪圩孜（麦盖提人居住而得名）；有些是以从事的产业而得名的，如托乎提（养鸡者）、阔洪其（种甜瓜者）等；

兰干，意为驿站；

英阿亚提，意为新生。

5. 锡伯语地名

察布查尔，意为粮仓；

嘎善，意为村，如伊车嘎善为"新村"；

牛录，本意为锡伯语量词"箭捆"，清朝锡伯族营西迁时设了八个"牛录"编号，当年"牛录"的级别相当于"连队"。锡伯营完成了戍边任务，驻扎察布查尔县屯垦后，进入清代百户长的管理系列，即一个牛录有近百户人家。后来该编号逐渐变成了地名，现在"牛录"的级别相当于"乡"，如察布查尔县宁固齐牛录（六乡）。

6. 双语地名

伊犁河谷双语地名的情况有以下两种。

第一种是少数民族语言与汉语言两个地名同时在使用，如伊宁市（汉语），固勒扎（准噶尔蒙古语，为盘羊、大头羊之意）；巩留（汉语），托古斯特拉（哈萨克语作"托古斯塔绕"，意为九条支流，寓意河流众多）；新源（汉语），巩乃斯（蒙古语或突厥语）；昭苏（汉语），蒙古库热（蒙古语，意为蒙古庙）。

第二种情况是根据蒙古语、哈萨克语、维吾尔语中相同的词汇命名的，因发音不同略有差别。

例如，卡拉布拉克与哈日布鲁格（哈萨克语、蒙古语意为黑色的泉水）；喀拉托海、哈日托海（哈萨克语、蒙古语意为黑色的森林）；阿勒泰（蒙古语、突厥语都为有金子的地方）；阿尔山（哈萨克语、蒙古语都为温泉）；大坂；阿力麻里（哈萨克语、蒙古语都为苹果）；乌苏（蒙古语发音，意为水，哈萨克语发音为苏）；阿克苏、喀拉苏、柯孜勒苏等"颜色+水"的地名（在哈萨克语、维吾尔语中阿克为白色，喀拉为黑色，克孜勒为红色）；塔什与塔斯（维吾尔语、哈萨克语意为石头）；布尔津（维吾尔语、蒙古语中都有"冒腾、翻着白沫"的河水等蕴意）。

（二）传承与发展共存

2021 年 2 月，习近平总书记在贵州考察时指出，民族的就是世界的，要把民族传统文化传承好、发展好。保护中华民族文化，就是保护中华民族的血脉，保护中华民族自古迄今蓬勃向上、发愤图强的民族精神。传承中华民族文化能够进一步提升广大人民群众的中华文化素养，赓续中华民族的文脉，能够更好地实现中华文化的创新，增强各族人民对中华文化的认同，进一步增强国家文化软实力，建设社会主义文化强国。

近年来，随着国家非物质文化遗产保护与传承工作的强化，伊犁河谷各民族丰厚的非物质文化遗产积淀得以迅速发展。哈萨克阿依特斯、冬不拉、六十二阔恩尔，维吾尔恰克恰克、木卡姆、鼓吹乐，蒙古族江格尔、格斯尔、萨吾尔登、托布秀尔，锡伯贝伦舞、刺绣、传统箭术，俄罗斯巴扬艺术等流淌于各民族血液里的艺术形式，以更加蓬勃、更加繁荣的姿态传承发展着。每一个非遗项目的背后，都是伊犁河谷各族人们与这里的大自然、共同生活的手足同胞相融共处过程中凝结出的审美与智慧。

上千年的峥嵘岁月、灿烂的民族文化在各族艺人的吟唱中繁衍生息，在动听的琴弦、精美的图案、传统的手艺上流转轮回，成为中华文化灿烂的一页。每年，伊犁都会开展丰富多彩的非物质文化遗产宣传展示活动，"新疆是个好地方——天山南北贺新春非遗年俗展""文化和自然遗产日""新疆非物质文化遗产展示周"等一系列非遗活态传承活动。同时，伊犁河谷各族人民的非遗歌舞和手工技艺赛乃姆、顶碗舞、萨玛瓦尔舞、民歌、豫剧、秦腔等在各县市的民俗旅游区进行常态化表演。在一些文化街区和社区，每天还有剪纸、木刻版画、刺绣、沙粒画、黏土捏塑、满文书法、传统民居等非遗体验活动。

近年来，随着伊犁河谷旅游业的发展，"伊犁河流域多民族非遗主题之旅"线路沿线以天山、伊犁河等自然资源为依托，以民族特色文化为载体，通过传承点、非遗工坊、非遗集市、非遗体验馆等多种形式，把沿线涉及的国家级和自治区级80多个非遗项目串联起来，通过"文化+旅游"的文旅融合方式，将这些特色民俗文化、非遗项目，通过表演艺术、传统技艺、美食和医药等形式展现给游客，有效提升了对非遗项目和文化的传承、发扬。非遗线路的开发有效激发了刺绣、木质器具制作、皮具制作、制皂（香）等传统技艺的复苏，毡绣、布绣、木质器具、古法冰激凌等制作工艺的传承人纷纷建立起生产工坊，进行生产和销售，以古兰丹姆百年手工冰激凌店为代表的非遗传承经营场所更是成为疆内外游客争相打卡之地，为非遗项目的活化利用开拓了广阔市场。

与此同时，新疆深入开展文化润疆，以文化人，以文育人，以文润心，繁荣发展文化事业和文化产业，以中华文化的涓滴细流浸润各族人民心田。"文化润疆，润的是人心。"① 这其中，源于人民群众生产生活实践的非遗，是满足人民精神文化生活需要、增进民生福祉的重要内容，对铸牢中华民族共同体意识发挥着不可替代的作用。在中华文化沃土滋养下，伊犁河谷的民间艺术、非遗得到了保护、传承和发展，同时，多彩的非遗项目不仅实现了文化惠民，还促进了各民族相互欣赏，共同传承发展，美人之美，美美与共。

在伊犁河两岸，每天都上演着传统与现代、城市与乡镇、农业与牧业交织的力量。有人在伊犁河上世代打鱼为生，用古老的技艺维持家庭生计，同时有人在伊犁河上搞起了现代三文鱼养殖，做得风生水起；有人继续随季节变换迁徙在伊犁河谷水草丰美的草场，有人放下马鞭去城里追求更好的生活；有人学成回乡创业，有人千里迢迢来到这里求学；有人搭上互联网的快车，将传统手工艺融入现代元素，把事业发展得有声有色。正是河流赋予这片土地生生不息的动力和奔涌向前的雄心，让这里的人们发现，原来传承与发展可以共存。

四 小结

从多元到共生，中华文化是多民族文化共生的结果，是我国各民族在长期的社会历史实践进程中不断相互交流、磨合、积淀和交融创新形成的。中华文化包含各民族文化普遍具有的属性，其本质上是一种共性文化，是构建中华文化认同的主要依据。所谓中华文化认同，即各民族在共同的社会历史实践与历史记忆中，共同萃取精神文化领域的深层次归属，共建共享中华民族共有精神家园。中华民族共有精神家园是各民族自觉的文化创造，是凝聚各民族共同价值追求、情感表达等要素的精神文化系统，旨在引导各民族成员在本民族文化认知与认同的基础上，培植和深化中华文化认同，进而不断促进中华民族共有精神家园的建设

---

① 李自良、曹志恒：《文化润疆：守护精神家园根与魂》，新华网，http：//www.xj. xinhuanet.com/20230823/9fb74cdf71a444b39fd0b496d49368d4/c.html。

和中华民族共同体意识的提升。

　　本小节从多元与共生两个角度，阐释伊犁河谷各民族文化在接触、碰撞与杂糅中形成独具特色的区域文化，并在同其他区域进行交往交流交融后，又融入中华民族这一共同的社会文化系统之中，凝聚成为中华民族共同体认同的基础。可以说，从共同到共有，各民族坚定的中华文化认同是建设中华民族共有精神家园的重要基础与核心力量。

结语：百川异流，同汇于海

2022 年 7 月，习近平总书记来到新疆维吾尔自治区博物馆，他在参观《新疆历史文物展》时深有感触地说："中华文明博大精深、源远流长，是由各民族优秀文化百川汇流而成。"

水是生命和文明的源头，每一个文明都有一条滋养自己的河流。在新疆，这一点尤为突出——有水的地方就有生命，有河流的地方就有绿洲。全长 1236 公里的伊犁河源自天山汗腾格里峰，流经我国伊犁河谷 5.6 万平方公里的土地后，一路向西流向哈萨克斯坦，最终注入巴尔喀什湖。汪曾祺先生在散文《伊犁河》中曾描述"人间无水不朝东，伊犁河水向西流"。奇特的伊犁河水奔腾不息，滋养了伊犁河谷的万物，造就了沿河两岸富饶壮美的自然生态景观，孕育了一方深厚璀璨的文化。伊犁河的性格是灵动的、热情的、多元的，同时也塑造了坚韧、开放、包容的各民族伊犁儿女。

本书作为一部伊犁河谷民族志，沿着流动的伊犁河，通过呈现伊犁河谷多元民族文化的样态，阐释新疆伊犁多民族交往交流交融的历史、现状与结果。

一　田野调查与理论的结合

我国境内的伊犁河长 442 公里，上游三大支流特克斯河、巩乃斯河、喀什河及汇合后的伊犁河贯穿了伊犁哈萨克自治州州直地区的所有县市。因此，这八县两市——特克斯县、昭苏县、新源县、巩留县、尼勒克县、伊宁县、察布查尔县、霍城县、伊宁市、霍尔果斯市——即伊犁河谷，是本书的田野点。

基于长期的田野调查，笔者首先对家乡人类学进行了思考，审视研究视角的客观性。作为一部"家乡人类学"范畴的民族志，笔者在研究中始终反思几个核心问题：如何平衡主客体的权力话语？在参与观察中如何保持"他者"视角？强调本土视角是否会削弱研究的普遍解释力？如何在地方社会与普遍性解释之间建立联系？这些思考正是家乡人类学方法论的关键所在。

笔者继而对我国民族团结政策、人类学相关理论进行分析，并将伊犁河谷多民族历史、文化、生产经济模式等现状置于上述政策理论之下进行梳理与阐释，实现田野资料与理论的结合。

在导论部分，笔者首先对党中央关于铸牢中华民族共同体意识、民族交往交流交融与"三个离不开"等政策理论的内涵进行了认真梳理与详细分析。在第二章至第四章中，结合民族学、人类学学科中的互嵌理论、空间理论、饮食人类学理论、口述史等研究方法与理论，对伊犁河谷各民族互嵌共居的空间环境、在历史长河中共同缔造的家园、相同的经济生产方式、共享的文化，以及基于精神互嵌、制度互嵌、社会互嵌与多元共生呈现的互嵌与交融的状态，进行了细致入微地考察，为上述理论提供了丰富的地方案例和现实例证。

二　民族互嵌的形式与深层含义

民族互嵌最早在 2014 年 5 月召开的第二次中央新疆工作座谈会上提出，起初用于强调建设民族相互嵌入式的社会结构和社区环境。2021 年 8 月，习近平总书记在中央民族工作会议上首次提出，"要逐步实现各民族在空间、文化、经济、社会、心理等方面的全方位嵌入"。[①] 这标志着民族互嵌开始作为全局性的民族工作方针，成为民族工作领域的顶层设计之一。而民族互嵌的理念一经提出，立即成为学术界研究的热点，不同专业背景的专家学者从不同角度对民族互嵌进行了解读，并对民族互嵌的可行性及建构路径进行了有益探索。民族互嵌的建构路径，呈现出浅层互嵌、过渡层互嵌和深层互嵌的逻辑。[②] 本书主张将民族互嵌现象置于

---

① 尤权：《做好新时代党的民族工作的科学指引——学习贯彻习近平总书记在中央民族工作会议上的重要讲话精神》，《中国民族》2021 第 11 期。

② 杨淋：《民族地区社区嵌入治理模式研究——以西昌市 X 社区为例》，《西昌学院学报》（社会科学版）2022 年第 4 期。

历史纵深与地域空间的双重维度中加以考察，将其理解为一种自然演进的文化积淀过程。伊犁河谷多民族在长期共生中形成的互嵌格局，正是这一动态过程的典型例证。

具体而言，空间互嵌是指各民族居住空间的相互嵌入，其形成过程主要分为两种，一种是经过漫长时间自发形成的结构；一种是由国家政府自上而下干预形成的，如牧民定居、生态搬迁、扶贫搬迁、村改居等。这是实现民族互嵌的基本条件，属于浅表层的互嵌。制度互嵌是指民族政策制度、民族非正式规范等对不同民族居民产生的影响；经济互嵌是指不同民族间的经济往来，具体指各民族在相同或不同的自然环境中，通过合作的方式共同经营创收，进行谋生；文化互嵌是指不同民族之间相互交流、相互借鉴、相互影响进而实现对自身民族与其他民族文化的认同与共享；认知互嵌是指不同民族居民长期形成的对于各民族群体的认知，如民族知识认知、民族政策认知、民族理论认知等。这些是实现"民族互嵌"的重要环节，属于过渡层互嵌，也是重要保障。精神互嵌体现在各民族间自由平等地交往交流、相互包容，这是各民族对国家认同、民族认同、地方认同、铸牢中华民族共同体意识等最高级的显化结果，属于深层的互嵌。

可见，民族互嵌在形式上体现为一般意义上的民族相互嵌入式社区居住格局，但在民族发展过程中，深层次上则体现为民族关系方面的你离不开我、我离不开你，你中有我、我中有你的良好状态。因此，在民族互嵌的过程中，情感互嵌是民族互嵌的最终目的，也是构建互嵌社会的价值所归。[1]

总而言之，促进各民族交往交流交融是铸牢中华民族共同体意识的重要路径，而各民族交往交流交融的广泛开展又离不开民族互嵌的实质基础支撑。构筑中华民族共有精神家园，使各民族人心归聚、精神相依，形成人心凝聚、团结奋进的强大精神纽带，这实际上是民族互嵌一个更为重要的方面——心理互嵌落到实处。稳定共通的心理是共同体的天然要求，对共同体的认同属于情感范畴，是共同体凝聚整合的黏合剂，也

---

[1]　龙金菊：《民族互嵌式社会结构建设的情感逻辑——基于情感社会学的视角》，《西南民族大学学报》（人文社会科学版）2021年第7期。

是维系发展的润滑剂。心理互嵌促进各民族相互尊重、包容差异，形成共同的认同感和归属感。

三　伊犁河谷多民族互嵌交融与统一的中华民族共同体

海纳百川，有容乃大。文明的繁荣、人类的进步，离不开求同存异、开放包容，离不开文明交流、互学互鉴。伊犁河流域作为千年丝绸之路的重要枢纽，连接了新疆天山南北、西域与中原、中国与世界。

中华民族胸怀开放包容，中华文脉绵延繁盛，中华文明历久弥新，在新时代愈发焕发蓬勃生机与活力。中共中央总书记、国家主席习近平在2023年4月出席中国共产党与世界政党高层对话会时发表的《携手同行现代化之路》主旨讲话中首次提出全球文明倡议，并指出"一花独放不是春，百花齐放春满园"，参差多态、和谐共生才是人类社会理想生活的本源。

伊犁河谷自古以来生活着数十个民族，这些民族在漫长的历史长河中交往交流交融，在新中国成立以来，特别是改革开放以来，各民族在社会生活中紧密联系的广度和深度前所未有，尊重差异、包容多样，手足相亲、守望相助，逐步形成了休戚与共的命运共同体——中华民族。习近平总书记指出："各民族之所以团结融合，多元之所以聚为一体，源自各民族文化上的兼收并蓄、经济上的相互依存、情感上的相互亲近，源自中华民族追求团结统一的内生动力。正因为如此，中华文明才具有无与伦比的包容性和吸纳力，才可久可大、根深叶茂。"[①] 正如本书所述，伊犁河谷多民族互嵌交融的前提是物理空间互嵌，保障是生产方式互嵌，而文化交融是结果。由此可见，伊犁河谷多民族在多元中铸就整体、在整体中百花齐放。

从多元走向一体、从尊重差异性到增进共同性……在中国式现代化的新征程中，以铸牢中华民族共同体意识为主线，推动和促进伊犁河谷各民族进行更加广泛而持久的交往交流交融，以民族交往交流交融凝聚新合力，不断构筑各民族共有精神家园，牢固树立并深入践行"四个共同"的中华民族历史观——辽阔的疆域是各民族共同开拓的，悠久的历

---

① 习近平：《在全国民族团结进步表彰大会上的讲话》，人民出版社，2019，第7页。

史是各民族共同书写的，灿烂的文化是各民族共同创造的，伟大的精神是各民族共同培育的。这与中华文化开放包容的特质紧密契合——中华文化认同超越了地域、乡土、血缘世袭、宗教信仰，中华文明从来不用单一文化代替多元文化，而是用多元文化汇聚成共同文化，以多彩、平等、包容的文明观推动建设中华民族现代文明。

由此可见，在各民族各领域各层次的广泛交往、全面交流、深度交融中，不断巩固和发展各民族在空间上交错杂居、文化上兼收并蓄、经济上相互依存、情感上相互亲近的格局，必将继续铸牢中华民族共同体意识，以团结奋进的中华民族伟力助推中国式现代化进程。

本书以习近平总书记关于文明多样性的重要论述作结："每一种文明都扎根于自己的生存土壤，凝聚着一个国家、一个民族的非凡智慧和精神追求，都有自己存在的价值。"① 这一深刻阐释为伊犁河谷的多民族文化共生提供了根本遵循——我们期待：在世界维度，文明多样性得以平等互鉴，以交流化解隔阂，以对话替代冲突，以包容消弭优越，使文明互鉴成为人类进步的不竭动力；在伊犁河谷，厚重的历史文脉与现代生活交相辉映，让壮美山水与多元人文熔铸成诗意栖居之地，使各民族文化自信共同构筑中华民族共有精神家园。

祝愿我们的"塞外江南"伊犁河谷：山川锦绣风调雨顺，文化繁荣万紫千红，发展永续生机盎然！

---

① 《习近平在亚洲文明对话大会开幕式上的主旨演讲（全文）》，《人民日报》，2019 年 5 月 16 日，第 2 版。

参考文献

中文文献

专 著

［1］费孝通：《江村经济》，江苏人民出版社，1986。

［2］冯雷：《理解空间：20世纪空间观念的激变》，中央编译出版社，2017。

［3］葛剑雄：《中国人口史·民国卷》，复旦大学出版社，2001。

［4］郭文忠：《乾隆时期清朝与哈萨克诸部关系研究》，社会科学文献出版社，2023。

［5］国家民族事务委员会政策研究室编《中国共产党主要领导人论民族问题》，民族出版社，1994。

［6］（汉）班固：《汉书》，中华书局，1962。

［7］（汉）司马迁：《史记》，中华书局，1959。

［8］胡守钧：《社会共生论》，复旦大学出版社，2006。

［9］黄平、罗红光、许宝强主编《当代西方社会学·人类学新词典》，吉林人民出版社，2003。

［10］金炳镐：《民族理论通论》，中央民族大学出版社，2007。

［11］林竞：《西北考察日记》，中国国际广播出版社，2016。

［12］刘万庆、吴雅芝编《中国少数民族风物传说选》，中央民族学院出版社，1986。

［13］麻赫默德·喀什噶里编《突厥语大词典》（第一卷），校仲彝等译，民族出版社，2002。

［14］《毛泽东文集》第六卷，人民出版社，1999。

［15］《毛泽东文集》第七卷，人民出版社，1999。

［16］（明）宋濂等：《元史》，中华书局，1976。

［17］彭兆荣：《饮食人类学》，北京大学出版社，2013。

［18］青海省编辑组编《青海省回族撒拉族哈萨克族社会历史调查》，青海人民出版社，1985。

［19］（清）方略馆编《清代方略全书》第12册，北京图书馆出版社，2006。

［20］（清）傅恒等纂修《钦定皇舆西域图志》，清乾隆四十七年（1782）武英殿刻本。

［21］《清高宗实录》第17册，中华书局，1986。

［22］《清高宗实录》第15册，中华书局，1986。

［23］（清）祁韵士撰《西陲要略》，清道光十七年（1837）寿阳祁氏筠渌山房刻本。

［24］（清）左宗棠：《左宗棠全集奏稿（七）》，岳麓书社，2014。

［25］仁钦道尔吉：《中国少数民族英雄史诗〈江格尔〉》，浙江教育出版社，1990。

［26］《十四大以来重要文献选编》上，人民出版社，1996。

［27］田雪原主编《中国民族人口》（第4集），中国人口出版社，2006。

［28］万光侠主编《精神家园：关注当代中国文化建设的终极目的》，济南出版社，2013。

［29］王克之编著《伊犁地名史话》，新疆美术摄影出版社，2002。

［30］王明珂：《华夏边缘：历史记忆与族群认同》，浙江人民出版社，2013。

［31］王兴中等：《中国城市生活空间结构研究》，科学出版社，2004。

［32］王延中主编《中国民族发展报告（2016）》，社会科学文献出版社，2016。

［33］《习近平谈治国理政》第4卷，外文出版社，2022。

［34］萧家成：《升华的魅力——中华民族酒文化》，华龄出版社，2007。

［35］谢晓钟:《新疆游记》，甘肃人民出版社，2003。

［36］《新疆哈萨克族迁徙史》编写组编《新疆哈萨克族迁徙史》，新疆大学出版社，1993。

［37］新疆社会科学院历史研究所编辑《新疆地方历史资料选辑》，人民出版社，1987。

［38］新疆生产建设兵团史志编纂委员会编《新疆生产建设兵团史料选辑》（5），新疆人民出版社，1995。

［39］《新疆通志·民政志》，新疆人民出版社，2005。

［40］徐辉才记谱《哈萨克民间歌曲集》，音乐出版社，1956。

［41］阎云翔:《私人生活的变革:一个中国村庄里的爱情、家庭与亲密关系（1949–1999）》，龚小夏译，上海书店，2009。

［42］伊犁哈萨克自治州文化艺术研究所编《伊犁哈萨克自治州非物质文化遗产代表作》，伊犁人民出版社，2014。

［43］尤素甫·哈斯·哈吉甫:《福乐智慧》，耿世民、魏萃一译，华文出版社，2018。

［44］于逢春、阿地力·艾尼主编《补过斋文牍》，黑龙江教育出版社，2016。

［45］余太山主编《西域通史》，中州古籍出版社，2003。

［46］（元）李志常:《长春真人西游记》卷上，中华书局，1985。

［47］（元）耶律楚材:《西游录》，中华书局，2000。

［48］曾繁仁:《生态美学导论》，商务印书馆，2010。

［49］中国第一历史档案馆编《清代新疆满文档案汇编第 61 册》，广西大学出版社，2012。

［50］《周恩来统一战线文选》，人民出版社，1984。

译 著

［1］〔澳〕迈克尔·W. 扬:《马林诺夫斯基:一位人类学家的奥德赛，1884–1920》，宋奕、宋红娟、迟帅译，北京大学出版社，2013。

［2］《柏朗嘉宾蒙古行纪 鲁布鲁克东行纪》，耿昇、何高济译，中华书局，2013。

［3］〔波斯〕志费尼:《世界征服者史》，何高济译，商务印书馆，

2017。

[4]〔德〕斐迪南·滕尼斯：《共同体与社会：纯粹社会学的基本概念》，林荣远译，商务印书馆，1999。

[5]〔德〕马丁·海德格尔：《荷尔德林诗的阐释》，孙周兴译，商务印书馆，2000。

[6]〔德〕马丁·海德格尔：《诗·语言·思》，彭富春译，文化艺术出版社，1991。

[7]〔俄〕彼·彼·谢苗诺夫：《天山游记》，李步月译，新疆人民出版社，1989。

[8]〔法〕亨利·列斐伏尔：《空间的生产》，刘怀玉译，商务印书馆，2021。

[9]〔法〕亨利·列斐伏尔：《空间与政治》，李春译，上海人民出版社，2015。

[10]〔芬〕马达汉：《马达汉西域考察日记（1906-1908）》，王家骥译，中国民族摄影艺术出版社，2004。

[11]〔哈〕马·巴·卡西姆别科夫：《努尔苏丹·纳扎尔巴耶夫传》，张俊翔译，外语教学与研究出版社，2019。

[12]〔美〕康拉德·科塔克：《文化人类学：欣赏文化差异》，周云水译，中国人民大学出版社，2012。

[13]〔美〕马克·格兰诺维特，《镶嵌：社会网与经济行动》，罗家德译，社会科学文献出版社，2007。

[14]〔美〕马文·哈里斯：《好吃：食物与文化之谜》，叶舒宪、户晓辉译，山东画报出版社，2001。

[15]〔美〕曼纽尔·卡斯特：《网络社会的崛起》（第2版），夏铸九、王志弘等译，社会科学文献出版社，2003。

[16]〔美〕穆尔：《人类学家的文化见解》，欧阳敏等译，商务印书馆，2009。

[17]〔挪威〕弗雷德里克·巴特主编《族群与边界——文化差异下的社会组织》，李丽琴译，商务印书馆，2021。

[18]〔苏联〕伊·亚·兹拉特金：《准噶尔汗国史》，马曼丽译，兰

州大学出版社，2013。

［19］〔英〕斯图尔特·霍尔：《表征——文化表征与意指实践》，徐亮、陆兴华译，商务印书馆，2013。

期　刊

［1］阿鑫、冯雪红：《民族交往交流交融研究现状与未来展望》，《南宁师范大学学报》（哲学社会科学版）2022年第2期。

［2］艾克拜尔·吾斯曼：《坚持"三个离不开"思想 巩固和发展社会主义民族关系》，《中央社会主义学院学报》2011年第2期。

［3］巴·策干：《马达汉西部考察日记中记载的厄鲁特女性服饰考》，《寻根》2019年第2期。

［4］巴责达、张先清：《回顾与反思：近二十年中国饮食人类学研究评述》，《贵州民族研究》2018年第7期。

［5］曹爱军：《中华民族共同体视野中的"各民族交往交流交融"研究》，《广西民族研究》2019年第3期。

［6］常越男：《满学研究视角下北京各民族交往交流交融史》，《北京社会科学》2024年第1期。

［7］陈剑平：《再论"伊犁"地名的含义》，《中国地名》2011年第4期。

［8］陈明富、陈娜：《党的民族政策在红军长征中的成功实践及重大意义》，《中共四川省委党校学报》2016年第3期。

［9］陈祥军、苏军：《吴泽霖先生民族学田野调查方法的实践与研究》，《黑龙江民族丛刊》2019年第6期。

［10］〔英〕大卫·哈维：《列斐伏尔与〈空间的生产〉》，黄晓武译，《国外理论动态》2006年第1期。

［11］董立仁：《牢固树立"三个离不开"思想 夯实民族团结国家统一基石》，《唯实》2014年第9期。

［12］杜娟：《从文化涵化视角看我国各民族交往交流交融》，《中南民族大学学报》（人文社会科学版）2017年第6期。

［13］樊莹、乔壮：《康熙〈河州志〉所见民族交往交流交融研究》，《青海民族大学学报》（社会科学版）2024年第1期。

［14］方堃、明珠：《多民族文化共生与铸牢中华民族共同体意识》，《河南师范大学学报》（哲学社会科学版）2020 年第 5 期。

［15］房若愚：《新疆哈萨克族人口规模变迁及分布》，《新疆大学学报》（哲学·人文社会科学版）2005 年第 4 期。

［16］高永久、杨龙文：《论民族互嵌与中华民族共同体建设的逻辑关联》，《西北民族研究》2022 年第 5 期。

［17］高永久、杨龙文：《马克思主义交往理论视域下的民族交往交流交融：概念内涵与逻辑依循》，《广西民族大学学报》（哲学社会科学版）2022 年第 4 期。

［18］高永久、赵志远：《论民族交往交流交融与铸牢中华民族共同体意识的思想基础》，《思想战线》2021 年第 1 期。

［19］耿娟：《新疆褐牛群体改良现状及展望》，《新疆畜牧业》2020 年第 2 期。

［20］郭于华：《透视转基因：一项社会人类学视角的探索》，《中国社会科学》2004 年第 5 期。

［21］韩加、刘继文：《树莓营养保健功效及开发前景》，《中国食物与营养》2008 年第 8 期。

［22］郝亚明：《民族互嵌与民族交往交流交融的内在逻辑》，《中南民族大学学报》（人文社会科学版）2019 年第 3 期。

［23］郝亚明：《西方群际接触理论研究及启示》，《民族研究》2015 年第 3 期。

［24］郝亚明：《中华民族共同体意识视角下的民族交往交流交融研究》，《西南民族大学学报》2019 年第 3 期。

［25］侯兵、黄震方、徐海军：《文化旅游的空间形态研究——基于文化空间的综述与启示》，《旅游学刊》2011 年第 3 期。

［26］胡鞍钢、胡联合：《第二代民族政策：促进民族交融一体和繁荣一体》，《新疆师范大学学报》（哲学社会科学版）2011 年第 5 期。

［27］黄凡、段成荣：《人口流动与民族空间互嵌格局的发展演化》，《西北民族研究》2022 年第 6 期。

［28］姜付炬：《固尔扎与海努克——伊犁史地论札之五》，《伊犁师

范学院学报》（社会科学版）2010 年第 1 期。

　　［29］姜勇：《"两个离不开"思想再认识》，《新疆大学学报》（哲学版）1990 年第 4 期。

　　［30］金炳镐、肖锐、毕跃光：《论民族交流交往交融》，《新疆师范大学学报》（哲学社会科学版）2011 年第 1 期。

　　［31］巨浪、宗喀·漾正冈布：《私人领域的公共化：一个藏族村落的空间社会学实践》，《中外建筑》2021 年第 3 期。

　　［32］李洁：《新疆哈萨克族迁居苏联的历史考察（1950-1960 年代）》，《中国边疆史地研究》2018 年第 3 期。

　　［33］李静、于晋海：《民族交往交流交融及其心理机制研究》，《西北师大学报》（社会科学版）2019 年第 3 期。

　　［34］李强：《社会分层与社会空间领域的公平、公正》，《中国人民大学学报》2012 年第 1 期。

　　［35］李晓霞：《新疆各民族交往交流交融 70 年回顾》，《新疆社会科学》2019 年第 4 期。

　　［36］林磊：《近年来乡村空间研究回顾》，《北京社会科学》2021 年第 8 期。

　　［37］林苗、黄逸超：《"民族交往交流交融"对马克思主义"民族团结"理论的继承与发展》，《理论导刊》2023 年第 1 期。

　　［38］刘海涛：《论人类学田野调查中的诸对矛盾与"主客位"研究》，《贵州民族研究》2008 年第 3 期。

　　［39］刘坤：《传统的继替：基于村落社会空间变迁的人类学考察——以重庆石柱土家族自治县国锋村为例》，《民族论坛》2016 年第 2 期。

　　［40］刘爽：《主客位方法视角下的家乡人类学》，《河西学院学报》2019 年第 1 期。

　　［41］刘志扬：《饮食、文化传承与流变——一个藏族农村社区的人类学调查》，《开放时代》2004 第 2 期。

　　［42］龙金菊：《民族互嵌式社会结构建设的情感逻辑——基于情感社会学的视角》，《西南民族大学学报》（人文社会科学版）2021 年第

7 期。

[43] 罗彩娟、关琦宇：《"月也"作媒：三江侗族自治县晒江村民族交往交流交融研究——民族交往交流交融的实践研究系列之一》，《青海民族大学学报》（社会科学版）2024 年第 1 期。

[44] 罗意、古力扎提：《各民族交往交流交融发展的嵌入机制研究——基于新疆北部三个社区的考察》，《民族研究》2023 年第 2 期。

[45] 马大正：《新疆历史纵论》《中国边疆史地研究》2002 年第 3 期。

[46] 马瑞雪、李建军、周普元、李蕾：《论民族交往交流交融》，《新疆师范大学学报》（哲学社会科学版）2019 年第 2 期。

[47] 马忠才：《中华民族共同体的多维互嵌结构及其整合逻辑》，《西北民族研究》2021 年第 4 期。

[48] 买托合提·居来提、张媛：《三个离不开重要思想研究中的几个认识问题》，《和田师范专科学校学报》2012 年第 6 期。

[49] 那嘎·特尔巴依尔：《新疆北部铜石并用至青铜时代早期考古学文化的交流与融合》，《中华民族共同体研究》2023 年第 6 期。

[50] 纳日碧力戈、陶染春：《"五通"铸牢中华民族共同体意识》，《西北民族研究》2020 年第 1 期。

[51] 念鹏帆、郭建斌：《少数民族村落空间变迁的个案考察——以云南石林彝族自治县蝴蝶村为例》，《陕西理工大学学报》2017 年第 3 期。

[52] 欧阳伟：《喀什地区汉语方言词汇所体现的文化特色》，《喀什师范学院学报》2010 年第 1 期。

[53] 彭兆荣等：《口述/书写：历史的叙述与叙述的历史》，《广西民族研究》2004 年第 1 期。

[54] 彭兆荣、肖坤冰：《饮食人类学研究述评》，《世界民族研究》2011 年第 3 期。

[55] 邱加贺：《民族交往交流交融研究综述与展望》，《百色学院学报》2022 年第 5 期。

[56] 任梦楠：《〈皇清职贡图〉中的蒙古族服饰》，《民族史研究》

2018 年第 1 期。

［57］沙岩奋、陈燕:《民族互嵌论》,《中南民族大学学报》(人文社会科学版) 2023 年第 5 期。

［58］刻自勉:《家乡田野特征与家乡文化发现途径略论——以巴战龙裕固族教育研究为例》,《重庆科技学院学报》(社会科学版) 2020 年第 1 期。

［59］史金波:《宋辽夏金时期的文物与各民族交往交流交融》,《历史教学》2024 年第 1 期。

［60］苏比努儿·努尔买买提:《各民族共享的文化空间与交往交流交融——以维吾尔族巴扎为例》,《国际公关》2023 年第 10 期。

［61］孙珉玫、王秀兰:《"塔兰奇人"对伊犁河谷生态民生的影响》,《中共伊犁州委党校学报》2015 年第 4 期。

［62］塔里木、路通、杨佳:《伊犁州直农业发展现状及对策》,《现代农业科技》2016 年第 10 期。

［63］谭林:《系统论视域下民族交往交流交融的深刻内涵、结构样态与理论特质》,《广西民族研究》2022 年第 5 期。

［64］唐戈:《中国俄罗斯族的族群认同及其变迁》,《延边大学学报》(社会科学版) 2015 年第 1 期。

［65］王建民:《民族志方法与中国人类学的发展》,《思想战线》2005 年第 5 期。

［66］王莉:《回鹘西迁前夕新疆民—汉、民—民语言文化互动现象探讨》,《贵州民族研究》2015 年第 4 期。

［67］王明珂:《历史事实、历史记忆与历史心性》,《历史研究》2001 年第 5 期。

［68］王铭铭:《所谓"海外民族志"》,《西北民族研究》2011 年第 2 期。

［69］王延中、章昌平:《新时代民族工作与民族交往交流交融》,《中央民族大学学报》(哲学社会科学版) 2019 年第 5 期。

［70］文忠祥:《土族村落的空间结构及土族的空间观》,《青海民族研究》2007 年第 1 期。

［71］乌小花、白晓艳、李安然：《中华民族共有精神家园：概念内涵、核心要素与实践指向》，《新疆师范大学学报》（哲学社会科学版）2023 年第 5 期。

［72］邬剑：《我国民族关系的由来与发展问题》，《内蒙古社会科学》1981 年第 3 期。

［73］吾尔开西·阿布力孜：《维吾尔语中的若干汉源词考释》，《民族语文》2022 年第 6 期。

［74］吴月刚、李辉：《民族互嵌概念刍议》，《民族论坛》2015 年第 11 期。

［75］向云驹：《论"文化空间"》，《中民族大学学报》（哲学社会科学版）2008 年第 3 期。

［76］谢美、汪介之：《贵州民族文学对各民族交往交流交融的多维透视》，《贵州民族研究》2024 年第 1 期。

［77］徐海鸿、武彬：《伊犁地区林果业近年发展经验简述》，《农技服务》2017 年第 4 期。

［78］徐锐军、李文瑛、党志豪：《文物考古实证中华文明是新疆各民族文化的根脉所在》，《中国民族》2023 年第 5 期。

［79］徐姗姗、王军杰：《各民族交往交流交融的研究脉络与前沿演进——基于 CNKI 论文（2011－2020）的知识图谱分析》，《广西民族研究》2021 年第 4 期。

［80］许普、乔希：《哈萨克族服饰谚语的文化特色》，《语文学刊》2017 年第 5 期。

［81］闫茹：《蒙古族服饰色彩分析对比——巴尔虎、布里亚特、厄鲁特三部落》，《纺织报告》2021 年第 5 期。

［82］严庆：《中国民族团结的意涵演化及特色》，《民族研究》2013 年第 1 期。

［83］杨淋：《民族地区社区嵌入治理模式研究——以西昌市 X 社区为例》，《西昌学院学报》（社会科学版）2022 年第 4 期。

［84］杨凌：《新疆伊犁地区地名中多民族杂居的语言积淀》，《语言与翻译》2006 年第 4 期。

［85］杨生明：《促进新疆各民族交往交流交融的对策建议》，《理论观察》2017 年第 8 期。

［86］杨文笔：《从甘青宁地区多民族共有文化符号看中华民族交往交流交融——以"花儿"民歌为个案》，《广西民族研究》2023 年第 4 期。

［87］杨须爱：《马克思主义民族融合理论在新中国的发展及"民族交往交流交融"提出的思想轨迹》，《民族研究》2016 年第 1 期。

［88］叶尔扎提·吐尔逊、王毅：《新时代新疆巩留县各民族交往交流交融实践研究》，《秦智》2024 年第 1 期。

［89］尤权：《做好新时代党的民族工作的科学指引——学习贯彻习近平总书记在中央民族工作会议上的重要讲话精神》，《中国民族》2021 年第 11 期。

［90］袁剑：《西域山水：理解中国边疆—内地关联性的一种广义要素》，《西北民族研究》2023 年第 2 期。

［91］袁仪、邓娟：《新时代新疆民族团结进步创建的实践与创新》，《边疆经济与文化》2023 年第 12 期。

［92］曾国军、吴炎坷：《饮食文化空间的符号化生产：广州主题餐厅的案例》，《华南师范大学学报》（社会科学版）2015 年第 2 期。

［93］张会龙：《论各民族相互嵌入式社区建设：基本概念、国际经验与建设构想》，《西南民族大学学报》（人文社会科学版）2015 年第 1 期。

［94］张姣玉：《民族交往交流交融赋能彝绣市场的内在机理与对策研究》，《中国物价》2024 年第 2 期。

［95］张萍、齐传洁：《十年来各民族交往交流交融研究综述》，《贵州民族研究》2020 年第 5 期。

［96］张云、张付新：《新疆各民族交往交流交融探析》，《青海师范大学学报》（哲学社会科学版）2018 年第 3 期。

［97］张志伟：《汉人在新疆历史活动浅析》，《金田》2014 年第 12 期。

［98］赵东旭：《长春真人西行所见 13 世纪初期的丝绸之路》，《新西

部》2002年第9期。

［99］周东郊：《新疆的哈萨克人（下）》，《边政公论》1947年第6卷第4期。

［100］庄孔韶：《北京"新疆街"食品文化的时空过程》，《社会学研究》2000年第6期。

报纸文章

［1］《江泽民总书记在我区视察》，《内蒙古日报》，1990年10月1日。

［2］《如何理解"汉族离不开少数民族少数民族离不开汉族各少数民族之间也相互离不开"》，《人民日报》，2009年9月13日。

［3］《丝绸之路与文明互鉴》，《光明日报》，2021年1月22日。

［4］孙绍骋：《全面深入具体地把铸牢中华民族共同体意识主线贯彻到各项工作中》，《内蒙古日报》，2024年2月1日。

［5］吴孝刚：《"各民族交往交流交融"之我见》，《中国民族报》，2017年5月5日。

［6］《习近平出席第三次中央新疆工作座谈会并发表重要讲话》，《人民日报》，2020年9月26日。

［7］《习近平在参加内蒙古代表团审议时强调 不断巩固中华民族共同体思想基础 共同建设伟大祖国 共同创造美好生活》，《人民日报》，2022年3月6日。

［8］《习近平在参加内蒙古代表团审议时强调 完整准确全面贯彻新发展理念 铸牢中华民族共同体意识》，《人民日报》，2021年3月6日。

［9］《习近平在第十二届全国人民代表大会第一次会议上的讲话》，《人民日报》，2013年3月18日。

［10］《习近平在看望出席全国政协十二届二次会议的少数民族界委员时强调 坚持中国特色社会主义道路 促进各民族共同团结奋斗共同繁荣发展》，《人民日报》，2014年3月5日。

［11］《习近平在新疆考察时强调完整准确贯彻新时代党的治疆方略 建设团结和谐繁荣富裕文明进步安居乐业生态良好的美好新疆》，《人民日报》，2022年7月16日。

［12］《习近平在中央民族工作会议上强调 以铸牢中华民族共同体意

识为主线 推动新时代党的民族工作高质量发展》，《人民日报》，2021 年 8 月 29 日。

［13］《中共中央政治局召开会议 研究进一步推进新疆社会稳定和长治久安工作》，《人民日报》，2014 年 5 月 27 日。

学位论文

［1］陈林波：《青海海北牧区牧民定居建筑地域适应性设计研究》，博士学位论文，西安建筑科技大学，2015。

［2］代文乐：《中国共产党的民族交往交流交融思想研究》，硕士学位论文，西藏大学，2017。

［3］郭娜：《呼伦贝尔厄鲁特蒙古族音乐生活考察与研究》，硕士学位论文，内蒙古师范大学，2021。

［4］马明：《新时期内蒙古草原牧民居住空间环境建设模式研究》，博士学位论文，西安建筑科技大学，2013。

［5］王蕊：《全球化背景下边境城市饮食文化空间研究》，硕士学位论文，延边大学，2020。

［6］向冰瑶：《陕北地域文化视角下城镇居住空间形态研究：以延安市甘泉县为例》，硕士学位论文，西安建筑科技大学，2010。

［7］玉努斯江·艾力：《清代塔兰奇人研究》，博士学位论文，兰州大学，2017。

［8］张琳：《裕固族牧民定居前后婚恋观变迁研究》，硕士学位论文，西北民族大学，2011。

外文文献

英文文献

［1］Alexander C. Diener, *One Homeland or Two？The Nationalization and Transnationalization of Mongolia's Kazakhs*, Stanford University Press, 2009.

［2］Marsh, Peter K, *Horse-Head Fiddle and the Cosmopolitan Reimagination of Mongolia*, New York: Routledge, 2004.

［3］Pegg Carole, *Mongolian Music, Dance, and Oral Narrative: Recovering Performance Traditions*, University of Washington Press, 2003.

［4］Sidney W. Mintzand Christine M. DuBois, "The Anthropology of Food and Eating", *Annual Review of Anthropology*, vol. 31, 2002.

哈萨克文文献

　　[1] Берекет Бақытжанұлы Кәрібаев.Алтын Орда дәуірі және қазақ этногенезінің мәселелері.2020.4.

　　[2] Нұрсан Алимбай,"Қазақтық дәстүрлі тіршіліккамы мәдениетінің типологиялық сипаттамасыҰЛЫ ДАЛАНЫҢ ТАРИХИ-МӘДЕНИ КЕЛБЕТГ", Алматы- Стамбул: Intellservice, 2018.

　　[3] Нұрбек Әбікенұлы. Қазақша Қытайша Сөздік 哈汉辞典.Қайнар университеті. 2010.

　　[4] 10-кылымдык таарыхы бар кыргыздын кара жорго бийи. Взгляд (27 января 2014). Дата обращения:22 марта 2015. Архивировано из оригинала 3 апреля 2015 года. (киргиз.).

　　[5] Танец «Кара жорга» зомбирует людей,tengrinews.kz,4 мая 2011. Архивировано 5 апреля 2015 года.

　　[6] Әсемгүл Қасенова. Министрге «Қара жорға» биі туралы сұрақ қойылды (казах.).Tengrinews,12 сентября 2014.Архивировано 25 декабря 2015 года.

　　[7] Жағда Бабалықұлы: Қазіргі «Қара жорға» биі «Салкүреңнің» әуеніне биленіп жүр (казах.) //Арғымақ.—9 июня 2014. Архивировано 26 декабря 2015 года.

　　[8] Алимгазы Даулетхан. Құлды бәрекелде өлтіреді немесе «кара жорға» биі хақында (казах.) //Жас Алаш.—2 декабря 2010.—Нөм. 96 (15554). Архивировано 25 декабря 2015 года.

俄文文献

　　[1] Вамбери Г.История Бохары или Трансаксонии с древнейших времен до настоящего.По восточным обнародованным и необнародованным рукописным историческим источникам.Перевод А.И.Павловского. СПб. 1873.Т.II.С.1-2.

　　[2] В.А.Моисеев.Джунгарское ханство и Казахи(XVII-XVIIIВВ)[M]. Алма-Ата: «Гылым».1991.

　　[3] Гульмира Камзиева. Благодаря репатрианту в Казахстане возрождают редкий танец степных мужчин.—Радио Азаттык,02.10.2009. Архивировано 2 апреля 2015 года.

　　[4] Айжан Тугельбаева.Танец «Кара жорга» в исполнении 400 человек вошёл в Книгу рекордов Гиннесса. tengrinews.kz,1 марта 2012. Архивировано 6 апреля 2015 года.

网络资源

［1］《党领导开展民族工作的历史经验与启示》，中国民族宗教网，http：//www. mzb. com. cn/html/report/210832179-1. htm。

［2］《关于建国以来党的若干历史问题的决议》，中央政府网，https：//www. gov. cn/test/2008-06/23/content_1024934_6. htm。

［3］《哈萨克族卡拉角勒哈》，伊犁哈萨克自治州人民政府官网，https：//www. xjyl. gov. cn/xjylz/c112411/201507/eff4b99d2ea3477fa376ee83f72daac3. shtml。

［4］贾鹏：《从百年党史中汲取推进党的民族工作的智慧和力量》，人民网，http：//dangshi. people. com. cn/n1/2021/1019/c436975-32258079. html？utm_source=UfqiNews。

［5］李自良、曹志恒：《文化润疆：守护精神家园根与魂》，新华网，http：//www. xj. xinhuanet. com/20230823/9fb74cdf71a444b39fd0b496d49368d4/c. html。

［6］《蒙古比耶尔基：蒙古族传统民间舞蹈》，丝绸之路项目网站（UNESCO），https：//zh. unesco. org/silkroad/silk-road-themes/intangible-cultural-heritage/menggubiyeerjimengguzuchuantongminjianwudao。

［7］《蒙古族萨吾尔登》，国家级非物质文化遗产网，https：//www. ihchina. cn/art/detail/id/13086. html。

［8］《耐德曼的萨吾尔登非遗"传承梦"》，中国新闻网，https：//www. chinanews. com/cul/2015/11-11/7618192. shtml。

［9］《欧亚草原的人群迁徙与文明变局》，中国社会科学网，https：//www. cssn. cn/kgxc/kgxl_kgxl/202208/t20220825_5481749. shtml。

［10］《人口构成》，新疆维吾尔自治区人民政府官网：https：//www. xinjiang. gov. cn/xinjiang/dmxj/dmxj. shtml。

［11］《深化民族团结进步教育 铸牢中华民族共同体意识》，中国共产党新闻网，http：//cpc. people. com. cn/n1/2017/1127/c415067-29670504. html。

［12］《完整准确贯彻新时代党的治疆方略——论学习贯彻习近平总书记在第三次中央新疆工作座谈会上重要讲话》，中央政府网，https：//www. gov. cn/xinwen/2020-09/27/content_5547727. htm。

［13］《习近平强调：团结各族人民建设社会主义新疆》，中央政府网，https：//www. gov. cn/xinwen/2014-05/29/content_2690269. htm。

［14］《习近平：全面贯彻新时代党的治藏方略，建设团结富裕文明和谐美丽的社会主义现代化新西藏》，人民网，2020 年 8 月 29 日。

［15］《习近平新疆考察纪实：民族团结是发展进步的基石》，人民网，http：//politics. people. com. cn/n/2014/0503/c1024-24968455. html。

［16］《习近平在第三次中央新疆工作座谈会上发表重要讲话》，中央政府网，https：//www. gov. cn/xinwen/2020-09/26/content_5547383. htm?ivk_sa=1024320u。

［17］习近平：《在全国民族团结进步表彰大会上的讲话》，新华网，http：//www. xinhuanet. com/politics/leaders/2019-09/27/c_1125049000. htm。

［18］《习近平在听取新疆维吾尔自治区党委和政府 新疆生产建设兵团工作汇报时强调 牢牢把握新疆在国家全局中的战略定位 在中国式现代化进程中更好建设美丽新疆》，中央政府网，https：//www. gov. cn/yaowen/liebiao/202308/content_6900328. htm。

［19］《习近平在中共中央政治局第九次集体学习时强调 铸牢中华民族共同体意识 推进新时代党的民族工作高质量发展》，中国共产党新闻网，2023 年 10 月 30 日，http：//cpc. people. com. cn/n1/2023/1029/c64094-40105509. html。

［20］《习近平在中央第七次西藏工作座谈会上强调：全面贯彻新时代党的治藏方略 建设团结富裕文明和谐美丽的社会主义现代化新西藏》，中国政府网，https：//www. gov. cn/xinwen/2020-08/29/content_5538394. htm。

［21］《习近平：最关键最管用的是搞好民族团结争取人心》，中华人民共和国国家民族事务委员会官网，https：//www. neac. gov. cn/seac/c100518/201412/1086909. shtml。

［22］《小麦青稞何时传入中国？最新研究定格距今5200 年》，中国新闻网，https：//www. chinanews. com. cn/m/sh/2020-03-12/9122825. shtml。

［23］《新疆维吾尔自治区第七次全国人口普查主要数据》，新疆维吾尔自治区统计局官网，http：//tjj. xinjiang. gov. cn/tjj/tjgn/202106/4311411b68d343bbaa694e923c2c6be0. shtml。

［24］《新疆伊犁哈萨克自治州》，上海市虹口区人民政府官网，https：//www. shhk. gov. cn/zjhk/001006/001006001/20091015/61c8f4eb-a014-4ac3-8722-

6da4e9dba05e. html。

［25］杨佳林：《伊犁州发展蜜蜂授粉产业促农增收》，伊犁新闻网，https：//www. ylxw. com. cn/caijing/2023-03-23/1124399. html。

［26］《伊犁州概况》，伊犁哈萨克自治州政府官网，https：//xjyl. gov. cn/xjylz/c112407/202308/1e5928604d584822a09deca56dd265dd. shtml。

［27］《伊犁州直持续提升特色林果品质》，新疆维吾尔自治区人民政府官网，https：//www. xinjiang. gov. cn/xinjiang/dzdt/202101/38f18e7285d94802b0bea2a327c1f184. shtml

［28］《伊宁县特色林果业发展添绿又"生金"》，伊犁新闻网，https：//www. xjyn. gov. cn/xjyn/c113635/202206/b665357fe13f49cd940b7b28f9fca18f. shtml。

［29］《中共中央、国务院召开的新疆工作座谈会在京举行》，中国人大网，http：//www. npc. gov. cn/zgrdw/npc/xinwen/2010-05/21/content_1574286. htm。

［30］《中共中央国务院召开第五次西藏工作座谈会》，新华网，2010年1月22日。

［31］《中央民族工作会议暨国务院第六次全国民族团结进步表彰大会在北京举行》，人民网，http：//cpc. people. com. cn/n/2014/0930/c64094-25763749. htm。

［32］《种草种出"紫色经济"——新疆伊犁河谷薰衣草产业发展调查》，中国经济网，http：//www. ce. cn/xwzx/gnsz/gdxw/202108/24/t20210824_36837036. shtml。

致　谢

2022 年 8 月初，我刚入职后不久，接到纳日碧力戈教授来电，邀我将博士学位论文纳入"兼和丛书"出版。感念之余，几经波折，终决定用彼时尚在酝酿的研究课题——"伊犁河谷多民族互嵌共生的民族志"替代博士论文。相较而言，其精神内核与"兼和"尤为契洽。历时三载，涓滴意念与素材汇聚成册，今将付梓，谨此致谢。

衷心感谢社会科学文献出版社的编辑老师们在成书过程中的不厌其烦与精益求精，字斟句酌的严谨态度令人感佩。

本书的根基深植于田野。在此，循着书中的田野轨迹：

铭记尼勒克县胡吉尔乡乌兰布鲁克村最早的党员干部之一吐·彭斯克，他胸怀大志，风趣幽默。铭记数十年如一日深耕乡土、钩沉索隐的民间学者哈·布力更老师。你们珍贵的口述资料，是本书立基之石。

感谢尼勒克县政府荣休干部查汗、斯建，以及现任村干部团队的倾力襄助。难忘发小阿勒腾其米格驾摩托载我穿越夏牧场的山山水水。感念在察布查尔县、新源县、巩留县，解我困顿、暖我行程的叶仁青、苏音格、巴依尔、赵宇飞、王建峰、谭斌等老友。致敬特克斯县多山老师、昭苏县特布警官及其家人的热情相助。感谢未能具名却在无数个田野偶遇、慷慨分享生命故事的访谈对象。

特别致谢同样从尼勒克草原走出的哈·布音巴特博士、那·特尔巴依尔博士，以及亲手为我们披上博士袍的尼勒克县卫拉特蒙古研究协会的前辈们。我想，对我们而言，取得博士学位的意义远不止一个学术里程碑，也不仅仅是获得翻越天山、跨越喀什河通往外面世界的机遇，更是一份沉甸甸的使命——让我们得以用知识反哺故土，激励更多成长于大山之中的孩子追寻更高的自我。正如塔拉在《你当像鸟飞往你的山》

中所示，教育赋予我们"一双属于远方的眼睛"，却也让我们的心灵永远悬荡在故乡与他乡之间。这份破茧的力量，同样在我身边那些常常以我为傲、予我无尽支持的阿格玛、黛尔玛、斯琴、萨仁高娃等卫拉特蒙古族女青年身上熠熠生辉。

最深沉的感谢献予我的家人：予我亲爱的女儿巴·楠丁海日——你初啼之时便见证我的博士征程，两岁时那句"我要快点办好签证去找我的妈妈"的稚语，是穿透黑夜的一道光；予爱人包·巴特加甫——在无数个田野归途尽头，你默默守候，是坚实的后盾与安心的港湾；予妹妹彭斯克·乌尔洪——你温绵的言语，始终给予我前行的力量。

纸墨难载情重，谨以此书，铭刻所有温暖与启迪的印记。

乌日格木乐
于德国哥廷根大学
2025 年 6 月 26 日

图书在版编目（CIP）数据

互嵌与多元共生：伊犁河谷多民族交往交流交融研
究／乌日格木乐著 . -- 北京：社会科学文献出版社，
2025.7. --（兼和丛书）. -- ISBN 978-7-5228-5155-6

Ⅰ . D633
中国国家版本馆 CIP 数据核字第 20255BV760 号

·兼和丛书·

互嵌与多元共生：伊犁河谷多民族交往交流交融研究

著　　者／乌日格木乐

出 版 人／冀祥德
责任编辑／刘学谦
责任印制／岳　阳

出　　　版／社会科学文献出版社·文化传媒分社（010）59367156
　　　　　　地址：北京市北三环中路甲 29 号院华龙大厦　邮编：100029
　　　　　　网址：www.ssap.com.cn
发　　　行／社会科学文献出版社（010）59367028
印　　　装／北京联兴盛业印刷股份有限公司

规　　　格／开 本：787mm×1092mm　1/16
　　　　　　印 张：16.25　字 数：256千字
版　　　次／2025 年 7 月第 1 版　2025 年 7 月第 1 次印刷
书　　　号／ISBN 978-7-5228-5155-6
定　　　价／118.00 元

读者服务电话：4008918866
版权所有 翻印必究